教育信息检索与利用

胡文华　陈枝清　张艺缤　著

國家圖書館出版社

图书在版编目(CIP)数据

教育信息检索与利用/胡文华,陈枝清,张艺缤著. —北京:国家图书馆出版社,2011.12

ISBN 978-7-5013-4716-2

Ⅰ.①教…　Ⅱ.①胡…　②陈…　③张…　Ⅲ.①教育—情报检索—研究　Ⅳ.①G252.7

中国版本图书馆 CIP 数据核字(2011)第 276626 号

责任编辑:王涛

书名　教育信息检索与利用

著者　胡文华　陈枝清　张艺缤　著

出版　国家图书馆出版社(原北京图书馆出版社)

(100034 北京市西城区文津街 7 号)

发行　010-66139745　66151313　66175620　66126153

66174391(传真)　66126156(门市部)

E-mail　btsfxb@nlc.gov.cn(邮购)

Website　www.nlcpress.com→投稿中心

经销　新华书店

印刷　北京科信印刷有限公司

开本　787×1092(毫米)　1/16

印张　12.5

版次　2011 年 12 月第 1 版　2011 年 12 月第 1 次印刷

字数　300(千字)

书号　ISBN 978-7-5013-4716-2

定价　40.00 元

目　录

1　教育学信息检索概述 ………………………………………… 1

1.1　信息的概念及特征 ………………………………………… 1

1.2　信息与知识、情报、文献间的关系 ………………………… 3

1.3　信息检索 ………………………………………………… 6

1.4　教育学信息的含义及检索 ………………………………… 8

2　教育学信息检索工具书 ………………………………………… 11

2.1　教育学信息检索工具书概述 ……………………………… 11

2.2　教育学信息检索工具书类型 ……………………………… 11

2.3　教育学信息检索工具书排检法 …………………………… 22

3　教育学中文数据库检索 ………………………………………… 26

3.1　中文电子期刊全文数据库 ………………………………… 26

3.2　中文电子图书全文数据库 ………………………………… 45

3.3　中文学位论文数据库 ……………………………………… 55

4　教育学外文数据库检索 ………………………………………… 65

4.1　外文电子期刊全文数据库 ………………………………… 65

4.2　外文电子图书全文数据库 ………………………………… 113

4.3　外文学位论文数据库 ……………………………………… 122

5　教育学网络信息资源检索 ……………………………………… 137

5.1　网络信息资源检索 ………………………………………… 137

5.2　搜索引擎概述 ……………………………………………… 141

5.3　常用学术搜索引擎 ………………………………………… 144

5.4　OAIster——开放存取搜索引擎 ………………………… 150

5.5　Education World——专业搜索引擎 …………………… 151

5.6　教育学相关网站 …………………………………………… 152

6　信息资源的挖掘和学术研究利用 ……………………………… 168

6.1　信息资源的收集和管理 …………………………………… 168

6.2　信息资源的分析 …………………………………………… 173

6.3　学术论文的撰写与规范 …………………………………… 175

6.4　学术论文的投稿 …………………………………………… 178

6.5 期刊评价 …… 179
6.6 国内外主要核心期刊 …… 181

附录 1 CSSCI 收录教育学中文核心期刊一览表 …… 183

附录 2 SSCI 收录特殊教育类核心期刊及其影响因子 …… 186

附录 3 SSCI 收录教育类及教育研究类核心期刊及其影响因子 …… 188

1 教育学信息检索概述

1.1 信息的概念及特征

1.1.1 信息的定义

信息是当今世界使用频率最高、最时髦的词语之一，诸如“信息资源”、“信息技术”、“信息产业”、“信息经济”、“信息时代”、“信息社会”等，不胜枚举。在20世纪末，世界已掀起社会经济信息化、信息环境网络化、信息技术与服务产业化的浪潮，信息高速公路建设计划如同风暴席卷全球，成为21世纪最热门的话题之一。

“信息”一词，拉丁文为“information”，是陈述、描述、概要的意思；英文为information，有知识、资料、数据、情报、消息、报道、报告、通知等多种含义。汉语中的“信息”一词，“信”和“息”两字的意思相近，二者均有音信、消息的意思，前者侧重于消息、征兆，后者强调情况、音讯。据考证，两字连成一词使用，最早见于唐代诗人李中《暮春怀故人》中的“梦断美人沈信息，目穿长路倚楼台”及宋代诗人王庭《题辰州壁》中的“辰州更在武陵西，每望长安信息稀”，诗句中均有“信息”一词，其意为消息。过去日常用语中的“信息”也就是这里所说的音信、消息的意思。这与当代信息的含义并不完全相同。虽然人们每时每刻在与信息打交道，但要给信息下一个完整的科学定义却不是那么容易。人类开始有意识地对信息进行探索和研究，是20世纪50年代以来的事情。随着对信息研究的深入，人们站在各自的学科角度对信息进行了科学的探讨，并分别为信息下了三四十种定义，其中最具代表性、最早的突破性成果是1948年美国通信工程师申农（C. E. Shannon）的“信息论”和美国数学家维纳（N. Wiener）的“控制论”。

信息论创始人申农在《通信的数学理论》中提出了“狭义信息论”，即信息论，他把信息定义为“用来消除随机事件的形式的不定性的东西”。在信息论中，申农首先把信息看作是一个抽象的量，认为信息是一种消息，而通信的本质就是信息的传递过程。他还提出了信息量的要领、定量计算公式以及通信系统模型和信息的定理等重要原理，将物理学中的数理统计法运用到信息领域中。这些关键理论确定了现代信息理论的基础，申农由此成为信息论的奠基人。控制论的创始人维纳认为，信息就是人们适应外部世界并且使这种适应为外部世界感知的过程，是同外部世界进行交换的内容和名称。他将信息的概念推广到人，指出信息与信息接受者的主观认识有关。

经过几十年的探索，信息学已发展成为与人类社会密不可分的一门科学。信息到底是什么，目前学术界还没有形成一个一致的、完整系统的定义。《辞海》中是这样说的：信息是指客观的消息、情况、情报等，是指对消息接受者来说预先不知道的报道等。《新华字典》将信息表述为：信息是指音信、消息。在信息论中，信息是指用符号传输的报道，报道的内容是接受者预先不知道的，事物的运动状态和关于事物运动状态的陈述。《韦伯斯特词典》将信息表述为：信息是知识和情报的通信和接受，是通过调查、研究或要求而得到的知识，是情报、消息、新闻、事实和数据等。我国科学家钱学森也对信息有过这样的阐述：信息是激活了、激化了的知识，是为了解决一个特定的问题所需要的知识。《简明自然辩证法词典》的解释是：“信息一般泛指我们听说的消息、情报、指令、数据、信号等有关周围环境的知识。”还有专家认为,信息是可供人们参考的事实和思想。

可以看出,各领域的专家学者,从各自从事学科研究的角度出发,对信息作出的含义阐述,都是各不相同的。但从这些概念阐述和定义描述来看,信息是无所不在的一种抽象的东西,它既不是事物事件的本身,也没有物质实体。从以上各种阐述中的“陈述”、“交换的东西”、“可通信的知识”、“报道”、“事实和思想”等看,信息是对事物事件“内容”的表达,或者说,“陈述”、“交换”、“通信”、“报道”的具体内容与事实以及思想的内涵就是信息。这些内容就是对事物事件属性的再现。

就本书而言,信息主要是指信息资源(各种载体)中所包含的事物事件的事实、思想或知识,即信息载体中传递的内容,信息系统传输和处理的对象。

1.1.2 信息的类型

信息类型繁多,从不同角度划分就会有不同类型的信息。

(1)自然信息和社会信息。这是依据信息存在的领域及信息的内容划分的。自然信息指存在于人们主观意识之外,来源于自然界,在自然界中传递的信息。社会信息则是来源于人类社会,是人类对于社会现象和社会活动的认识、反映,是在人际间传播的信息及思维信息。

(2)语言信息和非语言信息。这是依据信息的符号种类及信息的性质划分的。语言信息是由作为信息沟通最基本、最重要的工具——语言来表现的信息,它由语法信息、语文信息和语用信息构成。人们总是以信息为媒介与事物打交道的,通过语法信息获得语文、语用信息,经分析比较产生决策信息,根据决策信息使事物按人们预期的目标发展。非语言信息则是指表情、体态等非语言显现的信息。

(3)动态信息和静态信息。这是依据信息的状态划分的。动态信息是指时效性极强的瞬息多变的信息,如军情、警情、新闻等类信息。静态信息则是指呈现稳定、相对静止状态的信息,如历史文献、档案资料等类信息。

(4)一次信息、二次信息、三次信息。这是依据信息的加工处理程度划分的。一次信息是在生产实践、社会实践和科学实验中产生的新成果、新知识和经验性总结等方面的信息:二次信息则是依据客观需要,按照一定的科学方法,将特定分散的一次信息进行加工整理而形成的信息;三次信息则是指依据二次信息提供的线索并选用一次信息的内容进行综合分析形成的信息。

(5)单媒体、多媒体信息和文献以及电子信息。这是依据信息的媒体和信息的载体划分的。它们用来表示信息的声音、图像、文字、数据以及广播、电视等物质载体,是信息的表示媒体。只有一种媒体表示的信息就是单媒体信息,运用多种媒体综合、协调地表示的信息就是多媒体信息。多媒体信息不同于多媒体技术和多媒体计算机系统的概念,而现代化的多媒体手段可以将多媒体信息带入一个崭新的应用领域。

(6)政治信息、经济信息、文化信息、科技信息、学术信息、法律信息、军事信息等。这是依据信息的社会属性划分的。

1.1.3 信息的特点

对信息的认知有多种理解,对信息特点的阐述也各有不同的特性,总结如下:

(1)客观性

世界上的事物事件是客观存在的,客观的事物事件都具有存在属性,所以信息作为对事物事件属性的反映,也是客观存在的。信息源于物质,信息产生后又必须依附于物质,因此,信息存在于客观世界之中。

(2)传递性

信息的传递性是指,任何信息可以在信源与信源之间通过媒介进行传递。但我们认为,信息的传递性仅指“可以被传递”。因为信息是客观存在的,源于物质世界的信息,就算没有通过传递,信息还是客观存在着,并不能认为信息没有经过传递就不存在了。

(3)时效性

信息的功能、作用、效益都是随时间的延续而改变的。有些信息的效用在时间尺度上显得较敏感,但有些信息的效用会在今后的时间里显现。总之,信息的时效性与信息的具体内容、环境条件有关。

(4)可处理性

信息反映的是事物事件的内容与属性,那么信息就可以拓展、引申、浓缩。只要存在于载体中,这种处理都能完成。信息的可处理性,还可理解为用不同的语言、不同的手段,对信息进行加工,使信息得以增值或便于传递、利用。

(5)共享性

信息不是事物事件本身,而是一种内容定义上的东西,那么,信息就可以同时被多个用户共同享用。此时,信息的提供方并不因为信息传递出去、被他人利用了,信息的原有内容、信息的价值就会减少。同时使用同一信息的用户,也不因为大家共同享用信息,而使信息的量与价值减少。

(6)中介性

就物质世界层次看,信息来自于物质世界,它既区别于物质世界,又区别于精神世界。信息的内核不是具体的物质和能量,也不像意识那样依赖于人脑而存在,信息也就没有主观性。信息在传递过程中必须依赖载体,那么这样的载体就具有明显的中介作用。

1.2 信息与知识、情报、文献间的关系

1.2.1 知识

知识是人类社会时间的总结,是人的主观世界对于客观世界的概括和如实反映。知识是人类通过信息对自然界、人类社会以及思维方式与运动规律的认识,是人的大脑通过思维重新组合的系统化的信息的集合。因此,人类不仅要通过信息感知世界、认识和改造世界,而且要根据所获得的信息组成知识。可见知识是信息的一部分。

在知识经济社会中,知识和知识产品已成为经济发展的第一推动力,成为社会经济发展的一个先决条件。现在世界竞争的核心归根结底是智力和知识的竞争,谁拥有了知识和信息,谁就能够在竞争中抢占高新技术的制高点和最前沿。因此,知识在经济发展中的互动作用愈来愈明显。

知识从不同的角度一般可以划分为下列四类:

知事(know-what)即关于事实的知识,例如,上海第三产业的就业人数有多少,中俄爱珲条

约签署的时间，洗面奶含有哪些养颜的成分等，在日常生活和工作中人们常常会使用到这些知识。

知因（know-why）即关于科学原理和自然科学方面的知识。这类知识是国家技术进步和工商企业发展产品及工艺的基础。科学院、大学和各类研究机构是生产这类知识的源泉。

技能（know-how）即做事的技巧和能力。技能往往是属于单个的企业或个人所拥有的知识，并且仅限定于其自身范围内使用而不得向外传播的知识，秘诀和窍门就属于这一类知识。

知人（know-who）即关于谁知道什么和谁知道如何做什么的信息。了解这类知识可以与有关专家建立联系从而有效地利用他们的知识。尤其在知识经济条件下，运用知人这一类知识对于科学管理和组织来说，是非常重要和有效的手段。

1.2.2 情报

情报这一词从字面上理解来说就是关于情况的报告。人们往往从军事上的意义来理解它。例如《辞海》1939 年版就把它解释为“战时关于敌情的报告”；而在其 1989 年版中给出了两个解释，一是“以侦察手段或其他方法获得有关敌人的军事、政治、经济方面的等各方面的情况，以及对这些情况进行分析研究的成果，是军事行动的重要依据之一”，二是“泛指一切最新的情况报道”。

其实情报这一词是外来语。它来自日语，有两种意义，一个意义就是指军事情报，或者说“谍报”，相当于英语的 Intelligence，比如美国的中央情报局，英文就叫“Central Bureau of Intelligence”。另一种意义就是指英语的“Information”这一词。我们现在使用的是后面一种意义。“Information”又翻译成“信息”。所以信息和情报这两个词应该是同义词，但是在我国人们往往还是区别使用的。当强调用数学方法或者计算机技术处理 Information 时，我们一般称它为信息。而当强调 Information 所具有的各种价值（军事的、经济的和科学的等）、知识性和它对人们的行为的指导作用时，我们就称它是情报。在图书馆界和文献处理加工领域，一般都用情报这一词。

情报这一词至今尚未有公认的明确的定义，国内外学者提出的定义至少有三五十种，他们都是从某一角度反映情报的某一方面的性质，比如说情报的知识性、传播性和有用性。我们认为，情报是指那些被人们用来解决特定问题所需要的、经过激活过程活化了的知识。这里的激活过程，就是指对文献（即知识）进行加工整理，使之有序化，系统化。情报是特定的知识，是知识的一部分。

情报现在为人们日常用语。情就是情况、消息，报就是报告、交流，情报就是情况、消息的报告、交流。扩大一点讲，就是知识的传递。

情报是一个多因素的概念，反映其基本特征的要素至少有三方面：

（1）用户的需求，即用户为解决某个问题，达到某种目的需要。

（2）对用户有特定使用价值的新知识，即构成情报实体的知识，必须对用户有特定使用价值，是用户未知而又急需的“新”知识，一般知识和用户的知识，均不能叫情报。

（3）知识通过信息载体传递。任何知识不通过传递不能叫情报，情报的价值取决于传递的方向（针对性）和传递的速度（时机），否则是无的放矢，或沦为一般知识、丧失情报价值。此外，还取决于它的准确性和科学性，如传递准确，用户判断错误，也会误大事。

上述三要素构成一个有机的统一体。第一个是目的，第二个是内容，第三个是手段，相互联系、相互依存,缺少其中任何一个都不能构成情报。

情报概念:人们根据一定目的需要,从信息源中觅取、提炼出能够为用户所用或为用户借鉴的知识单元或知识体系。

一般把情报分为文献型和非文献型。非文献型的情报包括口头传递的情报和实物传递的情报。我们所说的情报通常指文献型情报,也就是以书本、胶片、磁带以及计算机储存设备记录和保存下来,通常以公开形式发表的情报。所以人们往往把情报与文献不加区别。并且把情报检索和文献检索混为一谈。在我们的课程中也不加以区别。

情报源包括原始文献、实物展品,操作表演、演讲、口传话情报,以及自然、社会、人类思维中的一切信息等。

情报可能是一种知识单元,如一个数据、一个定律、一个案例;也可能是一种知识体系,如专题研究报告、专题综述、述评,以及某种专著等。

1.2.3 文献

"文献"一词最早出现于孔子《论语·八佾》中:"夏礼,吾能言之,杞不足征也;殷礼,吾能言之,宋不足征也;文献不足故也。足,则吾能征之矣。"孔子把文献足与不足作为能否讲解杞宋两国礼制的重要依据。其"文献"含义是什么呢?汉郑玄在《论语注》中说:"献,犹贤也。我不以礼成者,以此两国之君文章贤才不足故也。"南宋朱熹,在其《四书章句集注》中继承这一解释:"文,典籍也;献,贤也。"故依他们的解释,最早的文献是指历朝的典籍和贤才。

元初马端临著《文献通考》,是我国最早将"文献"自名其书的著作。在该书的自序中,马对"文献"解释为:"凡叙事,则本之经史,而参之以历代会要,以及百家传记之书,信而有征者从之,乖异传疑者不录,所谓文也。凡论事,则先取当时臣僚之奏疏,次及近代诸儒之评论,以至名流之燕谈,稗官之记录,凡一话一言,可以订典故之得失,证史传之是非者,则手而录之,所谓献也。"可见马端临的"文献"包括两部分:

一是"经"一类的典籍和正史、会要、传记一类的书籍;

二是奏疏等档案资料和其他文字记载,以及出于臣僚、儒士、名流稗官的言论资料。这种解释较为宽泛,并指明"贤"不是指人,而是指贤人的言论。"献"的含义接近于"文"。

后来,"文献"一词偏指著述,如《文献大成》(《永乐大典》的初名)、《安徽文献书目》。随着时代的发展,文献的含义仅侧重于"文","贤"的含义逐渐被取消了。

随着现代科学的飞速发展,记录知识的手段和载体都发生了深刻的革命,出现了各种各样的信息和知识的载体材料,不再仅仅是纸张,还包括胶卷(片)、磁带、磁盘和光盘等;产生了各种各样的记录信息和知识的方式,不再仅仅是刻、写和印刷了,而且包括录音、录像和其他复制方式;多媒体的发明就是这种方式的较为集中的体现。从记录知识的手段角度来说,"文献"两字也被赋予了新的含义。

我国在 1983 年公布的《文献著录总则》把文献定义为:"记录有知识的一切载体"。

国际标准化组织《文献情报术语国际标准》(ISO/DISS 217)对文献的解释是:"在存储、检索、利用或传递记录信息的过程中,可作为一个单元处理的,在载体内、载体上或依附载体而存储有信息或数据的载体。"

1999 年新版《辞海》对文献的定义作了解释:"文献原指典籍与贤者,后专指具有历史价值的图书文物资料,如历史文献。亦指与某一学科有关的重要图书资料,如医学文献。今为记录有知识的一切载体的统称，即用文字、图像、符号、声频、视频等手段以记录人类知识的各种载体（如纸张、胶片、磁带、磁盘、光盘等）。”这样，对文献的解释就相对比较科学。

1.2.4 信息、知识、情报和文献之间的关系

综上所述，世界是物质的，物质的运动便产生了信息；各种信息经过人们进行系统化的加工处理，便转化为知识；知识经过系统化的加工处理转化为情报；情报应用于实践，解决实践中存在的问题，创造出物质财富或精神财富，这时的情报，便转化为生产力，产生新的信息，形成一个无限循环的转化过程。这也表明，信息包含知识，知识包含情报。它们不仅是包含关系，而且可以相互转化。例如，知识在需要被用来解决特定问题时，便转化成情报；情报在不需要利用时，便还原为客观的知识。知识和情报，对于既不能认识又不能理解的人来说，它们都不过是一种信息。其间的关系如图 1－1 所示。

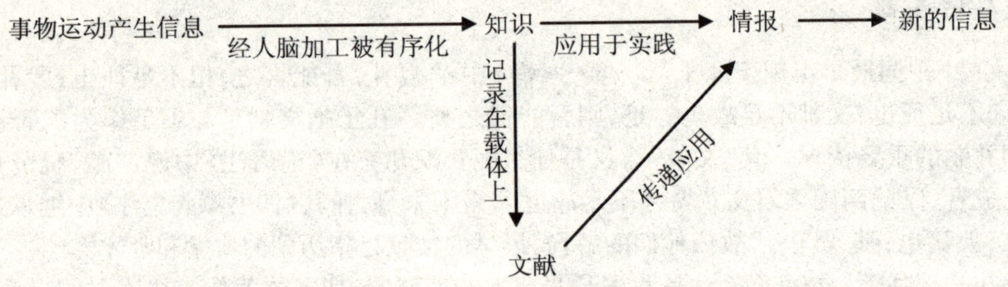

图 1－1 信息、知识、文献和情报之间的关系

1.3 信息检索

1.3.1 信息检索的概念

信息检索的定义有很多种，但都是从不同角度出发，对信息检索含义进行阐述。

国外专家莫尔斯认为：“信息检索是一种时间性的通讯。”也就是说通过信息检索得到了一些文献，从而使得著者与读者之间建立了一种通讯。国内有专家认为“信息检索就是最终用户借助信息源、推理机，通过人—机、机—人或人—人等系统之间的交互联作，以期达到启迪认知结构的动态建造过程”。有的从信息处理的角度对信息检索进行定义，认为信息检索的基本问题是如何处理信息和信息的结构。这种认识在当今互联网高速发展、网络信息浩如烟海的情况下，强调如何构造以及利用什么形式来构造信息结构，处理好信息检索，是具有指导意义的。还有人从环境与社会的公共知识的产生与补充的角度来认识信息检索，即信息集合与需求集合的匹配和选择就是信息检索。因为信息集合是关于某一领域的文献或数据的集合，是一种公共知识结构，而信息需求恰恰是用这种知识来弥补自身知识结构的不足与缺陷。

更多的专家与文献认为，信息检索是指使用科学的方法，在文献信息集合中查找出含有自己所需信息的文献的过程。这样的定义与本书的目的非常吻合。

这样的定义是基于文献查找角度的认识，这也是信息检索领域中的主流观点，受到众多情报、信息检索专家的认同。如英国著名学者维克利认为“信息检索是从汇集的文献中选出特定

用户在特定时间所需信息的操作过程”,美国著名的信息专家兰卡斯特认为“信息检索是查找某一文献库的过程,以便找出某一主题的文献”,“信息检索系统并不检索信息”。因为信息是抽象的、无形的,必须依附于文献而存在。虽然信息检索的最终结果是用户在文献中得到了自己所需的信息,但从检索系统组织的具体对象和检索对象看,最终的结果还是文献。

信息检索具有广义与狭义两种的含义。广义上讲,信息检索包含信息组织、存储和信息查找、获取两个过程。信息存储是对文献信息资源进行搜集、分析、描述以及标引,并根据标引的结果对信息资源进行组织,编制信息检索系统。信息查找是从信息检索系统中查找出与特定信息相关的文献。狭义上讲,信息检索仅指信息查找。

1.3.2 信息检索的种类

根据所需要解决问题的不同、检索用户需求上的不同以及信息检索技术的发展,信息检索的种类有很多种。

1)按照检索对象区分

根据检索查找的对象,信息检索有数据检索、事实检索以及文献检索。

(1)数据检索

数据检索以数据作为检索的对象,查找用户所需的数值数据。这种检索主要以各类调查数据、统计数据、特性数据以及图表等为对象。因为这里的检索对象是十分明确的,且非其他数据数值可替代,所以这种检索属于确定性检索。

(2)事实检索

事实检索以事实、事项为检索对象,查找用户所需的描述性事实与事项。这种检索以用户需要掌握与了解的具体事项,如对企业状况的了解、世界时事的了解等为检索对象,这也属于确定性检索。

(3)文献检索

文献检索也称专题检索。它以承载信息内容的文献为检索对象,查找文献。这种检索一般以某一研究课题为需要,查找各类文献中与之相关的信息内容。因为信息内容与需求之间表现为一定的相关性,即使是查找到的文献内容与需求十分有关,也只能认为其相关性十分高。所以这种检索是一种相关性检索,也是三种检索中难度最大、要求最高的。

2)按检索方式区分

信息检索方式主要有手工检索与计算机检索两种。

(1)手工检索

不借助于计算机,以人工操作的方式,利用手工检索工具进行信息检索。这是一种传统方式的检索,特点是依靠人的大脑对检索过程进行控制、调整,以取得最佳检索效果。但检索速度相当慢,且工作量大。

(2)计算机检索

这是目前极有发展前途的检索方式。其借助于计算机技术、信息技术、通信技术、信息检索技术将信息组成计算机检索系统,并供用户进行信息检索。检索速度相当快捷,能够多元检索,检索的范围非常广泛。但相对人工检索而言,计算机检索的智能性较差,每次检索必须在制定检索策略下完成,如遇检索效果不理想,系统必须在重新制定检索策略的条件下再次实施检索。

3)按检索的信息形式区分

一般有文本形式检索、多媒体形式检索和超文本形式检索。

(1)文本形式检索

进行用户需要的、有特定内容的文本文献信息的检索,检索结果是得到与信息需求相关的文本文献。这种形式的检索是目前信息检索中使用最为广泛的,不管是手工检索,还是计算机数据库检索,绝大多数都是文本检索。

(2)多媒体形式检索

进行含有特定内容的多媒体文献信息的检索,其结果是以多媒体形式反映特定信息的文献。这是在网络环境下发展起来的全新的检索类型。与文本检索所采用的对文本内容与外表特征进行"定义"进而产生检索标识,实现对检索标识的比较与匹配方式的检索不同,多媒体检索是基于各类媒体所承载的内容的基础上,提供无人参与情况下,计算机自动识别或理解媒体内容的声音、图像、视频等重要的特征,并建立这些声音、图像、视频特征索引,最终实现多媒体信息检索。

(3)超文本形式检索

进行用户需要的、以超文本方式组织的信息检索,检索结果是得到内容为非线性排列的超文本文献信息。超文本的特点是以联想式、非线性、链路的网状层次关系,允许用户在阅读时从其认为有意义的节点人口,直接快速地检索到所需要的信息目标。超文本检索时其内容是非线性的,按知识(信息)单元及其关系建立起知识结构网络,操作时点击相关的知识单元,检索便可层层展开,追踪下去。

1.3.3 信息检索的基本原理

信息检索包括文献信息的存储和文献信息的检索两个过程。其中,存储是为了检索,检索又必须先进行存储,这是文献信息存储和检索相互依存的关系。

从事文献信息存储的工作人员和从事信息检索的人员,他们直接交流的机会比较少。由于各自在思想方法上的差异,掌握知识多少的差异,语言表达方式上的差异等等,使存储人员和检索人员对同一篇文献的分析理解也会存在差异。正因为如此,就造成了存储文献标准与检索文献信息所依据的规则不一致,从而导致输入的信息检索不出来。因此,文献存储标引人员在存储文献信息工作中与信息检索人员在检索文献信息工作中必须遵循同一种规则。

信息检索的基本原理,就是将特定的检索标识(A——信息需求)与检索系统(手工检索工具或者是计算机检索的各类数据库)中的文献标识(B——文献线索)进行有无、异同及大小的比较和相符性匹配,当检索标识与文献标识相一致或部分一致时(即A包含于B),即为命中目标。无论手工检索还是计算机检索,其原理都是一样的。

检索系统所输出的文献信息可能是用户需要的最终信息,也可能是用户需要的中介信息,用户根据中介信息的指引,可以进一步获得最终所需要的文献和信息。

1.4 教育学信息的含义及检索

1.4.1 教育学信息的含义

教育学信息是指有关教育科学的知识、信息及记载有关教育学知识的载体,它是对人类从事教育活动,尤其是教育科学研究的客观记录。

1.4.2 教育学信息在教育研究中的作用

教育学信息是进行教育研究的基础,它贯穿于教育研究的全过程。掌握教育学信息,有利于全面正确地掌握所要研究问题的情况,帮助研究人员选定课题和确定研究方向。掌握教育学信息为教育研究提供科学的论证依据和研究方法,是了解科研前沿动态并获得新情报信息的有效途径。同时也可避免重复劳动,提高科学研究的效益。各种教育文献信息作为对人类教育活动的客观记录,记载有大量对教育科研活动有价值的信息。研究者如果能根据相关课题的需要搜集并阅读有关的资料,能有助于选择课题研究的重点,提高研究工作的创造性水平,扩大研究工作对理论和实践的影响,借鉴他人成功的经验,吸取他人在研究过程中的教训,并能最大程度地避免自身研究可能产生的问题或错误,为研究者提高研究的效益奠定坚实的基础。

1.4.3 教育学信息的主要分布

(1)书籍。书籍包括名著要籍、教育专著、教科书、资料性工具书及科普通俗读物,它是教育科学文献中品种最多、数量最大、历史最长的一种情报资源。

(2)报刊。报纸和期刊均属于连续出版物。报纸是以刊登新闻和评论为主的定期连续出版物。期刊是定期或不定期的连续出版物,有周刊、月刊、双月刊、季刊等。报纸和期刊出版周期短,更新速度快,内容新颖,论述深入,能及时反映研究活动的动向,数量大、种类多,是科学研究者重要的参考文献。

(3)教育档案。档案资料是人类在各种社会实践活动中直接形成的,并且具有保存价值的原始文献资料。教育档案包括教育年鉴、教育法令集、教育统计、教育调查报告、学术会议文件、资料汇编、名录等。

(4)电子信息检索系统。电子信息检索系统是由计算机程序人员编制的、储存于计算机中的帮助读者查阅文献资料的软件。一般可分为两种:一种是图书馆资料中心使用的文献检索系统,它和该图书馆资料中心的数据库连接,读者能利用它从数据库中检索出所需要的资料。另一种是国际互联网上的各种网站的搜索引擎,读者利用搜索引擎可以从庞大的互联网中搜寻和阅读所需文献资料。和其他种类的文献相比,电子信息检索系统有容易保存、便于检索的特点。

1.4.4 教育学信息检索的基本过程

教育学信息检索一般包括以下几个步骤:

1)分析和准备阶段。分析研究课题,明确自己准备检索的课题要求和范围,确定检索工具,确定检索途径。

2)搜索阶段。搜索与研究问题有关的文献,然后从中选择需要和确实可用的资料分别按照适当的顺序阅读,并以文章摘录、资料卡片、读书笔记等方式记录搜集资料。

3)加工阶段。主要包括剔除假材料,去掉相互重复、较陈旧过时的资料;从研究任务的观点评价资料的适用性,保留那些全面、完整、深刻和正确地阐明所要研究问题的一切有关资料,以及含有新观点、新材料的资料,对孤证材料要特别慎重,在资料数量和类型较多的情况下,应对这些资料进行分类编排,并编制题录索引或目录索引。对准备利用的文献资料,必须对其可靠性进行鉴别和评价,对那些不完全可靠的或有待进一步明确的资料,不予采用。

1.4.5 教育学信息检索的主要方法

1)顺查法。按时间范围,按照检索课题研究的发生时间、发展顺序由远及近、由旧到新的顺序查找。多用于范围较广泛、项目较复杂、所需文献较系统全面的研究课题以及学术文献的查找。

2)逆查法。与顺查法相反,又叫倒查法。是由近及远,由新到旧的查找方法。多用于新文献的搜集、新课题的研究,不太关注历史渊源和全面系统,易漏检。

3)引文查找法。又称跟踪法。是以掌握的文献中所列的引用文献、附录的参考文献作为线索,查找有关主题的文献。这种方法搜集的文献涉及范围比较集中、获取文献资料方便快速、可不断扩大线索,往往能找到有关研究领域中重要的、丰富的原始资料,但由于查得的文献资料受原作者引用的局限性和主观随意性的影响,往往比较杂乱。

4)综合查找法。就是将各种方法综合加以使用以达到检索的目的的文献查找方法。

5)利用现代信息技术检索。现代信息技术主要包括缩微技术、视听技术、计算机技术、多媒体技术、网络通信技术及数据库技术等。这些技术在教育学领域有很广泛的用途。现代信息技术在教育学信息检索中的应用形式主要有三个方面:

①联机检索。联机检索是采用和利用终端设备,通过电讯线路直接与计算机对话的一种检索。读者根据系统的显示,可反复修改检索要求,逐个获得查找结果。

②光盘检索。光盘检索是利用计算机直接检索储存在光盘上的数据。光盘检索的特点是存储量大,价格低,保存方便,索引简便、快捷。

③计算机网络检索。计算机网络检索是将许多计算机检索系统用通信线路连接起来,形成巨大的计算机检索网络。在各个终端,可以按照检索者的提示,快速从文档中提取符合要求的文献信息,用显示、保存或打印的方式,提供给检索者。

1.4.6 教育学信息检索的要求

1)进行内部评论与外部评论

教育学信息极其丰富,不仅有文字资料,而且有实物史料和口传史料。通过外部评论确定资料的真伪或真实性,即"辨伪"和"证实",确定资料的作者及成书年代;通过内部评论确定资料的准确性和价值,即文献资料本身的含义、价值。总之,在研究文献时,要通过审查和鉴别,尽可能地把握教育学信息的总和。

2)全面、准确地检索教育学信息

通过浏览,要广泛查阅特定范围内的国内外有关研究成果,不仅要搜集与自己观点一致的材料,也要搜集那些与自己观点不一致,或与自己构思相矛盾的资料;不仅要广泛查阅中文资料,同时也应查阅外文资料,以便及时掌握最新的研究资料和动向。特别是要着力搜集第一手资料,以保证研究的客观全面。

3)以分析概括为基础,撰写教育教育学信息综述报告

文献信息综述是研究者在全面搜集和广泛阅读的基础上,通过归纳整理、分析鉴别和比较,就一定时间内出版发表的有价值文献的主要内容所撰写的评述。文献综述不是对文献资料的简单摘录和拼凑,而必须是研究者在对文献内容评判性阅读的基础上,根据研究工作的需要从总体上对各种文献资料进行概括性的叙述和评价。

2　教育学信息检索工具书

2.1　教育学信息检索工具书概述

教育文献信息工具书是根据教育工作的实际需要，广泛收集教育科学领域的知识材料，按特定的编排形式和检索方法加以组织，专供人们查阅知识单元和查找文献线索之用的出版物，是检索教育文献信息的重要工具。它与其他教育信息相比，具有编制特殊、内容概括、专供查阅等特点。首先，从材料编排上看，它不像普通图书那样按问题或学科本身的系统分章分节编排，而是按部首、笔画、号码、音序、分类或主题等可检顺序编排。从内容上看它不像普通图书那样围绕一定的问题或学科作深入的论述，而是取材广博，旁征博引，叙述简明精要，内容广泛概括。再从编制目的来说，它不像普通图书那样供人们从头至尾逐字逐句阅读，而是将大量的有关资料按一定主题和顺序编排起来以供读者有针对性地查考，但也有例外，如百科全书，不仅可以供读书治学时查考，而且也可以供人们系统阅读。

由于教育信息检索工具书广泛汇集了教育科学各方面或某一学科、专题方面的知识材料，同时又经过认真筛选、加工和条理化，具有充足的信息量和相当的准确性，因此，它为人们提供浓缩的知识，是集成度很高的信息库，它具有很强的知识性。工具书作为一种揭示和检索原始文献的工具和手段，在编写上具有广采博收、论述简明、表达精确、引文可靠、出处详明等特点，因而其内容广泛概括、资料性强。工具书有特定的编排形式和检索方法，它以简驭繁，构成网络，能迅速提供某方面的基本知识或资料线索，因而具有检索性。应当说，知识性、资料性和检索性是工具书所特有的基本属性。

2.2　教育学信息检索工具书类型

教育学信息检索工具书的种类很多，按不同的标准可以划分出各种不同的类型。按其功用特点来说，主要有书目、索引、文摘、字典、词典、类书、政书、百科全书、年鉴、手册、表谱、图录、名录等十余类。

2.2.1　书目

书目，也称目录，最初是图书目录的简称。后来，随着图书以外的其他形式文献的大量出现，书目的含义也就扩大了，它不仅包括图书目录，还包括期刊目录，报纸目录以及其他文献目录。因此书目就是著录一批相关的文献，并按照一定的次序编排而成的一种揭示与报道文献的工具。书目的著录项目一般包括文献名称、作者、卷册、版本、价格以及收藏情况等项。有的还用扼要的文字说明图书内容、学术源流、版本真伪等情况。它具有“纲记群籍”、“辨章学术”、“考镜源流”的社会功用，同时又是指示读书治学门径，提供资料线索的主要工具之一。

①《全国总书目》、《全国新书目》

这两种书目是根据全国各出版单位送交的样本书编成的，可代表我国的国家书目，是检索我国出版图书情报的主要检索工具,每期都收有大量的教育书籍。

《全国总书目》是中国现行的国家综合性图书目录,1949 年创刊,为年刊。1949 年由新华书店总店编辑,1956 年以后,由中国版本图书馆《全国总书目》编辑组根据全国各出版社的呈缴本编辑而成,现由新闻出版署信息中心和中国版本图书馆合作编辑。它汇集了全国各出版单位当年出版的初版和改版的各类图书(不包括重印本)数万种,基本反映了中国图书的全貌,是检索国内图书的主要工具。

《全国新书目》是《全国总书目》的姊妹篇,是为补充《全国总书目》不能及时报道全国新书出版情况而编辑的目录性刊物,专门收录一个月内全国各出版社出版的新书。1950 年创刊,为月刊,原由国家版本图书馆编辑出版,现由新闻出版署信息中心主办。《全国新书目》的著录项目、编排方式与《全国总书目》相同,它是编辑《全国总书目》的基础,《全国总书目》可作为《全国新书目》的年度累积本使用。

②《中国国家书目》

北京图书馆主编,书目文献出版社 1987 年起出版。1985 年以前,《全国新书目》和《全国总书目》在某种程度上起着国家书目的作用。根据联合国教科文组织《关于图书馆统计国家标准化的建议》,国家书目应由国家图书馆承担。因此,从 1985 年起,我国国家书目正式由北京图书馆负责编制,定名为《中国国家书目》。于 1987 年出版了第 1 期。该书目有月刊速报本和年刊积累本两种。月刊速报本相似于《全国新书目》,年刊积累本相似于《全国总书目》。同时也收录包括台、港、澳在内的全国出版物,我国著者在海外发表的著作,华侨及外籍华人著作以及外国出版的中文图书。

③《中国教育书目》(1949—1990)

田东平等编,北京师范大学出版社 1996 年出版。该书是新中国成立以来编成的第一部大型教育专科性检索工具书,填补了我国 20 世纪无专题教育书目的空白点,收录了新中国成立 40 年来出版的教育学科图书。全书分 3 个部分:书录及提要部分收录图书 1095 种(册),存目部分收录图书 1864 种(册),索引部分包括书录及提要分类、主题词、著者索引、存目著者索引。

④《世界教育名著通览》

任钟印主编,湖北教育出版社 1994 年出版。这是一部具有提要性的工具书。它精选了古今中外 89 位名家的关于教育学的专著 120 余种,近 390 万字。其中 30 种是从英、俄、法、德文新译成或增译的。其余选自 20 世纪 20—90 年代期间的中文版图书(包含个别港台版)。本书所收名著从纵向上包括公元前 5 世纪至今的 2500 年,从横向上包括英、法、德、美、俄、意、日、捷克、瑞士、瑞典、西班牙等国历代教育名著和当代各种教育思潮及流派的代表作,既体现了国外教育理论的演变和历史轨迹,又是教育理论上百家争鸣的大论坛。

⑤《中国高等教育研究 50 年(1949—1999)》

陈学飞主编,教育科学出版社 1999 年出版。本书是一部集书目、索引为一体的检索性工具书。由国内几十名专家检索研读了 15 万册(篇)新中国成立 50 年来关于高等教育的著作、论文后编纂而成的。全书共收书目 2400 余条,论文篇目12 000余篇,具有代表性的论文全文 400 余篇。它提供的著作目录、论文目录及论文信息的时间跨度之大、范围之广、数量之多为国内罕见,对于中国今后的高等教育研究和决策具有重要价值。全书按文献内容分为 8 个专题,包括高等教育原理、高等学校课程教学、高等教育管理、高等教育经济与财政、高等教育改革与发展、高等学校德育、比较高等教育、中外高等教育史等,分别回顾和评价了新中国成立 50 年来各领域研究工作的发展状况及主要成绩，讨论了高等教育研究今后的发展趋势与方向。

2.2.2 索引

英语“index”一词源于拉丁文“indecare”，具有指示位置的意思。1905年，日本坪井五正郎将“index”译成“索引”，我国近现代沿用了这两个汉字。中国古代的索引又称通检或备检。索引就是将文献中某些重要的有检索意义的信息如书名、刊名、篇名、主题、人名、地名、参考文献、语词、分子式等，根据一定的需要分析摘录出来，并按一定的顺序编排组织，注明出处，以便进行相应途径的检索。

索引是在书目广泛使用的基础上，随着文献检索深度和广度的不断扩展而产生的。书目所描述的是一本书刊、一部文献的基本特征，只是对一种出版物作整体的宏观著录，而不能满足人们多种途径检索和对文献细节内容或细小外表特征的微观检索的要求。索引正弥补了这种缺陷，它可将文献所包含的若干信息分析摘录出来作为排检标识来进行微观检索。我国在20世纪20年代开始大量编纂出版索引，如清华学校教育社编的《教育论文索引》（1924年版）是我国最早的专科性杂志论文索引。解放后，我国的索引工作有了新的发展，各种综合性、专科性和专题索引越来越多。如上海图书馆的《全国报刊索引》、中国人民大学的《复印报刊资料索引》、上海社会科学院的《内部资料索引》等，这些综合性索引每期都有教育方面的内容，利用它们均可查阅到大量有关教育方面的资料。

①《建国以来高等教育资料索引（1949—1986）》

兰州大学高等教育研究室编，兰州大学出版社1988年出版。它是一部大型的教育专科性检索工具书。本书收录了1949年10月至1986年底（“文革”十年除外）国内各种报刊上登载的高等教育论文篇目12 000余条，书后附有这个期间内的中国高等教育大事记。全书编排方式分为两种：国内部分按专题编排，共分为方针、政策、制度；高等教育科学研究；高等学校管理；高校工作研究；教学工作；科研工作；思想政治教育；体育、卫生、美育；学生工作；高等教育改革；各类高等教育；外国高等教育资料等12个专题。前11个专题又都分为若干个小专题，小专题下的条目按时间顺序排列。外国教育资料部分，首先依据《中国图书馆图书分类法》的世界地区辅助表排，然后按时间排列。

②《中文报刊教育论文索引》

中央教育科学研究所编，1979年创刊，季刊，是检索最新教育文献的期刊性工具书。它收集了国内发行的中文报刊中的有关教育、教学等方面论文及相关资料，参考了《中图法》、《汉语主题词表》，并结合学科文献的实际进行分类编排。每期前面有目录，分为教育理论、教育科学分支、教育制度、各级各类教育、教学方法等20个类目。

③《增订教育论文索引》

邰爽秋编订，上海民智书局1932年出版。它是查找民国时期教育论文的检索性工具书。收录民国元年至民国二十年（1912—1931）期间的教育论文8000余篇，增订论文1900篇。分教育通论、普通教育行政、学校行政、各种教育问题、教学法等7类。

④《中国教育报索引》

中国教育报社编辑部编，1991年出版。它收录了自1983年创刊以来发表在教育报上的教育方面的论文、信息和图片资料，共计2万余条。全书涉及面广，内容包括教育方针政策论述、教育学校管理、教育科学研究、教育工作先进典型、各级各类教育、少数民族教育、特殊教育、家庭教育、台港澳教育、外国教育、教学文艺、教育文摘、读者来信等。全部篇目分为27个大类、227个小类,各小类下又分为三级类目。所有消息先按标题,再按发表时间先后次序排列。篇名后注明了作者、期号、时间、版次。

同时还可以利用《普通教育的改革与实验论文资料索引》(四川教育出版社,1997)、《教育与心理论文索引汇编》(台北心理出版社,1995)、《高等教育研究期刊论文索引》(北京市高等教育研究所,1986—1998)、《中文报刊师范教育文章索引》(福建师大教育研究所编,1983)、《教育论文索引》(北京师范大学教育系图书馆编,1979)、《高等教育资料索引》(兰州大学出版社,1956)、《中小学教学论文索引:1949—1965》(北京师范大学出版社,1984)、《人大复印报刊资料索引:教育类》(中国人民大学书报资料中心编)等各种索引进行查检。

2.2.3 文摘

文摘是以简练的形式准确、扼要地摘取文献的主要内容,并按一定著录规则与编排方式系统地编辑起来,通常不包含对原文的补充、解释或评论。它不仅记录文献的基本书目信息,而且提供文献的内容梗概,是系统著录、报道、积累和揭示文献信息外表特征和内容特征的检索工具,是重要的二次文献。文摘条目的编排和著录格式与索引相似,只是在每个条目下加上了文献的摘要。检索者通过文摘可以迅速地综观某一学科、某一专业领域的最新文献,了解其现状及基本内容,从中选择自己需要的一次文献进行细读,避免阅读无关紧要的原文,从而提高文献检索效率。文摘根据其摘要方式可分为报道性文摘、指示性文摘和评论性文摘;根据内容可分为综合性文摘和专科性文摘,根据出版形式可分为期刊式文摘、报纸式文摘和卡片式文摘等。

20世纪80年代以来,随着科学文化事业的繁荣和发展,各种类型的文摘大量涌现,不但出现了以《新华文摘》为代表的以社会科学内容为主的综合性文摘,而且还陆续出版了很多专科性文摘,如《经济学文摘》、《国内外教育文摘》等。从出版形式上看,不但有期刊形式的文摘杂志,还有报纸形式的文摘(如《文摘报》)和卡片形式的文摘(如中国人民大学书报资料社编印的《学术文摘卡片》)等。可见,文摘已成为科学研究中不可缺少的工具之一。

①《国内外教育文摘》

山西省教育科学研究所编辑出版,1985年创刊,月刊。它是目前查检最新教育信息的指导性文摘。设有教育管理与改革、教师之友、外国教育、复式教育、班主任参谋、家庭顾问等栏目。具有信息容量大、知识密度高、编排科学、报道及时的特点。

②《世界教育文摘》

华南师范大学外国教育研究所编辑出版,1981年创刊,为不定期刊。该刊宗旨是研究外国教育的现状和趋势,并介绍世界各国比较教育理论和方法。该刊材料主要来自国外各种专著、联合国教科文组织出版物和各国的非正式出版物。

③《教育学文摘卡》

中国人民大学书报资料中心编印发行,每年400张,时间从上一年10月至当年9月。它从全国2000多种报刊上选材,简明扼要地摘录文章论点或重要资料,记录研究成果,反映学术动态,积累有关数据。主要栏目有理论研究、改革与发展、高等教育、课程与教学、德育探索、师生研究、职成教育、比较教育等。

④《教育学文摘》

华东六省一市教育学院协作选编，浙江教育出版社1984年版。本书选编了党的十一届三中全会以后在全国报刊上公开发表，有代表性和一定影响的论文。书后还附有1978年至1983年间教育理论重要文章目录索引，共收论文600余篇。

⑤《高教文摘》

《高教文摘》创刊于1985年，由原兵器工业部教育局和南京理工大学共同创办。该刊以丰富的内容、长短相宜的篇幅，融学术性、资料性、时效性、知识性于一体的风格，为广大高教研究人员、高教管理人员及高校师生提供资讯服务，使读者了解到高等教育研究、高教改革动态的概貌，受到高教研究专家的广泛好评。

⑥《教育文摘周报》

教育部主管、中央教育科学研究所主办的目前国内唯一公开发行的综合教育类文摘周报，1983年创刊。《教育文摘周报》以中央教育科学研究所广泛的国内外教育信息资源为依托，从数百种国内外教育报刊、大量教育图书、广大读者推荐来稿以及网上采撷大量的国内外教育改革与发展的新信息，及时传递给广大读者。该报被公认为各级教育行政管理部门领导、教育科研和教学管理人员、各级各类学校广大教师等不可或缺的重要参考资料。

同时还可利用涉及教育学的综合性文摘主要有《新华文摘》（人民出版社）、《中国社会科学文摘》（中国社会科学杂志社）、《高等学校文科学术文摘》（上海师范大学主办）、《文摘报》（光明日报社）等进行查检。

2.2.4 字典、词典

字典是将单字汇集在一起，按照某种查字方法进行编排，来解释字的形、音、义的工具书，它的作用是查找字的正确写法、标准读音以及它的意义和用法。

词典又称辞典。它是汇集语言和事物名称等词语，解释词义和用法并按一定的次序进行编排，以备查检的工具书。词典分为语言词典、综合性词典和专科词典三大类。语言词典是解释普通词语的工具书，包括虚词词典、成语词典、方言俗语词典等。综合性词典是兼释普通词语和专科词语的工具书。如《新华词典》、《辞海》等。专科词典是阐释专科术语和专有（包括人名、地名、事物名称等）的工具书。它与综合性词典不同的是，其重点不在于辩析词形、审正读音、举示用法等，而主要是提供某学科术语、名词严格的科学定义，包括其内涵和外延，给查阅者以较全面、系统的知识。

近代以来，随着我国科学文化事业的发展，字典、词典编纂出版的种类和数量也逐渐增多，除了比较有代表性的《中华大字典》、《辞源》、《辞海》等综合性词典外，还陆续出版了各种专科性词典。1928年5月，王倘、舒新城等编的《中国教育辞典》，由上海中华书局出版，这是我国第一部大型教育辞典。1930年7月，唐钺、朱经农等编的《教育大辞书》（上、下）由上海商务印书馆出版。这部大型教育辞书较之《中国教育辞典》不但篇幅增大，而且内容更加丰富，材料编排更加科学。

①《辞海》（教育、心理分册）

《辞海》是以字带词，兼有字典、语文词典和百科词典功能的辞典，是中国最大的综合性辞典。1936年成书，之后历经多次重大修订，目前最新版是1999年版，由上海辞书出版社出版。《辞海》以其专业的队伍、严谨编纂作风著称，其知识性和准确性极高，是中国最权威的工具书之一。《辞海·教育、心理分册》包括教育学、中国教育史、外国教育史、心理学4类，共收词目

1042 条，主要是教育学科中比较常见的名词术语、学说流派、组织机构以及重要人物、著作等。是从事教育工作及其研究人员常用的必备工具书。书前有分类词目表；书后有词目笔画索引，便于查寻。

②《教育大辞典》

上海教育出版社 1986 年—1992 年出版。该书共收录词目 3 万余条，共约 1000 万余字，分为 12 卷，25 册。其内容包括教育学、课程和各科教学、中小学校、师范教育、幼儿教育、特殊教育、高等教育、职业技术教育、成人数育、军事教育、民族教育、华侨华文教育、港澳教育、教育心理学、教育哲学、教育经济学、教育社会学、教育边缘学科、教育技术学、教育统计与测量、教育管理学、中国古代教育史、中国近现代教育史、外国教育史、比较教育等。各卷前有分类词目表，后附按笔画编排的词目索引。

③《教育大辞典》增订合编本

上海教育出版社 1998 年出版。《教育大辞典》主编顾明远及千名作者，本着“再创造”、“高质量”的追求，在原来 12 卷 25 册的基础上作了增删调整编成了增订合编本，共合并词条 3000 余条，删除 600 余条，增加 1700 余条。它收录教育类词条 2.3 万余条，其中重要词条收至 1996 年—1997 年，与分卷本相比，修订词条达 30% 以上。该书为了便于读者检索，全部条目按汉语拼音字母排列。书前有分类目录，书后增加了中外教育大事年表。

④《高等教育辞典》

张念宏编，北京学苑出版社 1989 年 9 月出版。全书 50 万字，收词目 2000 余条。本书是我国第一部高等教育辞典，也是一部高等教育百科全书，内容包括高等学校管理；普通高等教育行政管理；成人高等教育行政管理，大学后继续教育；高等教育心理学；中国高等院校组织、会议、事件、人物、著作、文件、报刊、专业设置；外国高等院校组织、会议、人物、著作、文件、报刊等。

同时，还可利用《教育评价辞典》（北京师范大学出版社 1998）、《中外师范教育辞典》（中国广播电视出版社，1994）、《教育百科辞典》（中国农业科技出版社，1988）、《教育词典》（黑龙江科学技术出版社，1989）、《教育学辞典》（北京出版社，1986）、《世界教育辞典》（湖南教育出版社，1989）、《西方教育辞典》（上海译文出版社，1986）、《德育辞典》（湖北辞书出版社，1987）、《教育管理辞典》（海南出版社，1997）、《教师百科辞典》（社科文献出版社，1987）、《教学法辞典》（山东教育出版社，1992）、《教育大辞书》（上海商务印书馆，1930）、《幼儿教育词典》（黑龙江科学技术出版社，1987）、《特殊教育辞典》（华夏出版社，2006）、《教育与心理辞典》（福建教育出版社，1988）、《中外著名教育家事典》（辽宁教育出版社，1995）、《中国当代教育名人辞典：普教部分》（辽宁人民出版社，1992）等进行查检。

2.2.5 类书、政书

2.2.5.1 类书

类书是记录古书中的史实、典故、丽词骈语、诗赋文章、名物制度等原始资料，按照类别或韵部加以编纂，以供人们查检和征引的资料性工具书。类书的主要特点是：①忠于原文，不加变动。类书是从各种书籍中采集资料，重加编纂，编者很少抒以己见，能客观反映古籍原貌和事物本来面目。②收录内容广泛，包罗万象。类书所收资料涉及的知识门类复杂，上自天文、下至地理，三教九流，无所不包。在世界上曾有“东方的百科全书”之称。③以类相从，便于查检。类书摘录各种书籍中的有关事物，尽管规模宏大，但一般都是以类排比，部序清晰，注明出处，查阅起来十分方便。因此，它是人们查找原始资料，从事校勘、考据等工作重要的工具书之一。

类书自三国时期的《皇览》开始，历代均有编纂，明代产生了我国最大的类书《永乐大典》。类书中也保存了丰富的有关古代教育方面的资料，如清代《古今图书集成》中“经济汇编”的“选举典”、“理学汇编”的“学行典”，专门设置“学校”、“科举”、“学问”、“读书”等有关教育方面的部类。

2.2.5.2　政书

政书是收集历代或某一朝代政治、经济、文化、外交军事等方面的有关制度的史料，分门别类地加以编排和叙述，专供查阅典章制度用的工具书。我国第一部政书是唐代刘秩的《政典》。后来杜佑根据《政典》加以补充和扩充编成《通典》，宋代郑樵编《通志》，元代马端临编《文献通考》，这便是通常所说的“三通”，到了清朝，将“三通”一续再续，形成了著名的“十通”。

政书是我们系统、全面地查考古代各种典牵制度的工具书。同时在它的“三通典”中的“职官”类、“三通志”中的“选举”、“四通考”中的“学校考”中都收录了大量有关各代教育制度方面的资料。查找时可通过“十通分类索引”在“学校”的标目下，迅速查到所需资料。

2.2.6　百科全书

百科全书是人类知识的总汇，是记录人类知识最全面、最系统的大型综合性工具书。它概述了人类一切知识领域的基本资料，对每一学科提供定义、原理、方法、历史及现状、系统和参考书目等方面的资料。百科全书是具有权威性、检索性和知识性的大型完备的工具书。它可供人们系统阅读，扩大知识视野，也可供读者查检，解惑释疑。因此被人们称为“工具书之王”、“百科知识的总汇”。

百科全书的名称是从“Encyclopedia”一词译过来的，源于希腊文。其含意是“各种知识的汇编”。百科全书起源于西方。古希腊人亚里士多德被人们称为“百科全书之父”。19世纪以后，西方各国纷纷编纂百科全书，出现了著名的《大英百科全书》等。20世纪以后，百科全书作为整理、积累和检索知识的重要手段，在品种和数量上有了更大发展。

百科全书一词在我国学术界出现较晚，“文革”以后，随着全国科学文化事业的发展，编纂与国家地位相称的大百科全书的计划被提到议程上来。1978年在北京成立了中国大百科全书出版社，正式开始了洋洋80卷，约7000万字的《中国大百科全书》的编辑、出版工作。

①《中国大百科全书》(教育卷)

《中国大百科全书》是中国第一部大型综合性现代百科工具书，也是世界上规模最大的百科全书之一。全书从1980年开始，1993年8月出齐，由中国大百科全书总编辑委员会和中国大百科全书出版社出版。1985年，《中国大百科全书》(教育卷)出版，汇集了200多位专家、学者的智慧和心血。全卷共收774个条目，688幅彩色与黑白插图，约计149万字。内容分为教育科学、教育学、教育心理学、教育管理、中国教育、外国教育等6个分支。它全面系统地介绍了自古以来人类积累的教育基本理论、基本事实，并从现代化建设的需要出发，介绍了新中国的教育经验，当代世界教育事业和教育科学的新成果、新经验等。

②《简明国际教育百科全书》

教育科学出版社1989年起出版，分为《教育测量与评价》、《教育管理》、《课程》、《教学》、

《人的发展》5 个分册，堪称第一部真正国际性的、全面反映当代教育现状和最新研究成果的大型教育工具书。全书收录词目45 000余条，由 100 多个国家的 1300 多位学者撰写。下起幼儿教育，上至老年教育，从普通教育到特殊教育，均收列无遗。无论是要理解应用性强的比较教育和国际教育，还是想探索学理深奥的皮亚杰发生认识论，都可由全书循径而入，得窥全豹。该书在中国翻译出版以来，不仅成为了教育研究者和各级各类学校教师的重要工具，而且还成为了教育行政人员、规划人员、技术人员、各级教育管理部门和高等师范院校学生的必备教育参考书。

③《最新世界教育百科全书》

波斯特莱斯维主编，郑军等译，河北教育出版社 1991 年版。该书原名《比较教育与各国教育体制百科全书》，是英国培格曼出版公司于 1988 年推出的教育巨著。全书分为两大部分，第一部分介绍了比较教育的系列文章，内容包括教育统计比较、教育政策比较、教育经济学比较以及学前教育、中小学教育、职业技术教育、师范教育、高等教育、成人教育、终身教育的比较研究。第二部分介绍了世界 159 个国家和地区的教育体制，内容包括教育目的、教育结构、教育管理、教育经费、教育政策、师范教育、教学方法、课程设置、考试、升级和毕业证书、当前教育存在的主要问题。

④《中国教师百科全书》

陶然主编，中国国际广播出版社 1994 年出版。这是一部适合于各级各类学校教师的专门工具书。全书分为 13 篇，包括总论、教育理论、教育法规、教育改革、教育组织机构、教师、教学方法、教师保健、名人名校、教师必备知识（自然科学知识、社会科学知识、经济科学知识、文化科学知识）等。共收入重要文件 16 份，词条 3400 条。

⑤《中国教育百科全书》

张念宏主编，北京海洋出版社 1991 年出版。全书共收词条近万条。词目内容包括教育学科领域的各个分支学科的知识，同时也反映了国内外教育的新成果、新发展、新趋势。

同时还可利用《教育经济学国际百科全书》（高等教育出版社，2000）、《中国学前教育百科全书》（沈阳出版社，1995）、《中国成人教育百科全书》（南海出版公司，1994）、《中国职工教育百科全书》（中国国际广播出版社，1993）、《中国思想政治教育百科全书》（吉林人民出版社，1991）、《培格曼国际终身教育百科全书》（职工教育出版社，1990）、《中国教师新百科》（中国大百科全书出版社，2002）、《教育大百科全书》（西南师范大学出版社，2006）等进行查检。

2.2.7 年鉴

年鉴，又称年刊、年报，是系统汇辑一年内的重要时事文献和统计资料，按年度连续出版发行的编年体工具书。它主要依据当年的政府公报和文件以及国家重要报刊登载的报道和资料，通过对大量原始信息进行筛选、整理、分析、加工的过程，概述一年内事态发展情况，记录最新事实，汇辑各种统计数字、资料等，它是一种资料性、时效性、连续性很强的高密度的知识载体，要想了解某一领域或学科在一年内的进展情况，翻阅年鉴可以一目了然。

年鉴的编纂始于欧洲，我国第一部年鉴是 1864 年出版的《海关中外贸易年刊》（1948 年停刊）。我国最早编制出版现代性质的年鉴是 1933 年上海神州编译出版社出版的《世界年鉴》。1933 年 10 月上海商务印书馆出版了《第一次中国教育年鉴》，1948 年又出版了《第二次中国教育年鉴》，1984 年 9 月出版了我国建国以来第一部《中国教育年鉴（1949—1981）》。

①《中国教育年鉴(1949—1981)》

中国教育年鉴编辑部编,中国大百科全书出版社上海分社1984年出版。此书是我国建国以来出版的重要教育工作资料性工具书。全书约300余万字,编纂了中国1949—1981年教育工作的基本情况、基本文献和基本统计。全书分为三大部分:第一部分是中央领导同志关于教育工作的指示、讲话等,第二部分是各级各类教育,分为"总述"、"教育事业经费、劳动工资计划管理"、"幼儿教育"等21大类。第三部分是"文献与资料选辑",包括"教育文献选编"、"教育大事年表(1949—1981)"、"教育基本统计"等。目前,《中国教育年鉴(1982—2008)》和《中国教育年鉴》地方教育卷(1949—1984)也已出版。

②《中国教育统计年鉴》

国家教委计划建设司编,1988年起由人民教育出版社出版发行。原名为《中国教育事业统计年鉴》,是一部全面反映新中国教育事业发展情况的资料性工具书,是由国家教委计划建设司根据全国各省、自治区、直辖市教育委员会、高教局、教育厅填报的基层报表汇编而成。年鉴分为:综合部分、高等教育、中等教育、初等教育、幼儿教育、特殊教育、成人教育、电化教育、自学考试、全国各级各类学校的分布及计划单列市教育概况等内容(不含台湾地区部分),是有关部门和人员研究教育改革及发展的必备工具书。

③《中国教育经费统计年鉴》

教育部财政司、国家统计局编。1997年起由中国统计出版社出版发行。它全面反映了历年全国教育经费来源和使用情况,对于研究教育经费结构、使用效益有一定参考价值,为国家和地方编制教育发展规划、制定教育财政政策提供了重要依据。全书分为全国教育经费收入、省自治区直辖市各级各类教育机构经费收入情况、省自治区直辖市按来源分类教育经费收入、省自治区直辖市各类机构教育经费支出明细、省自治区直辖市各类教育机构预算内教育事业费基建支出明细、省自治区直辖市各级各类办学效益、省自治区直辖市各级各类学校生均教育经费支出等7个部分。

④《中国职业教育与成人教育工作年鉴》

教育部职业教育与成人教育司编,2005年起由北京高等教育出版社出版发行。本书主要内容包括:部分县(市、区、旗)级、地区(市、盟、州)级和各省(自治区、直辖市)职成教行政部门在2004年里所开展并完成的各项重点工作、取得的成就;部分职业技术院校和少数企事业单位的简介;与职成教工作相关的法律法规等。本书采用的数据均来自各地填报的国家法定的统计报表,有关文字也是各地职成教行政管理部门提供并严格审定。全书全面、系统、翔实地介绍了我国职成教2004年度工作成就,对职成教的管理、研究与教学等工作具有重要的参考价值。

此外还可利用《第一次中国教育年鉴》(商务印书馆1933版)、《第二次中国教育年鉴》(商务印书馆1948版)、《中国教育考试年鉴》(北京高等教育出版社)、《中国现代教育年鉴》(中国图书出版社)以及各地方的教育年鉴如《上海教育年鉴》等进行查检。

2.2.8 手册

手册的名称来源于英文"Hand Book",有手头常用书的含义,是将某一学科或某一主题需要经常查考的,概括性又具体实用的知识、资料和数据有系统地汇编在一起,以供读者随时翻阅的小型便览式工具书。它通常是以简易的检索方法为某一特定知识领域提供最基本、最简明、最实用的知识，包括一些具体的公式、图表、数字、法则、条例和操作方法等，常被人称为“如何做工具书”。手册有“便览”、“要览”、“一览”、“概览”、“总览”、“必备”、“大全”、“指南”等之称。

手册在我国有悠久的历史，在敦煌石窟里发现的《随身宝》就是这类性质的书。到了近现代，手册的种类和数量也日益增多，近几年来，又有大量新的手册不断涌现出来，内容包括了各个学科领域。如《中华人民共和国手册》(1949—1985)、《当代国外社会科学手册》、《世界新科学总览》等。

①《中国德育全书》

詹万生主编，黑龙江人民出版社 1996 年版。全书分上、中、下 3 篇。上篇为德育基础理论，内容包括德育的概念、目标、进程、内容、原则、方法、管理、改革、科学化、规范化诸多方面；中篇为德育工作实务，内容包括德育课程、德育对象与工作者、党团队与学生会工作、班主任工作、课外活动与社会实践、家庭教育与社会教育；下篇为德育文献资料，收入德育政策与法规文件、全国德育学术机构与学术刊物、德育论著及调查报告目录索引（专著 300 多部，论文 2000 多篇）。

②《学校教学实用全书》

张健主编，北京师范大学出版社 1994 年版。这是一部专供师范院校师生使用的教学实用百科全书。它以教育科学理论为指导，以总结教学实践经验为基础，反映了教育实践中带有普遍性的客观规律，吸收了国内外教学理论研究和实践的最新成果。对教学中各项具体工作的操作步骤、方法和应注意的问题作了系统阐述，涵盖了学校教学工作的各个方面、环节，具有理论性、实用性、全面性和可操作性的特点。全书分为 14 篇，包括教学原理、教学模式、教学方法、教学艺术、课程设置、小学教学、中学教学、教学评价、考试、教学改革实验、教学科学研究、课堂教学优秀实例、教学文件政策、新中国教学大事记等。

③《成人教育手册》

关世雄编，北京出版社 1986 年 12 月出版。全书 44 万字，共分 5 篇 17 章：第一篇选编了马、恩、列、斯及我国党和国家领导人关于成人教育的论述，摘编了党的十一届三中全会以来有关成人教育的重要文件；第二篇阐述了成人教育和继续教育理论；第三篇介绍了中国成人教育的著作与期刊，摘编了我国成人教育统计资料，辑录了 1949 年 10 月—1985 年 5 月我国成人教育大事记；第四篇介绍外国成人教育著作、期刊和国际成人教育组织及有关会议；第五篇简释了成人教育名词，介绍了教育学科、教育理论、哲学社会科学新学科和教育心理学知识。

④《中国古代教育家语录类编》（上册、下册、补编）

顾树森编著，上海教育出版社出版。《上册·先秦诸子部分》于 1961 年 12 月出版，本册共分五编，包括孔子、墨子、孟子、荀子的教育语录，以及思孟学派有关教育语录。《下册·汉唐宋明各家》于 1962 年 10 月出版，本册共分九篇，包括董仲舒、王充、韩愈、张栽、王安石、朱熹、王守仁、王夫之、颜元等九人的教育语录。《补编》于 1983 年 5 月出版，本补编选辑了有关各家的教育语录，以及自秦汉至清初的教育思想家颜子推、柳宗元、程颢，黄宗羲、顾炎武等的教育语录，并附以注释和评介。

同时还可利用《世界高等教育指南》（高等教育出版社，1998）、《幼儿心理教育手册》（暨南大学出版社，2000）、《电化教育手册》（重庆大学出版社，1992 ）、《新编成人教育手册》（职工教育出版社，1989）、《职业技术教育手册》（东北师大出版社，1986）、《职业教育工作手册》（中国人事出版社,2000)、《小学教育大全》(山东教育出版社,1987)、《终身教育大全》(中国妇女出版社,1987)、《中国高等教育学生管理规章大全 :1950—2006》(首都师范大学出版社,2007)、《聋童早期教育指南》(江苏教育出版社,2009)、《教师职业道德教育指南》(高等教育出版社,2002)等进行查检。

2.2.9 表谱、图录

表谱是以表格或其他较为整齐的形式,记录史实、时间、地理等资料,并附以简略的文字说明,以反映史实和时间。主要包括年表、历表和专门性历史表谱3种类型。年表是按年代顺序编制,专供查考历史年代、历史纪元及历史大事的检索工具,如《中华人民共和国大事记》等。历表是一种把不同历法的历日按一定的次序汇编在一起,以相互对照的表格,提供查找和换算不同历法的年、月、日的工具书。专门性历史表谱主要用于查考人物、职官、地理和数据等专题资料,如《中西回史日历》等。

图录是以图形、图像、符号等为主体,附以简略的文字说明,以反映各种事物、人物的空间特征和形象特征的工具书。它包括地图、历史图录、文物图录、人物图录、艺术图录、科技图像等。

表谱和图录能将繁复的事物用简明形象的表格、谱系、图像等形式表现出来,具有精要、逼真、便览、利查等特点。

涉及到教育学方面的表谱主要是以年月为纲、以记载史实为主的史事年表。它包括纪事年表、大事年表、大事记等。

①《中国近代教育大事记》

陈学恂主编,上海教育出版社1981年出版。本大事记上起1840年(清道光二十年),下至1919年5月4日。所收大事记以教育史事为主。凡清廷的教育诏谕,臣僚的教育奏议和有关活动,民国初期的教育政策、法令,近代教育家的教育论著、教育活动,学校教育的变化和发展,以及外国人在华办学情况等均收录。所录事件,均注明出处。

②《中国现代教育大事记:1919—1949》

中央教育科学研究所编,北京教育科学出版社1988年出版。按编年体记述中国现代(1919—1949)教育重要史事的基础工具书。收录了30年间各个时期政府提出的教育宗旨、方针、政策、法令、措施、办法和教育事业的发展变化,教育团体的活动,教育家的教育论述与实践,以及来华外国教育家的活动等。各革命根据地和一些省市的教育大事也有记述。全书共3300余条,108万字。

③《中华人民共和国教育大事记:1949—1982》

中央教育科学研究所编,北京教育科学出版社1984年出版。按编年体记述中华人民共和国建立至1982年教育重要史事的基础资料书。该书以全国性教育史事为主,收录中华人民共和国教育的方针任务、政策法令、领导人的讲话、指示、重要社论、评论、全国性教育会议、教育行政、各级各类教育,以及教育系统的“文革”和拨乱反正等。全书共2718条,102万字。对于研究建国以来的教育事业的发展和变革,对于总结和系统研究中国教育曲折的进程和正反两方面的经验,促进今后教育事业的前进具有重要的参考价值。

④《成人教育大事记:1949—1986》

欧阳璋编,北京出版社1987年出版。全书46.2万字,分为三编。本书按编年体形式,收集了从1949年4月至1986年6月国家和北京市有关成人教育的史事。每个年份先编列“国家部分”，后编列“北京部分”；“北京部分”的条目编有四位数的序号，前两位表示年份，后两位表示本年份的条目序号。

⑤《改革开放30年中国教育重大历史事件》

改革开放以来的教育发展历史性成就和基本经验研究课题组撰写，北京教育科学出版社2008年出版。该书浓缩了改革开放30年中国教育波澜壮阔的发展历程。从恢复高考到科教兴国战略、人才强国战略的实施，从实现九年义务教育到大踏步迈向高等教育大众化，30个对中国教育乃至中国社会发展有着方向性、全局性影响的事件。

同时还可利用《中华人民共和国教育大事记》(山东教育出版社，1995)、《新中国高等教育大事记 1949—1987》(东北师范大学出版社，1990)、《中国教育新闻大事记》(中国人民大学出版社)、《世界教育史大事记》(职工教育出版社，1990)、《中国高等教育改革大事记〔1978—1989〕》(同济大学出版社，1991)以及各地的教育大事记如《安徽省教育大事记 1896—1995》(安徽教育出版社，1999)等进行查检。

2.2.10 名录

名录是专门收录人名、地名、机构名以及其他事物名，按照一定规则进行排序，并予以简要揭示和介绍的工具书。名录的作用在于：了解人物的简历、主要事迹及其评价；了解各类机构的现状及职能等情况；查审正确的地名及其他地理位置和所属区域；查询商品资料等。有关教育学方面的名录也有很多，如《中国当代教育专家学者大典·上海卷》(中国经济出版社，2001)、《中国普通教育职业教育系统优秀教师名录》(人民教育出版社，1989)、《全国普通高等学校、成人高等学校、中等专业学校名录》(高等教育出版社，1986)、《中国普通高等学校教授人名录》(高等教育出版社，1988)等。

2.3 教育学信息检索工具书排检法

要熟练地掌握和运用工具书，迅速、准确、全面地从工具书中查检到所需的教育信息，必须了解工具书的排检方法，由于汉字的复杂性，工具书的排检法也比较复杂，但大体上可分为字顺法、分类法、主题法、时序法、地序法五大类。

2.3.1 字顺法

字顺法是根据字、词的读音或字形将工具书中的条目加以排列的方法。这也是工具书的主要编排、检索方法。一般字典、词典、索引及现代的百科全书、书目等多采用这种方法。字顺法具体包括形序法、代码法、音序法三种。

1)形序法

形序法是根据汉字的形体结构，利用其形体上的某些共同点予以序列化编排的方法。这种方法比较适合汉字的特点，而且也符合人们以形查字的要求。形序法主要包括部首法、笔画法、笔形法三种。

①部首法

部首法是以汉字形体结构的偏旁为检索标志，按偏旁笔画多少为序来编排检索工具书词目的一种方法。该方法是先分析汉字结构中的偏旁,把偏旁相同的字归于一个部首之下,再按笔画来排列,东汉许慎在《说文解字》里首创。《新华字典》《现代汉语词典》《辞海》《汉语大字典》《汉语大词典》等权威工具书都用它。现代辞书部首法一般以笔画画数从少到多进行排列,同画数的又按一、丨、丿、丶、乛五种笔形顺序排列。相同笔形的再按汉字笔顺结构排列,一般按先上下、次左右、再内外、四中间两边、五其他的笔顺顺序。

部首法优点:见字形明部首,形象具体,查找准确。缺点:辞书界部首不统一,规则又多也不统一,有时还需要文字学知识,有些辞书还没有难检字表。为了弥补不足,采取部首法、笔画法和笔形法等共用的排检方法。

②笔画法

笔画法是按照笔画画数多少为序来编排汉字的一种排检法。编排时首先将笔划相同的字集中在一起,笔划少者在前,笔划多者在后,同一笔划的字再按起笔笔形:点(丶)横(一)、竖(丨)、撇(丿)、折(乛)排列,或按部首加以区别。按笔画法编排的教育类工具书有杭州大学教育系编的《教育辞典》及张念宏主编的《教育学辞典》等。

③笔形法

笔形法又称笔顺法。按照汉字书写起笔笔形分类顺次编排的方法。它起源于清代吏目档案的管理方法。起笔起形的顺序有三种:一丨丿丶乛;一丨丶丿乛;丶一丨丿乛。此法除极个别的工具书用它编排正文外,多数工具书很少单独使用。

2)代码法

代码法是形序法的一种变形,有人也称它为笔形代码法。它是把汉字的各种笔形配上一个固定的数字即代码,将所取笔形的代码连结为一个号码,该号码即可代表该字,再按号码的大小顺次编排汉字的方法。代码法主要有四角号码法、中国字庋撷法、起笔笔形法等,其中以四角号码法流行最广,用处最大。

四角号码法:就是根据汉字方块形式的特点,把汉字的四角笔形各取代号,然后再按四角组合号码的大小顺次编排的方法。它把汉字笔形分为10类,分别用0—9这10个数字表示。笔形号码口诀是"横一垂二三点捺,叉四插五方框六;七角八八九是小,点下有横变零头"。四角号码的取号方法是按字的左上、右上、左下、右下四个角顺序取号。四角号码的优点是见字明号,查字速度快,缺点是取号规则繁杂,新旧四角号码之间变化又很大,稍有疏忽就容易查错。

3)音序法

音序法是按照汉字的音读顺序排列汉字的方法。音序法主要有汉语拼音字母排列法、韵部排列法、注音字母排列法。

① 汉语拼音字母排列法

汉语拼音字母排列法是按1958年中国正式推行的《汉语拼音方案》的字母表顺序来编排词目的方法。这种方法既科学,又简便。懂得汉语拼音的人使用这种方法查检字词,十分方便。特别是有些词只知道念某个音,却写不出那个字来,这时采用拼音检字是最好的办法。但查检不知读音的冷僻字就无能为力了。各种语言词典,如《现代汉语词典》《新华字典》等均用此法编排。

② 韵部排列法

韵目排检法,是依照汉字的声韵原理归并编排词目的一种检索方法。我国古代许多韵书都用此法。隋代的《切韵》为193韵部,《广韵》《集韵》为206韵部,南宋的《礼部韵略》并为107部,金元又改为106部,称《平水韵》,明代《洪武正韵》为76部,一般认为《平水韵》较为通行,本来是为了科举考试做诗用的,但是它的产生却深深地影响了古代工具书的编排检索方法。检字时,先确定所要查的字属何声,然后确定何韵,在韵下再找出所要查到的字。《平水韵》在古代简便科学,但繁琐不便记忆,到近代被淘汰。

③ 注音字母排列法

注音字母是过去流行过的一套以北京语音为标准创建的一种拼音方案,始行于20世纪初。现在,此法已为汉语拼音字母排列法所代替。

2.3.2 分类法

分类法就是根据文献反映的知识内容,按学科逻辑次序和事物性质,分门别类地组织文献的方法。这种排列法有按一种方式单独编排的,也有与按时间、地区排列方法相互配合使用的。分类排检法可分为学科系统排列法和事物性质排列法两种。

1)学科系统排列法

学科系统排列法一般是按当时的书刊资料分类法编排的。此法较多地使用于书目、索引、百科全书等的编排。我国古代的大多数书目是按四分法排列的。而现代书目则较多地参考《中国图书馆分类法》。《中国大百科全书》教育卷条目是按分类法编排。

按学科体系排列的优点是,同学科同性质的资料易于集中,便于查找。但古今中外分类法极不一致,查阅资料时首先须得熟悉一下某工具书的资料分类体系,方能按图索骥,迅速查到有关资料。

2)事物性质排列法

事物性质排列法是按资料所反映事物性质的不同分类编排的方法。此法常用于古代的类书、政书及现代的年鉴、手册、指南等工具书。古代的类书将众多的资料归纳在天、地、人、事、物五个基本部类里。凡是性质相近的事物都归纳在一起是其基本原则。

这种方法的优点是,性质相同相近的资料比较集中,有利于查找。不足的是,由于编者的思想观点和所处的时代不同,对资料性质的认识不可避免会有极大差异。在使用时应较多地查阅相关类目,以免发生资料漏检。

2.3.3 主题法

主题法是根据文献中所讨论、研究、阐述的具体对象与问题,以规范化的自然语言,作为文献主题标识符号的编排方法。这种方法的优点是可将不同学科领域中的同一主题的资料集中起来,便于检索。目前,国外的检索工具书大都附有主题索引或直接采用主题排检法。1984年出版的《中国教育年鉴(1949—1981)》就是按主题法编排的。它在"各级分类教育"标题下除按教育层次分列出"幼儿教育"、"小学教育"、"中学教育"、"职业教育"、"全日制高等教育"外,还将在教育学科领域经常出现的、在实际检索工作中有一定使用频率的主题如"特殊教育"、"少数民族教育"、"大、中、小学的思想政治教育"、"学校体育、卫生与军事训练"、"教育与生产劳动相结合"等也分列成检索标题,十分方便查检。

2.3.4 时序法

时序法是按事物发生发展的时间顺序或人物生卒年月日、生平经历的先后次序编排查检文献的方法，也称年代排检法。年表、历表、记载个人生平的年谱、大事记都采用这种方法编排。如《中国近代教育大事记》、《中华人民共和国教育大事记（1949—1982）》等均用此法编排。

2.3.5 地序法

地序法是按自然的地理位置或一定时期的行政区域次序来排列资料的方法。这种方法常用于编制地图、方志目录和有关地理资料的工具书。如《世界地图集》《中国地方志联合目录》等。采用地序法编制的工具书一般还附有其他辅助索引供查检。

最后顺便指出，每一部工具书的编排法只有一种，而检索途径常常不限于一种，这是我们在使用工具书时务必要明白的。比如新《辞海》是采用部首法编排词目的，同时附有“汉语拼音索引”和“四角号码索引”供查检。我们应该学会常见的工具书排检法，从而懂得多途径地查检工具书。

3 教育学中文数据库检索

3.1 中文电子期刊全文数据库

3.1.1 中国学术期刊全文数据库

3.1.1.1 数据库简介

国家知识基础设施(National Knowledge Infrastructure, NKI)的概念,由世界银行提出于1998年。CNKI工程是以实现全社会知识资源传播共享与增值利用为目标的信息化建设项目,由清华大学、清华同方发起,始建于1999年6月。在党和国家领导以及教育部、中宣部、科技部、新闻出版总署、国家版权局、国家计委的大力支持下,在全国学术界、教育界、出版界、图书情报界等社会各界的密切配合和清华大学的直接领导下,CNKI工程集团经过多年努力,采用自主开发并具有国际领先水平的数字图书馆技术,建成了世界上全文信息量规模最大的"CNKI数字图书馆",并正式启动建设《中国知识资源总库》及CNKI网格资源共享平台,通过产业化运作,为全社会知识资源高效共享提供最丰富的知识信息资源和最有效的知识传播与数字化学习平台。CNKI原名为中国期刊网,2004年10月1日更名为中国知网。目前CNKI共有17 000多家海内外的机构用户,2600多万最终读者。

CNKI的数据库产品包括了《中国学术期刊全文数据库》《中国优秀博/硕士论文全文数据库》《中国重要报纸全文数据库》《中国重要会议论文全文数据库》《中国基础教育知识库》等多种数据库,可根据需要选择单库检索或选择多个数据库进行一站式跨库检索,但跨库检索只能对各库中的共同字段进行检索。

《中国学术期刊全文数据库》是目前世界上最大的连续动态更新的中国期刊全文数据库。收录了8200多种重要期刊。最早的回溯到1887年,可以通过 http://www.cnki.net/ 免费检索到文摘信息,全文信息需付费使用。至2009年3月止,累积全文3160万篇。

收录范围:十大专辑产品包含理工A、理工B、理工C、农业、医药卫生、文史哲、经济政治与法律、教育与社会科学、电子技术与信息科学、经济与管理;十专辑下又分为168个专题和近3600个子栏目。

收录年限:1994年至今(部分刊物回溯至1979年,部分刊物回溯至创刊)。

更新频率:每日更新10 000~15 000篇。

全文阅读:CNKI中的全文文献是以"CAJ"或"PDF"格式存档的,需要专用的阅读软件CAJ阅读器或Acrobat Reader打开及阅读,两种阅读器可网上免费下载安装。

3.1.1.2 数据库检索

1)检索字段

系统提供主题、篇名、关键词、摘要、作者、第一作者、作者单位、刊名、参考文献、全文、年、期、基金、中图分类号、ISSN、统一刊号等检索字段。其中主题字段是同时在篇名、关键词、摘要三个字段中检索,是专题文献检索时常用的字段,推荐使用。

2)检索算符

逻辑与(AND):用“ * ”表示,例:教育 * 经济,那么教育、经济两个检索词必须同时出现。

逻辑或(OR):用“ + ”表示,例:教育 + 经济,那么教育、经济两个检索词出现一个即可。

逻辑非(NOT):用“ - ”表示,例:教育 - 经济,那么教育必须出现,经济必须不出现。

CNKI 中的逻辑组配运算的执行顺序按输入顺序,可用“( )”规定逻辑组配的优先执行顺序。

3)检索方式

系统提供专辑导航浏览、期刊导航浏览、初级检索、高级检索、专业检索五种检索方式。

(1)专辑导航浏览

专辑导航体系是将各学科、各门类的知识分为十大专栏,并进一步细分为 168 个专题。其中有关教育类的文献可从“教育与社会科学综合”专辑中点击进去,并最终检索出最小知识单元中包含的论文。该专辑中有关教育类文献共计 180 多万篇。

(2)期刊导航浏览

可按学科浏览收录的刊物列表,中国学术期刊全文数据库收录了包括《教育研究》、《中国成人教育》、《幼儿教育》等教育学相关学科期刊共 790 余种。可点击刊名浏览该刊所有年份的文献,点击期刊封面可链接到该刊的出版社网站,查看该刊详细介绍和投稿指南等信息。

(3)初级检索

初级检索(图 3 - 1)是一种简单检索方式,系统默认在主题字段中检索,可通过点击“逻辑”下方的“ + ”号增加逻辑检索行。特点是方便快捷,效率高,并且可通过“二次检索”提高查准率,系统默认二次检索为逻辑“与”关系。

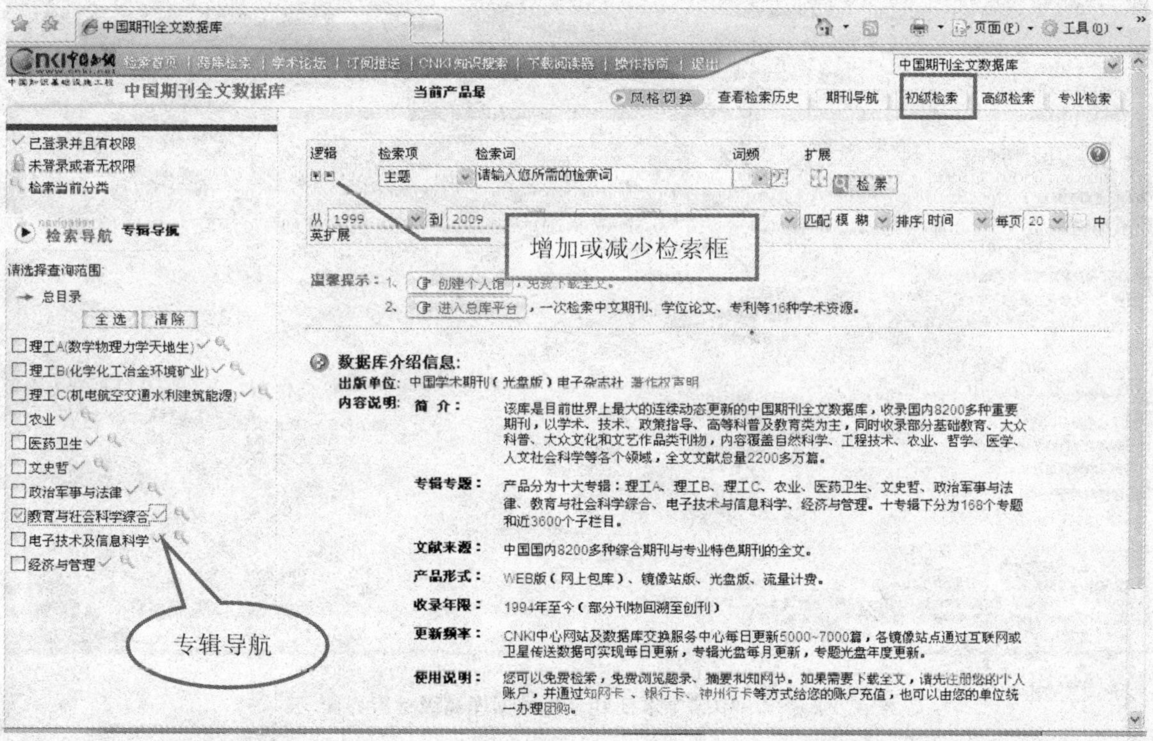

图 3 - 1　中国学术期刊全文数据库初级检索界面

词频:检索词在相应检索项中出现的频次。词频为空,表示至少出现 1 次;数字则表示至少出现 N 次。

扩展:输入检索词后,可以通过“扩展”功能,从数据库词典中,选择相关词进行扩展检索,以增加用户对陌生词汇的有效检索结果。

范围:可以选择文献的来源范围(全部期刊、EI 来源期刊、SCI 来源期刊、核心期刊)。

匹配:有精确和模糊两种方式。精确:完全匹配;模糊:包含检索词或检索词中的词素,可对检索词进行拆分。

排序:包括“无、相关度、时间”等多种选择,“无”是按文献入库时间顺序输出;“相关度”是根据检索词按词频、位置的相关程度,从高到低顺序输出;“时间”是按文献出版时间顺序输出。

(4)高级检索

高级检索(图 3 - 2)可将在初级检索中需要通过二次检索完成的操作一次完成。

高级检索特有的功能是有多项双词逻辑组合检索、双词频控制。多项双词逻辑组合检索中多项是指可选择多个检索项,通过点击逻辑下方的“ + ”,“ - ”增加或减少检索框,最多可有 5 个检索框,可同时使用 5 个检索字段,通过“并且”、“或者”、“不包含”进行组配,优先级相同,即按先后顺序进行组合;双词是指一个检索项中可输入两个检索词(在两个输入框中输入),每个检索项中的两个词之间可进行并且、或者、不包含、同句、同段五种组合,每个检索项中的两个检索词可分别使用词频、扩展词。

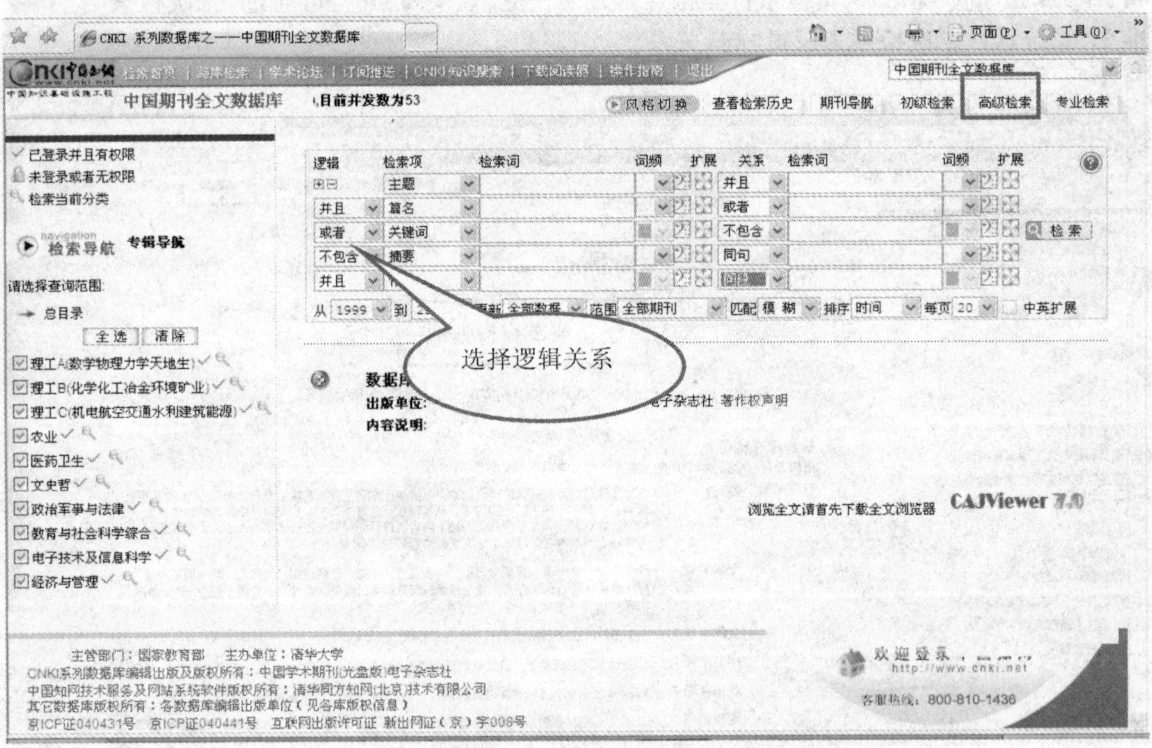

图 3 - 2　中国学术期刊全文数据库高级检索界面

(5)专业检索

专业检索(图 3-3)提供一个按照自己需求来组合逻辑表达式以便进行更精确检索的强大功能入口,但需要检索人员根据系统的检索语法编制逻辑组配检索式。适合于熟练掌握检索技术的专业检索人员,另外在输检索式时需注意所有的符号和英文字母都必须是英文字符,否则系统服务器执行检索出错。此外系统还提供二次检索的功能,在一次检索的结果范围内进行二次检索可提高检索结果的准确度。

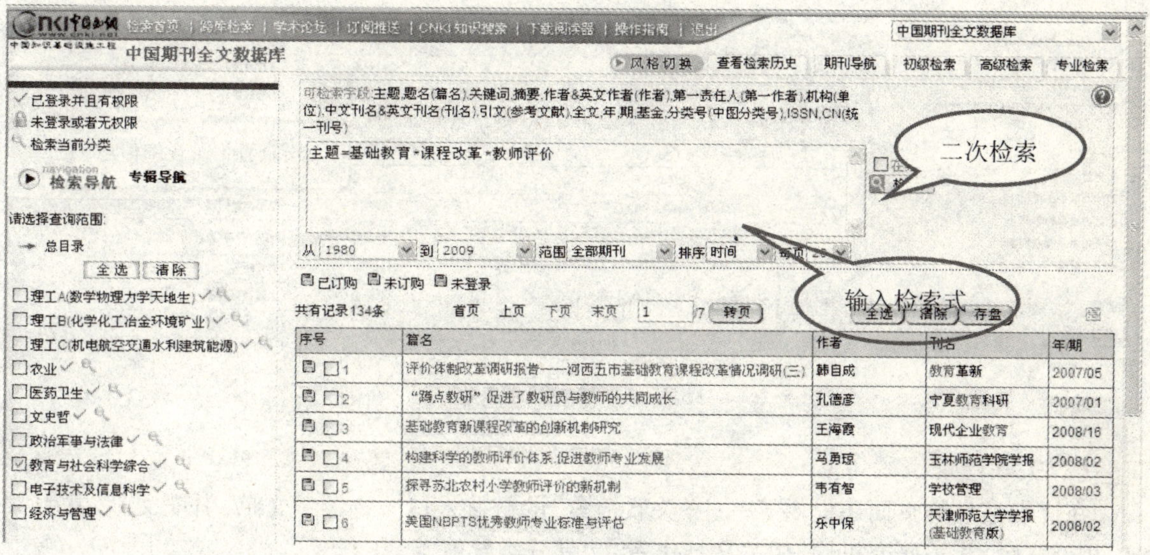

图 3-3　中国学术期刊全文数据库专业检索界面

4)检索结果处理

检索结果(图 3-4)显示为题录格式,包括篇名、作者、刊名、年和期。可以选择在结果中进行二次检索。点击一条记录后会出现这篇文章的篇名、作者、作者单位、关键词、摘要等详细信息。

(1)保存题录

帮助用户有选择地暂时存储检索结果记录,以备以后查看。可直接在检索结果前的小方框内勾选,点击页面右上方的 存盘 ,则系统显示默认的引文格式。系统提供五种题录保存格式:简单、详细、引文、自定义、查新。可选择上述五种格式中任一种,再点击,即可显示相应格式题录信息。

(2)全文下载浏览

可直接点击记录号前 下载 CAJ 格式全文,或点击该记录查看详细信息,提供 CAJ 格式和 PDF 格式全文下载链接。

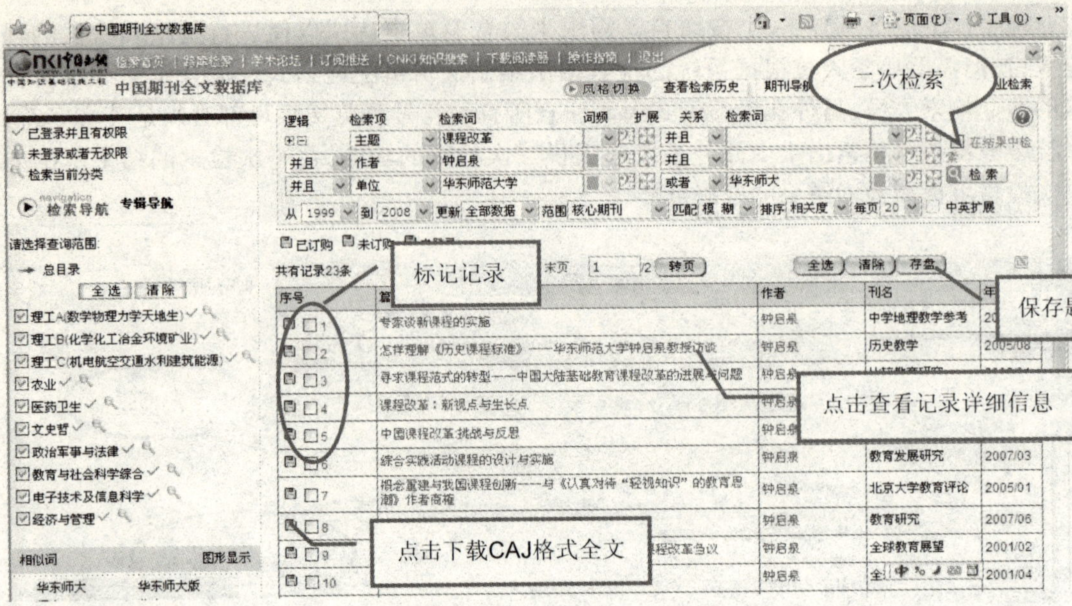

图 3-4　检索结果页面

(3) 关联检索

在详细信息的页面还提供了一些“关联检索”的链接入口。有参考文献、引证文献、共引文献、相似文献、相关研究机构、相关文献作者、文献分类导航等。

5) 检索案例

查找有关华东师范大学钟启泉教授发表在核心期刊上的有关课程改革的研究文献,检索结果按相关度排序。

该课题涉及多个检索字段,因此选用高级检索或者专业检索。

①通过点击“ + ”增加检索框;

②主题字段输入:课程改革;作者字段输入:钟启泉;单位字段输入:华东师范大学 + 华东师大;

③范围选择“核心期刊”,排序选择“相关度”;

④执行检索。

若采用专业检索,则可直接输入检索式:主题 = 课程改革 and 作者 = 钟启泉 and 机构 = (华东师范大学 + 华东师大)

3.1.2　中文科技期刊数据库

3.1.2.1　数据库简介

中文科技期刊数据库由科技部西南信息中心下属的重庆维普资讯有限公司开发,是国内较早建设也是使用频率最高的大型综合性文献数据库之一,收录了 1989 年至今的13 000多种期刊,其中中文报纸 400 种、中文期刊 8000 多种、外文期刊 5000 余种;累计数据总量达 1500 余万篇,并以每年 250 万篇的速度递增,拥有固定客户 2000 余家,在国内同行中处领先地位。维普数据库已成为我国图书情报、教育机构、科研院所等系统必不可少的基本工具和获取资料的重要来源。维普资讯网平台还提供中文科技期刊数据库(引文版)、外文科技期刊数据库、中国科技经济新闻数据库等多种数据库产品。

登录维普资讯网(http://www.cqvip.com)可免费检索中文科技期刊数据库的题录信息,全文信息需要订购数据库或购买阅读卡支付费用使用。

中文科技期刊数据库学科收录范围包括社会科学、自然科学、工程技术、农业科学、医药卫生、经济管理、教育科学和图书情报等学科。可按学科分类检索各学科的期刊收录情况。

更新频率:每月更新。全文阅读中文科技期刊数据库中的全文文献是以“PDF”格式存档,需 Acrobat Reader 打开及阅读。

3.1.2.2　数据库检索

1)检索字段

系统提供 14 个检索字段:M = 题名或关键词、K = 关键词、J = 刊名、A = 作者、F = 第一作者、S = 机构、T = 题名、R = 文摘、C = 分类号、Z = 作者简介、I = 基金资助、L = 栏目信息、U = 任意字段、Y = 参考文献。进入不同的检索界面,提供的检索字段略有不同。其中任意字段是同时在所有字段中检索,是专题文献检索时常用的字段,推荐使用。

2)检索算符

逻辑与:用“ * ”表示,检索结果中必须出现所有的检索词;

逻辑或:用“ + ”表示,检索结果中出现任一检索词;

逻辑非:用“ - ”表示,检索结果中不出现“ - ”后的检索词。

如果检索特殊字符请加上英文双引号,比如检索 C + +,检索表达式中就应写为“C + +”。检索框中直接输入两个词没有逻辑算符,系统默认是逻辑“与”的关系。另外系统不默认逻辑“与”优先,要用括号确定优先次序。

3)检索方式

系统提供快速检索、传统检索、高级检索、分类检索、期刊导航五种检索方式。

(1)快速检索

通过首页的输入框直接输入检索式或检索词进行检索的方式即为快速检索(图 3 - 5),默认在“题名或关键词”进行检索,提供 13 个检索字段供选择,也可以限定文献的时间范围,点击检索进入结果显示页面,可实现题录文摘的查看或下载以及全文下载功能,同时也可进行检索条件再限制检索或重新检索。

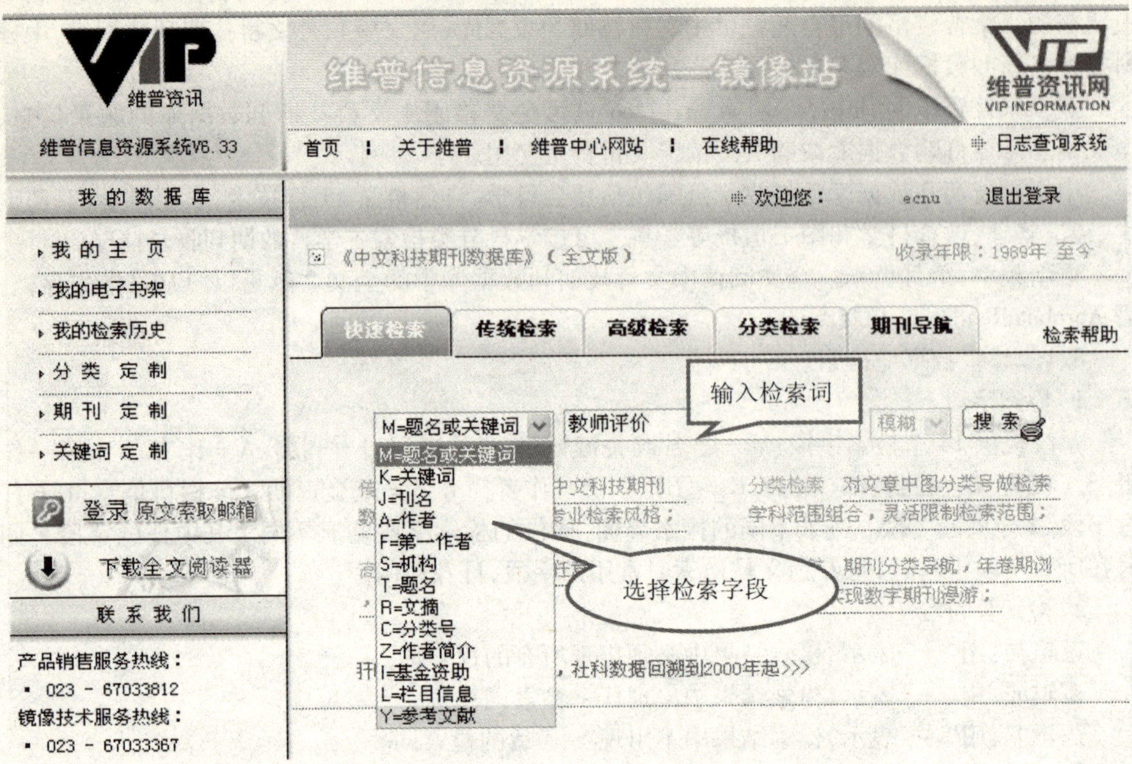

图 3－5　中文科技期刊数据库快速检索界面

(2)传统检索

在首页的数据库检索区，通过点击“传统检索”，即可进入传统检索页面(图 3－6)。

①选择检索入口：系统提供题名等 14 个检索字段。

②限定检索范围：系统提供专辑导航、分类导航、中刊库刊名导航、期刊范围限制和数据年限限制。

专辑导航：分成八大专辑，每个专辑都可以按树形结构展开共分成 75 个专题，其中教育类的文献可从教育科学专辑中的教育专题进入，该专题累计文献近 170 万篇。利用专辑导航缩小检索范围，进而提高查准率和查询速度。

分类导航：以《中国图书馆分类法》为依据分成 A—X，其中教育类文献可从“G 类 文化、科学、教育、体育”进入。

期刊范围限制：全部期刊、重要期刊、核心期刊、EI 来源期刊、SCI 来源期刊、CA 来源期刊、CSCD 来源期刊、CSSCI 来源期刊。用户可以根据检索需要来设定适合的范围以获得更加精确的数据。

数据年限限制：可选择任意一年，或一段年限进行检索，否则是系统默认的年限 1989—2008 年。

③输入检索词。

④查看检索结果：若检索结果不理想，可进行二次检索。二次检索是在第一次检索的结果中运用“与、或、非”进行再限制检索以得到理想的检索结果。二次检索可以多次使用，以实现

复杂检索。

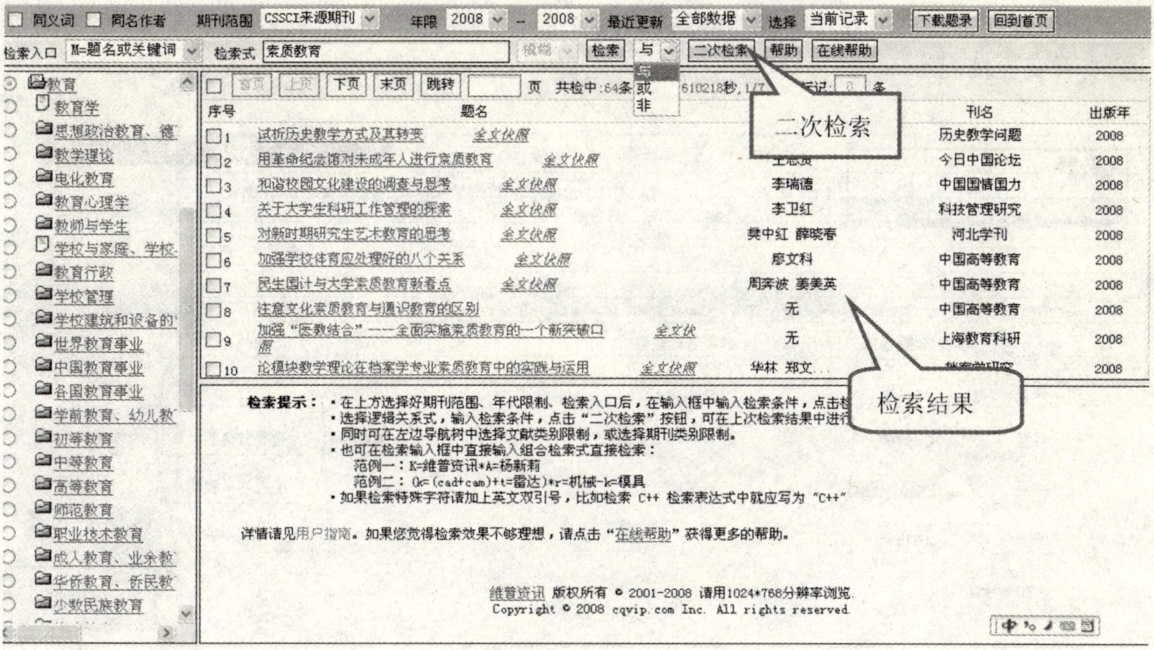

图 3－6　中文科技期刊数据库传统检索界面

⑤辅助检索功能

• 同义词限定

为了提高文献检索的查全率，中文科技期刊数据库提供同义词限定功能，默认为关闭状态，必须选择“M＝题名或关键词或 K＝关键词或 T＝题名”作为检索字段，该功能才有效。例如：选择“题名或关键词”字段，在检索框输入“教师评价”，勾选同义词，执行检索后，系统会提示是否同时选择“教师评定、教师评估”等同义词作为检索条件。选择相应的同义词并“确定”后，系统可以根据新的选择条件，扩大检索范围。

• 同名作者限定

同名作者限定功能默认为关闭状态，必须选择“作者”或“第一作者”作为检索字段，该功能才有效。输入作者姓名执行检索后，会出现同名作者的单位选择列表，根据需要选择适当的单位进行检索，这样可以防止误检。

• 模糊和精确匹配功能

模糊：检索结果中包含检索词中所含各单元词，系统默认为“模糊”的匹配方式

精确：词组检索，检索结果和检索词完全一致

模糊和精确匹配功能，只在“关键词”、“刊名”、“作者”、“第一作者”和“分类号”这五个字段中进行检索时才能生效。

(3)高级检索

提供了两种方式供读者选择使用：向导式检索和直接输入检索式检索。

向导式检索（图 3－7）为读者提供分栏式检索词输入方法。可选择逻辑运算、检索项、匹

配度,还可以进行相应字段扩展信息的限定以及在时间条件、专业限制、期刊范围上扩展检索条件,最大限度地提高了查准率。

向导式检索提供了五种扩展功能:查看同义词、同名/合著作者、查看分类表、查看相关机构、查看变更情况。

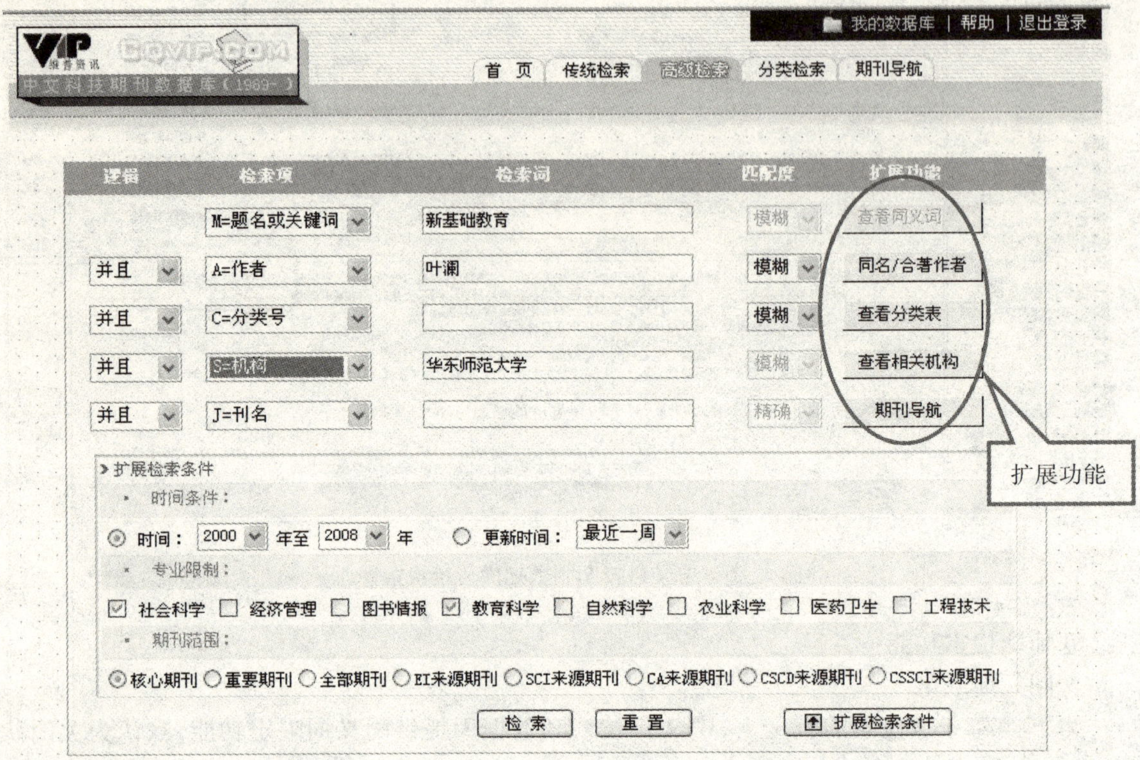

图3-7 中文科技期刊数据库向导式检索界面

直接输入检索式检索(图3-8):读者可在检索框中直接输入逻辑运算符、字段标识等,点击“扩展检索条件”并对相关检索条件进行限制后点“检索”按钮即可。检索式输入有错时检索后会返回“查询表达式语法错误”的提示。例如输入:M=新基础教育 * A=叶澜。

(4)分类检索

分类检索(图3-9)相当于传统检索的分类导航限制检索,不同之处在于:这里采用的《中国图书馆分类法》(第四版)的原版分类体系,分类细化到最小一级分类,能够满足读者对分类细化的不同要求,用户可按学科类别逐级进入,获取检索结果。

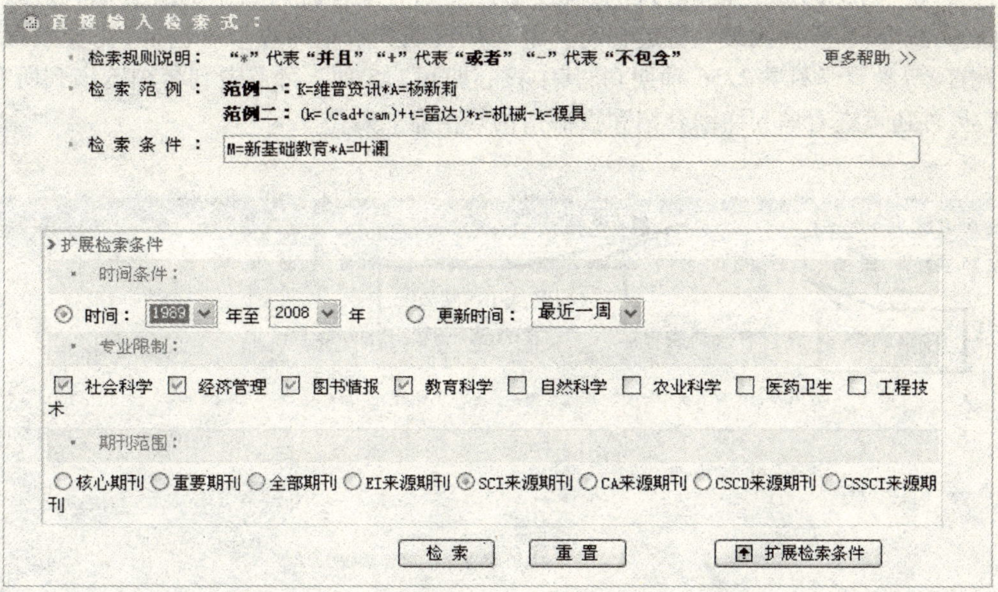

图 3－8　中文科技期刊数据库直接输入检索式界面

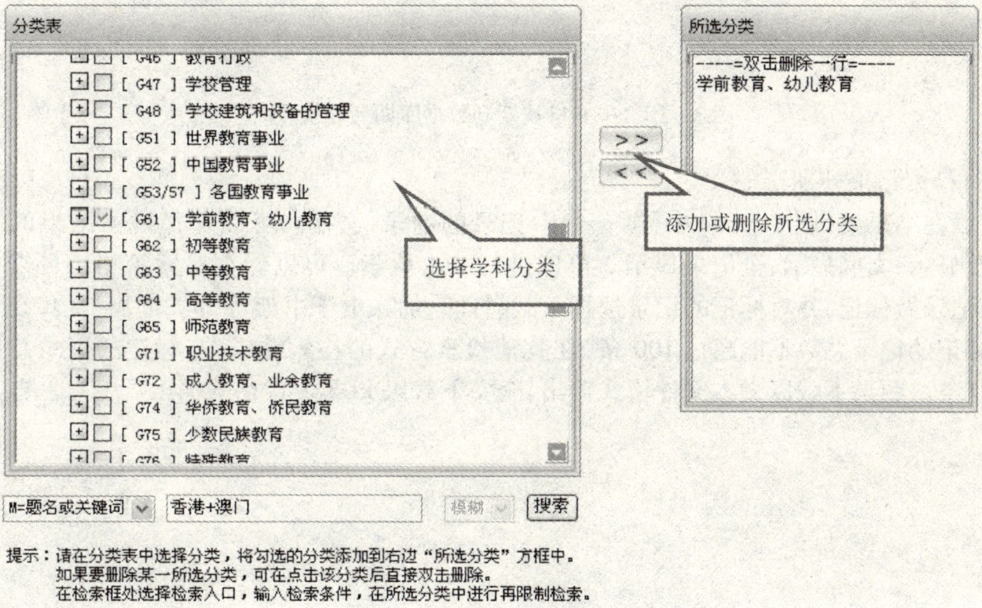

图 3－9　中文科技期刊数据库分类检索界面

(5)期刊导航

期刊导航(图 3-10)是根据刊名字顺或学科类别对维普公司收录的所有期刊进行浏览，或通过刊名或 ISSN 号查找某一特定刊物。中文科技期刊数据库收录了包括《比较教育研究》《成人教育》等教育学科共 2256 种期刊,其中核心期刊 115 种。可点击刊名浏览该刊所有年份的文献,另外还可查看该刊详细介绍和投稿指南等信息。

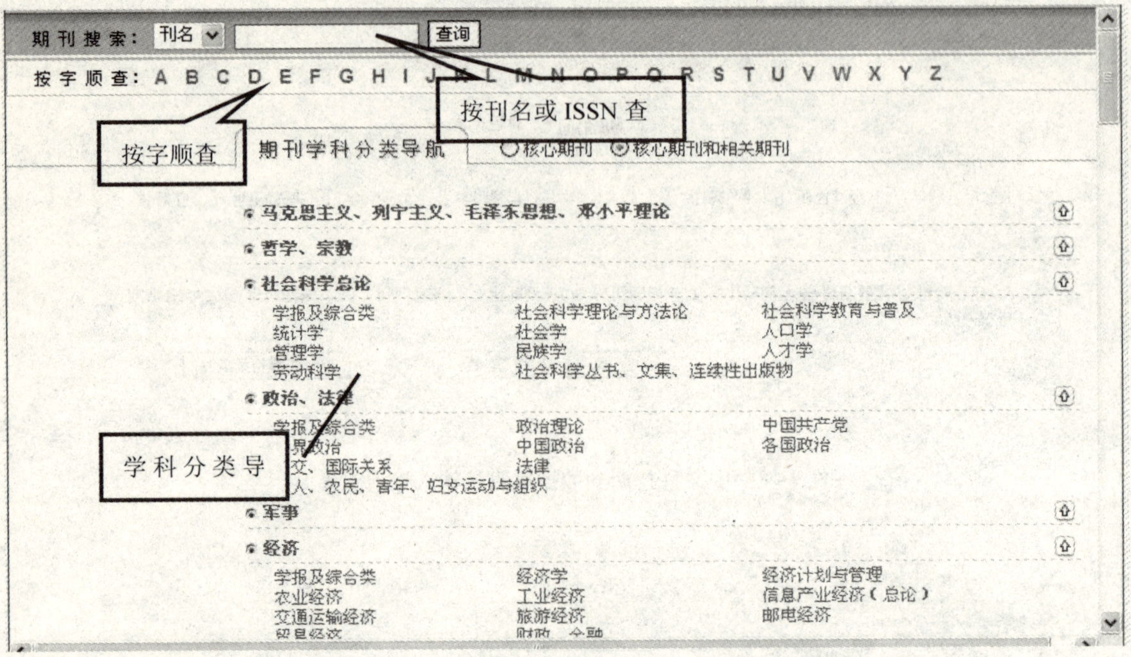

图 3-10　中文科技期刊数据库期刊导航界面

(6)检索结果处理

可以在结果页(图 3-11)中,浏览命中记录的题录、文摘。可以选择检索结果的显示方式:概要显示、文摘显示、全记录显示。可以进行二次检索。可以保存检索策略。可以根据需要选取记录做标记,并对标记的记录选择下载、打印、加入电子书架等方式输出,在传统检索结果中,标记的记录总数不能超过 100 条,在其他检索方式的检索结果中,标记的记录总数不能超过 50 条。题录下载以文本文件格式输出,全文下载以 PDF 文件格式输出。

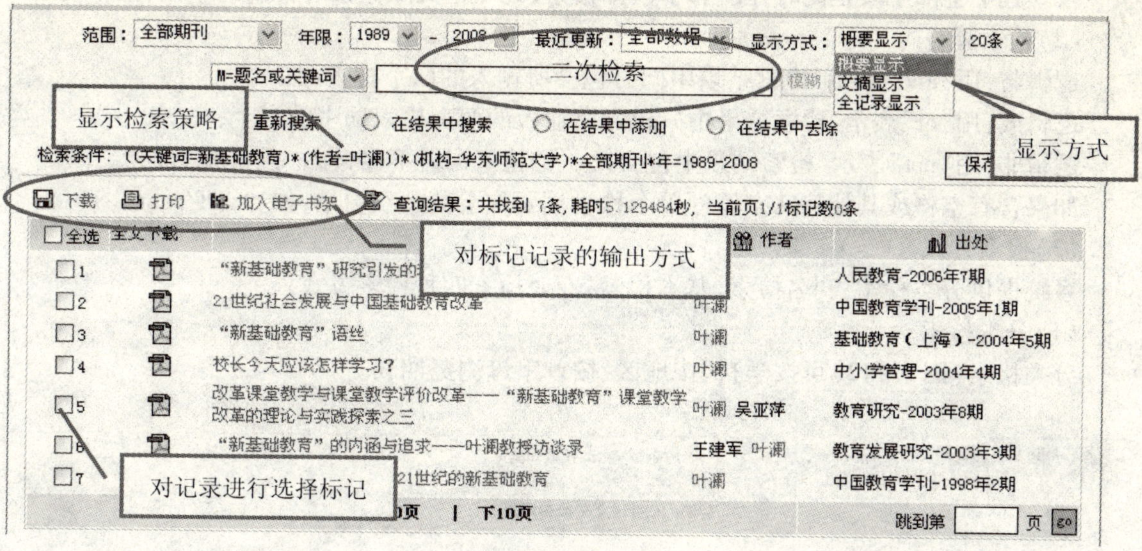

图 3–11　检索结果图

3.1.3　万方数字化期刊全文数据库

3.1.3.1　数据库简介

万方数字化期刊是万方数据资源系统中的主要资源之一，由中国科技信息研究所、万方数据股份有限公司于 1997 年联合创建。万方数据资源系统是目前国内最大的科技信息数据库平台，汇集了中国学位论文、会议论文、科技成果、专利技术、标准法规、各类科技文献、科技机构、科技名人等近百个数据库，万方数据资源系统中心网站提供不同数据库的跨库检索功能，可同时检索上述各类数据库并免费获取各数据库的题录信息。万方数字化期刊整合了中国科技论文与引文数据库及其他相关数据库中的期刊条目部分内容，基本包括了我国文献计量单位中自然科学类统计源刊和社会科学类核心源期刊。不仅是我国首家网上期刊的出版联盟，而且是核心期刊测评和论文统计分析的数据源基础。

万方数字化期刊收录了理、工、农、医、哲学、人文、社会科学、经济管理与教科文艺等 8 大类 100 多个类目的各学科领域的 6000 多种期刊，累计近 930 万篇全文数据。以中华医学系列杂志、大学学报、中国科学系列杂志、科普期刊为主要产品，各类大学学报和中国出版的外文期刊收录较齐全，其中有关教育类的期刊论文约 24 万篇。收录年限：大部分期刊为 1998 年至今（部分刊物可回溯至 1973 年）。

登录万方数据资源系统中心网站（http://www.wanfangdata.com.cn/）免费检索题录信息，在该平台上查看详细信息需要付费，可通过图书馆定购站点浏览全文。

全文阅读：万方数字化期刊数据库中的全文文献是以"PDF"格式存档，需 Acrobat Reader 打开及阅读。

3.1.3.2　数据库检索

(1)检索字段

系统提供全部字段、论文标题、作者、作者单位、刊名、年、期、关键词、摘要、PDF 全文等检索字段。其中全部字段是同时在所有字段中检索，是专题文献检索时常用的字段，推荐使用。

(2)检索算符

逻辑与：用“and”表示，检索结果中同时包含所输入的两个检索词；

逻辑或：用“or”表示，检索结果中只包含所输入的两个检索词中的一个；

逻辑非：用“not”表示，检索结果中包含第一个检索词但不包含 not 后的检索词。

如果含有空格或其他特殊字符的单个检索词要加上英文双引号，如："cad/cam"。

(3)检索方式

系统提供分类检索、刊名检索、基本检索、专业检索四种检索方式。

(1)分类检索

分类检索(图 3-12)可按学科、按地区、按首字母浏览期刊。

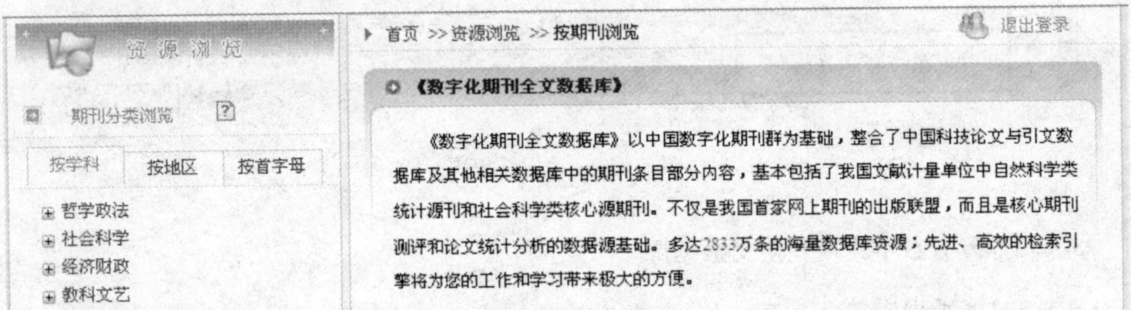

图 3-12　万方数字化期刊基本检索/刊名检索/分类检索页面

按学科分类，分为哲学政法、社会科学、经济财政、教科文艺、基础科学、医药卫生、农业科学、工业技术等八大类，每一大类下面又细分为多种小类目。要查找教育学科相关文献可从教科文艺大类点击进去，再点击教育、少儿教育、中学生教育、大学学报(教科文艺)等进去可查看具体期刊，收录了包括《教师教育研究》、《继续教育研究》等教育学相关学科期刊共 180 余种。

点击某一刊名，可查看该刊详细介绍，可浏览该刊所有年份的文献，还可在该刊中选择不同检索字段进行检索。

按地区分类，该系统按期刊主办单位所在地进行了分类。点击某个地区，将显示该地区的所有期刊信息。

按首字母浏览，按 A—Z 顺序排列，点击某字母，将显示该字母的所有期刊信息。

(2) 刊名检索

进行刊名检索(图 3－12)时，可直接在《数字化期刊刊名数据库》中的刊名检索输入框中输入刊名，点击“检索刊物”按钮即可。

(3) 基本检索

进行基本检索(图 3－12)时，读者只需通过下拉菜单点选所要检索的字段，输入相应的检索词，便可组配出比较复杂的检索表达式，也可勾选“限定年度范围”前的复选框，选择年份使其在限定的年份范围内检索。点击“检索文章”执行检索命令。

(4) 专业检索

专业检索的检索入口可从页面上方的“跨库检索”进去，再点击“专业检索”，即可出现如图 3－13 所示界面，再勾选页面下方资源列表中的“数字化期刊类”，即可在数字化期刊全文数据库、数字化期刊刊名数据库和数字化期刊知识链接数据库中进行跨库检索。也可只勾选数字化期刊全文数据库进行单库检索。然后在检索表达式框中输入检索式，也可应用逻辑“and、or、not”组配出比较复杂的检索式，例如：论文标题 = 早期教育 and 作者 = 肖龙，再点击“检索”执行检索命令。

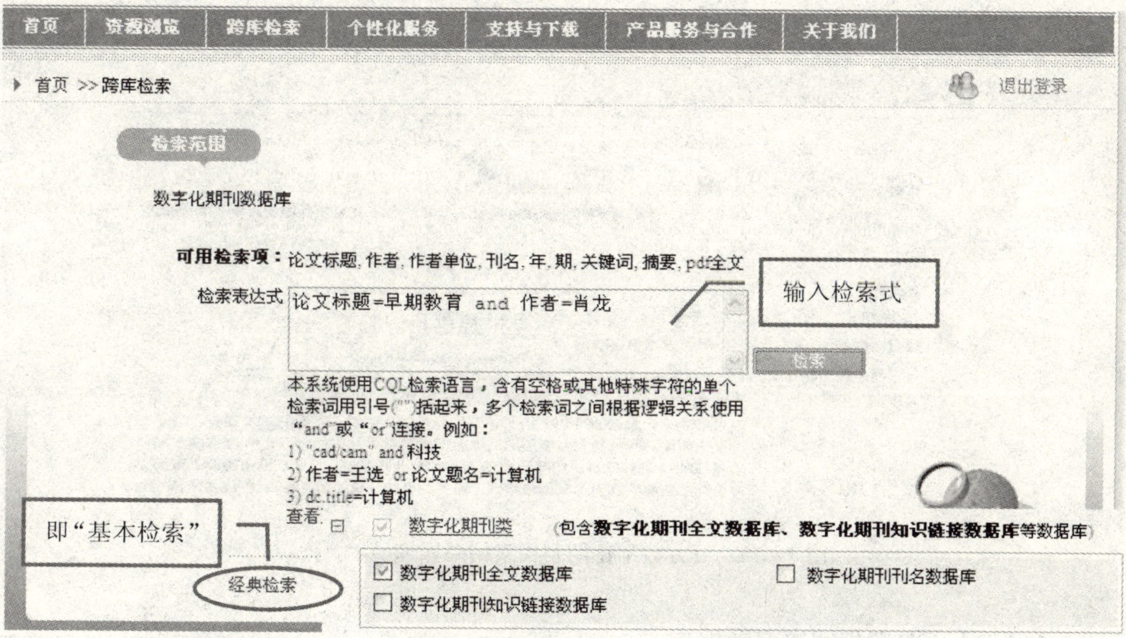

图 3－13　万方数字化期刊专业检索页面

(5)检索结果处理

系统对检索结果(图 3－14)默认显示的概览格式包括论文题名、所在刊名、发表时间。点击“详细摘要信息”可查看记录的详细题录文摘信息,如图 3－15 所示。点击“查看全文”可浏览 PDF 全文。在检索结果显示的上方,还提供了一个检索框,勾选后面的“在结果中检索”进行二次检索,相当于做一次 and 的组配。或者不勾选可重新检索。

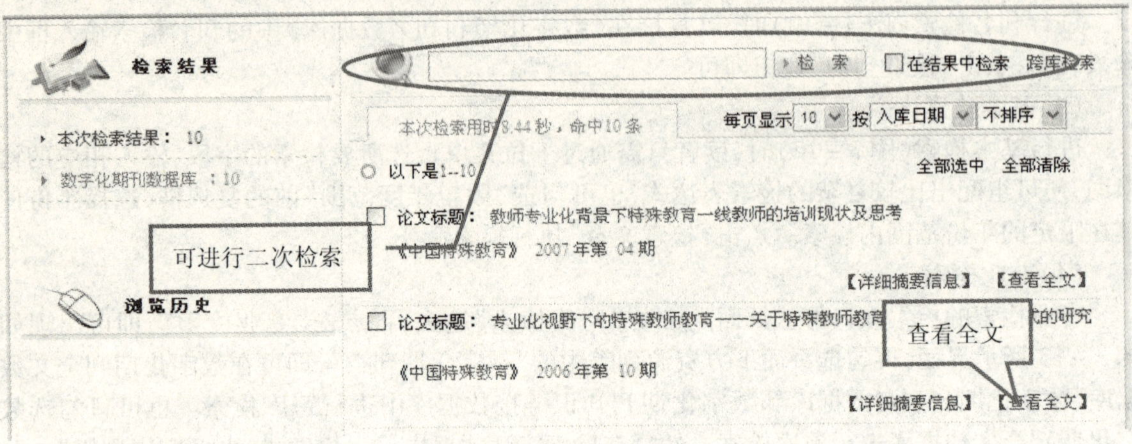

图 3－14 万方数字化期刊检索结果概览显示页面

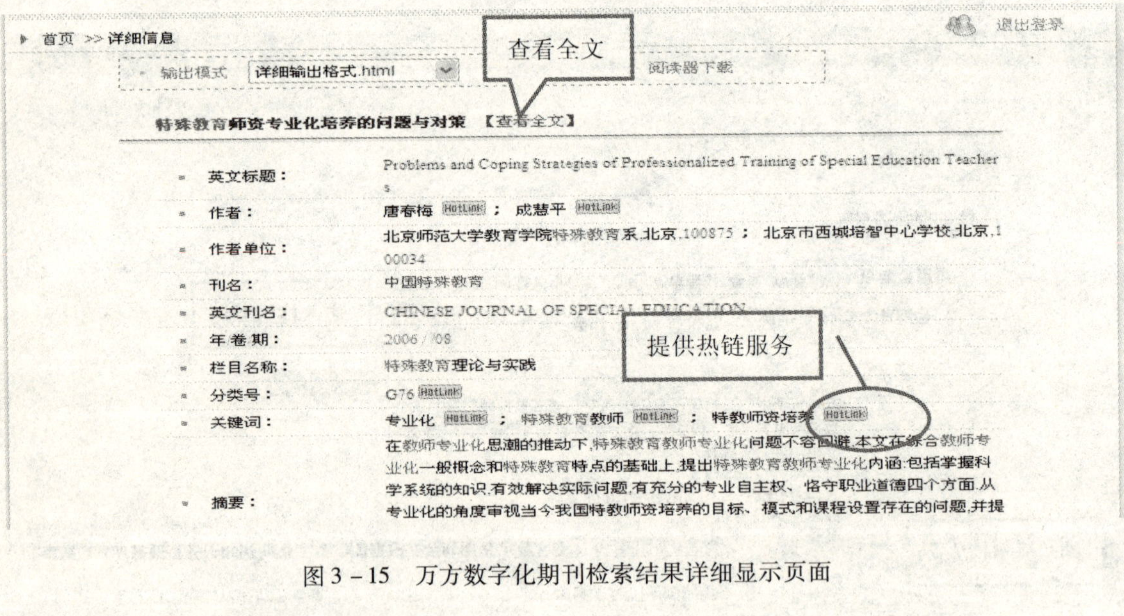

图 3－15 万方数字化期刊检索结果详细显示页面

3.1.4 人大复印报刊资料数据库

3.1.4.1 数据库简介

《人大复印报刊资料数据库》由中国人民大学书报资料中心编制,1958 年创刊,它荟萃我国社会科学领域的优秀成果,从全国公开出版的 4000 多种核心期刊、报纸中精选学术价值大、质量高、观点新颖、见解独到的重要文章,进行全文复印或索引推介,在国内社会科学领域具有极高的权威性,受到广泛的赞誉和高度评价。人大复印报刊资料数据库事实上已经成了刊中刊,刊上刊,成为图书馆信息部门倍受重视的典藏重点,该刊主要包括两种信息产品——《复印报刊资料》系列刊物和《报刊资料索引》系列刊物,是查考当前报刊论文资料的基本检索工具。

《人大复印报刊资料数据库》包括复印报刊资料全文数据库、复印报刊资料索引数据库、中国近现代史数据库、中国法律法规大典数据库等。

全文数据库分为五大类主题:政治类(马列、哲学、政治、法律、社科总论)、教育类(文化、教育、体育)、文史类(语言文字、文学、艺术、历史、地理、其他类)、数理化类(数学、物理、化学类)、经济类。年限范围:收录了1995年至今的全文,其中部分专题已经回溯到1978年。每个大类下又按年代排列,可按专辑和年代检索某个子库、多个子库或全部子库等。

索引数据库是题录型数据库,将《复印报刊资料》系列刊每年所刊登文章的目录按专题和学科体系分类编排,汇集了自1978年至今的《复印报刊资料》各刊的全部目录。该数据库配有方便快捷的检索系统。检索结果可以打印和复制。

人大复印报刊资料数据库采用的是CGRS全文检索系统,该系统是杭州天宇资讯开发公司开发的分布式全文信息检索系统,采用Web浏览方式进行查询,它以快速迅捷检索,强大的功能(复制、打印、粘贴、编辑、转存),简洁友好的界面受到广大读者的好评。

全文阅读:人大复印报刊资料数据库中的文献格式为HTML文本格式。

3.1.4.2 数据库检索

(1)检索字段

系统提供任意词、原文出处、原刊地名、原刊期号、原刊页号、分类号、分类名、复印期号、标题、英文标题、标题注释、文章日期、作者、作者简介、译者、内容提要、编者按、摘要题、英文摘要、关键词、正文、责任编辑、校对者、参考文献等检索字段。进入不同的检索界面,提供的检索字段略有不同。

(2)检索技术

1)逻辑运算符

"*":检索结果中必须同时出现两个检索词,如:教育*中美,

"+":检索结果中只要出现其中的一个检索词即可,如:教育改革+教育创新,

"-":检索结果中包含前一个检索词但不包含后一个检索词,如:教育-经济,

2)截词符

"?":两个检索词(字)之间允许隔几个字,相隔字的个数等于出现"?"的个数。最多允许出现9个"?"。如输入:中国???? 教育,可检索出中国职业技术教育、中国民办高等教育等文献。"?"必须在英文半角状态下输入。

"!":两个检索词(字)之间允许隔零个至多个字,如两词(字)之间出现n个"!",那么两词(字)之间可以出现0—n字。n最大是9。如:中国!!! 教育,可检索出中国教育、中国性教育、中国农村教育等文献。"!"必须在英文半角状态下输入。

3)优先运算符

"()":括号内的检索条件优先处理。支持多层嵌套运算。

(3)检索方式

系统提供资源浏览、快速查询、高级查询三种检索方式。

1)资源浏览

资源浏览(图3-16)可通过勾选首页左边所列的数据库来浏览具体的某个专题库中文献的内容。复印报刊资料数据库中设有教育类主题的全文数据库,共收录了近6万篇教育类文献。点击某个专题,右边则显示该专题的所有文献,点击某篇文献的标题,即可看到文献的全记录信息。可以一次选择多篇文献,点击“多篇显示”,将显示所选文献的全记录信息。

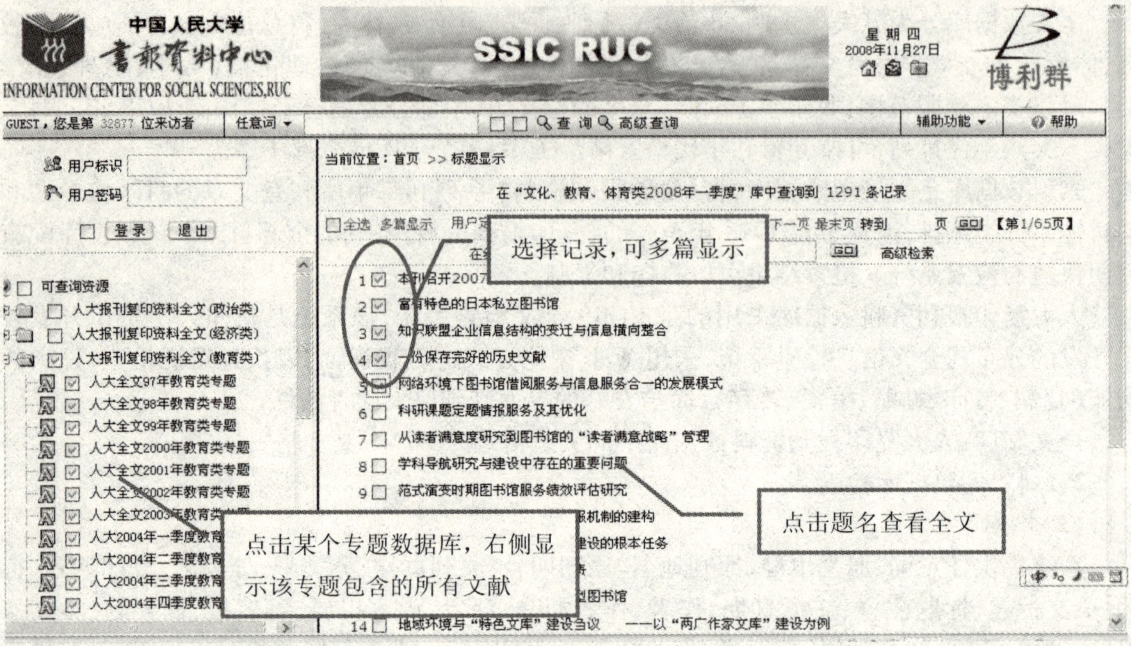

图3-16　人大复印报刊资料数据库资源浏览界面

2)快速查询

快速检索(图3-17)即单字段检索,单击检索框最左边的下拉框选择“任意词、标题、正文、作者、分类号、分类名、关键词”,可输入单个检索词,也可输入多个检索词,用空格隔开,相当于检索词之间是and的关系。如:素质教育 大学,表示检索结果中同时包含这两个概念。另外多个检索词之间也可用逻辑算符和截词符(+,-,*,?,!)(英文半角状态输入)连接进行查询,例如输入:美国*(素质教育+素质培养)。通过快速查询得到的检索结果可进行二次检索,从而获得更加准确的检索效果。

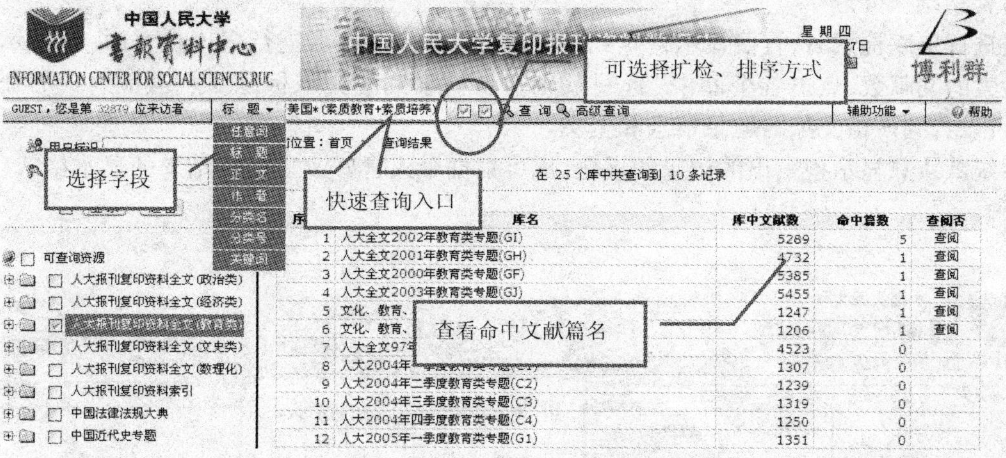

图 3－17　人大复印报刊资料数据库快速查询界面

3)高级查询

在资源列表中选定数据库后，点击“🔍 高级查询”按钮就进入高级检索页面(图 3－18)。提供任意词、原文出处、原刊地名、原刊期号、原刊页号、分类号、作者等 24 个检索字段，用户可根据需要在检索框中输入查询条件，最多可用 5 个检索框，可同时使用 5 个检索字段，通过“并且”、“或者”、“除了”进行组配，优先级相同，即按先后顺序进行组合。每个检索框的查询条件跟快速查询一样，可用逻辑算符和截词符(＋，－，＊，?，!)(英文半角状态输入)连接，日期范围的表达方式:19980101～19981231(一段时间)，＞＝19980101(大于等于)，＜＝19981231(小于等于)。每个检索框后面的问号帮助用户选择查询词。若想在查询的结果中，继续进行缩小范围的检索，则可在“在结果范围内再检索”后的输入框中输入想继续查找的词，并按下“GO”按钮。

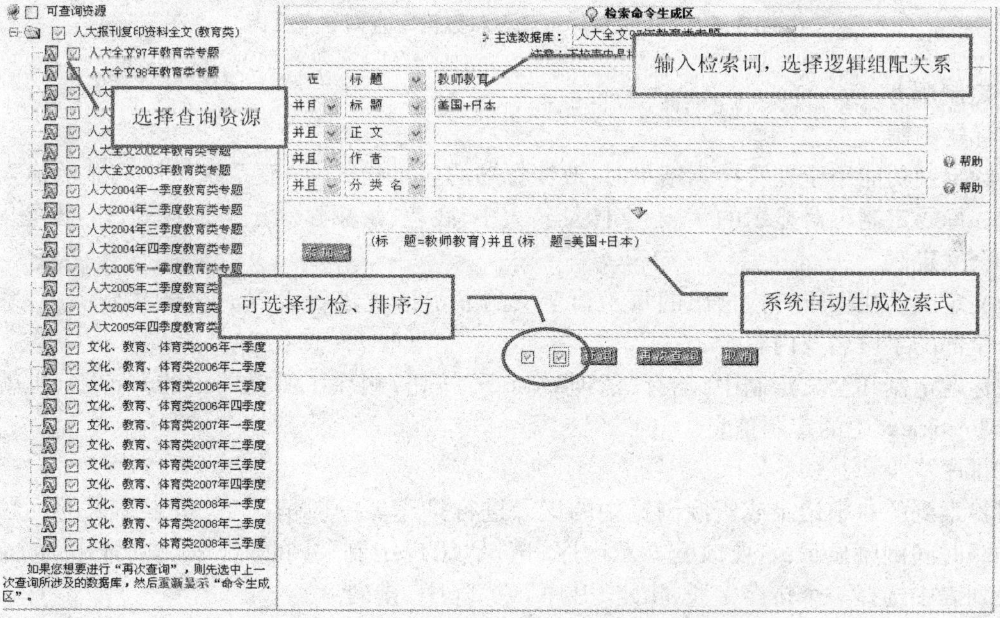

图 3－18　人大复印报刊资料数据库高级查询界面

4）检索结果处理

当进行单库检索时，直接显示检索到的文献（图 3 – 19）；当进行多库检索时，则显示每个库中检索的文献数，点击各个库中“查阅”，则显示检索到的文献标题。点击检索到的文献标题，就可以看到该篇文献的题录信息和全文。

系统默认只显示检索出的记录的标题，也可根据个人喜好改变检索结果的显示格式（见定制服务）。

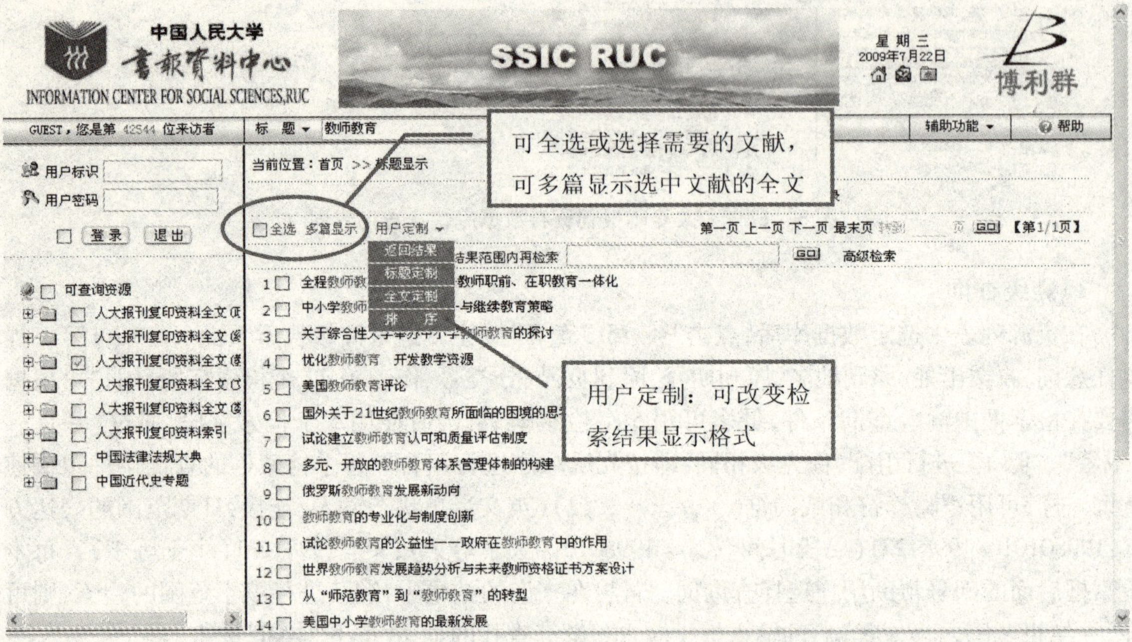

图 3 – 19　人大复印报刊资料数据库查询结果页面

5）定制服务

①标题定制

标题定制功能用于查看检索结果时，改变标题的显示格式，一般系统默认只显示检索结果的标题。标题定制可对显示的字段、字体及其大小、底色、每页显示记录篇数等进行设置。

②全文定制

全文定制功能用于对检索出的每一篇全文的显示格式进行设置。在全文显示中，系统默认显示全部的字段名及内容。

在标题定制和全文定制中，均有“清理 cookies”按钮，删除了浏览器中的 cookies，也就删除了“清理 cookies”中的定制信息。

③排序

对检索到的命中记录或资源浏览中的记录进行排序。一般情况下，检索结果的标题按照文献加载时间倒序显示，若要改变显示次序，选择“用户定制”中的“排序”，则弹出一个窗口，从字段列表中选择一个排序字段，指定“升序”或“降序”排列。

3.2 中文电子图书全文数据库

3.2.1 超星数字图书馆

3.2.1.1 数据库简介

超星数字图书馆是国家“863”计划中国数字图书馆示范工程项目，是由国内最早从事电子图书研制的北京超星电子技术公司与中国国家图书馆合作的产物，目前超星数字图书馆所有电子图书总数在100万种左右，基本涵盖了解放以来正式出版图书的85%，其中还有很多明清时代的善本和孤本图书，2000年以后出版的新书有30多万册，基本囊括了近几年的所有新书。超星数字图书馆的公共网站（http://www.ssreader.com）为读者提供约5000种图书的免费阅读，会员图书馆向读书卡会员提供约30万种图书的下载、借阅等服务，公司还为不少高校图书馆和文献信息机构提供镜像站服务。

超星数字图书馆的数据大多通过扫描加工印刷本以图像方式储存，数据格式为 *.PDG，最近也有少部分基于文本的电子图书。收录的电子图书内容丰富，范围广泛，涉及文理各学科，根据中图法分为22个大类。

全文阅读：超星数字图书馆中的全文文献是以“PDG”格式存档的，需用超星阅览器（SSReader）打开及阅读，阅读器可网上免费下载安装。

3.2.1.2 数据库检索

（1）检索字段

系统提供书名、作者、目录（指图书的章节目录）、全部字段、主题词等检索字段。

（2）逻辑运算符

AND：所有检索词必须同时出现。

OR：检索词任意一个出现即可。

（3）检索方式

系统提供分类检索、快速检索、高级检索三种检索方式。

1）分类检索

进入超星数字图书馆，在主页下方可以看到图书总分类，查找教育学方面的图书应选择“文化、科学、教育、体育”类目，该类目下包含“总论”、“教育”等7个二级类目，再点击“教育”，下包含25个三级类目（图3－20），点击具体类目，主页右侧可显示所选类目下命中的图书，双击书名就可以从阅读窗口看到书的内容。目前教育分类下共有图书58 222种。

2）快速检索

快速检索（图3－21）支持的检索字段：书名、作者、目录、全部字段（指同时检索书名、作者、目录等字段）。所有字段按关键词方式检索，不同检索词之间用空格隔开，表示and关系，如：韩国 学前教育。对于一些目的范围较大的查询，建议使用快速检索。

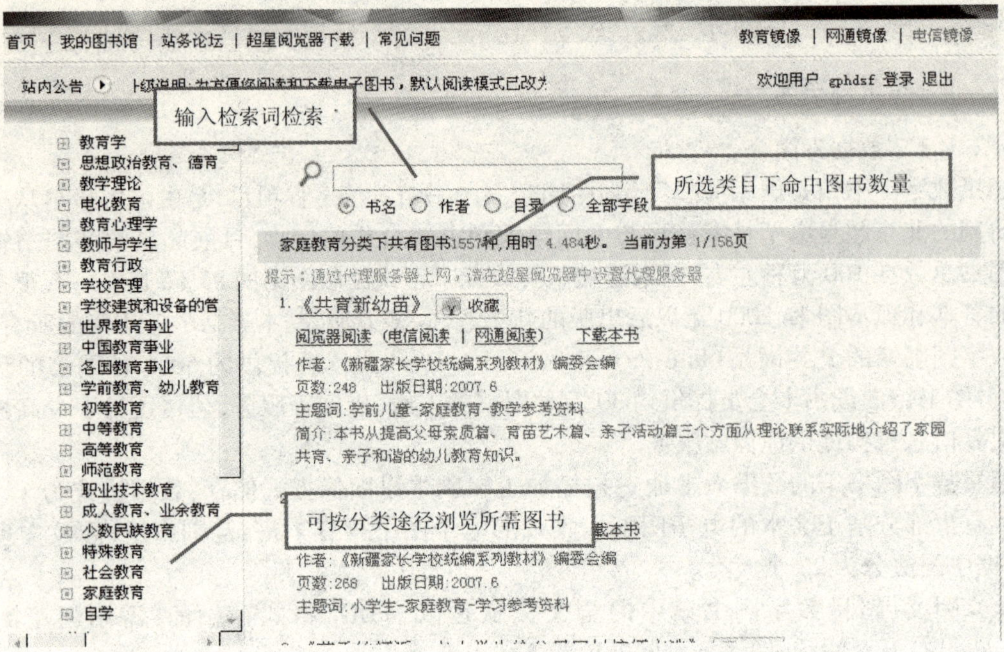

图 3－20　分类检索界面

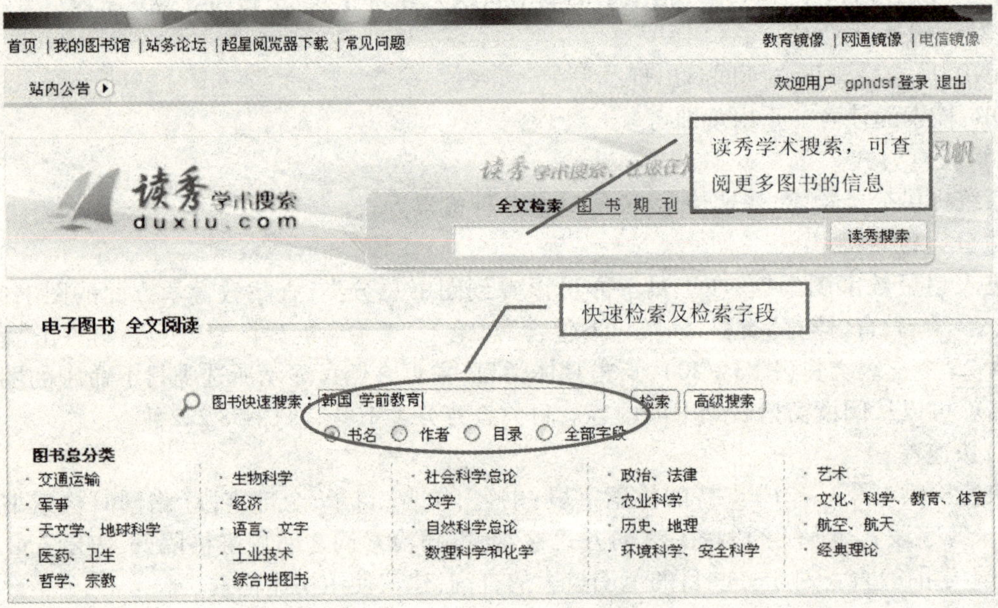

图 3－21　快速检索界面

3）高级检索

高级检索（图 3－22）提供书名、作者、主题词等字段，可通过布尔逻辑算符“并且”、“或者”

进行组配检索,可限定图书出版年代。本检索方式的优点是查询结果命中率高。对于目的性较强的读者,建议使用高级检索。

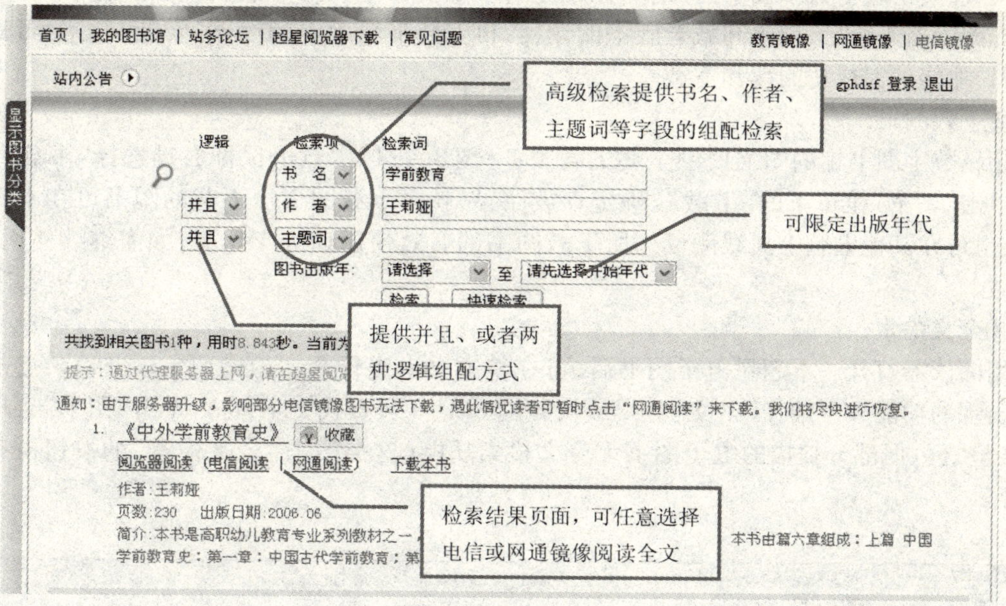

图 3-22 高级检索界面

4)检索结果处理

检索结果页面(图 3-23)列出了命中记录条数,点击“下一页”或“上一页”等链接,可查看当前页面容纳不下的书目信息,每条记录还提供了书名、作者、页数、出版日期、主题词、书的简介等相关书目信息及图书全文下载链接。检索结果还可以按出版日期或书名重新排序。

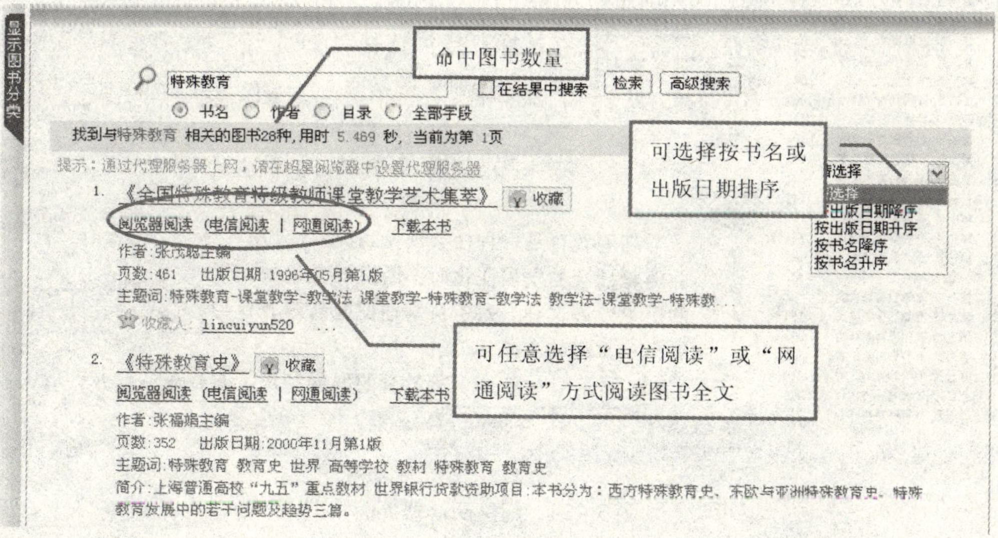

图 3-23 检索结果页面

①阅读图书

点击书名(链接),可以打开图书全文进行阅读,默认为IE阅读模式。也可以选择阅读器阅读模式,阅读超星数字图书前,请先在超星数字图书馆主页上下载、安装最新版本的超星阅读器。阅读器升级后,须先卸载老版本阅读器,再安装最新版本阅读器,安装时需关闭其他浏览窗口,才能确保成功阅读和下载。

②下载图书

超星数字图书馆的图书提供全文下载服务(图3-24)。点击鼠标右键选择"下载"功能,也可单击"图书"菜单下的"下载",确定存放路径,就可下载图书。下载的图书可在本机离线阅读,也可在其他电脑上离线阅读。所下载图书的有效使用期为180天,如需继续使用,请重新下载。

③全文检索

用阅读器打开一本超星电子图书后,可在整本书中进行全文检索(图3-24)。点击鼠标右键出现的功能条中选择"全文检索"或快捷键Ctrl+I可查找文字,也可单击"图书"菜单下的"全文检索",但部分扫描的电子图书无全文检索功能(这类图书"全文检索"的按钮没有高亮显示)。

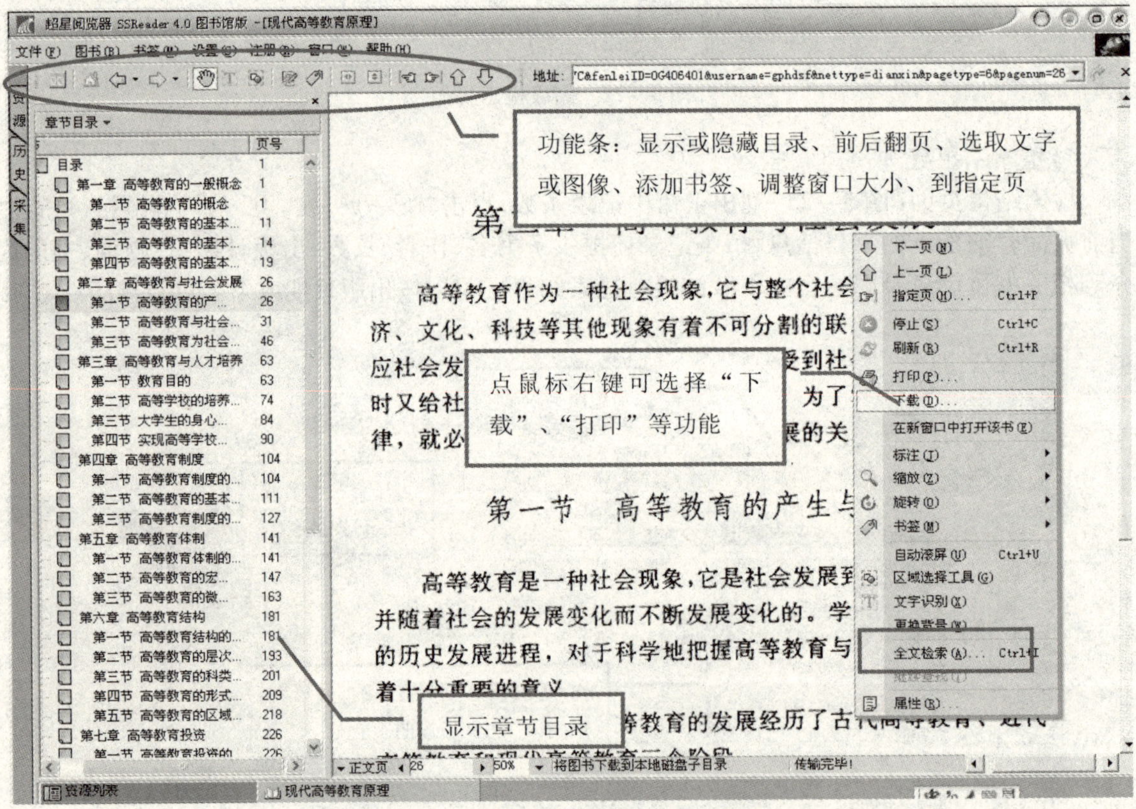

图3-24 超星阅读器界面

3.2.2 方正 Apabi 数字图书

3.2.2.1 数据库简介

方正阿帕比(Apabi)数字图书系统是由北大方正电子有限公司制作,利用方正集团及 Apabi 公司强大的中文排版技术、DRM(数字版权保护)技术以及 CEB(中文电子书)技术,联合全国400多家出版社为读者提供几十万种中文电子图书和上百种电子报的在线阅读和在线订购服务。

登录阿帕比阅读网(http://www.apabi.com/idoican/index.html)可检索该网站提供的所有电子图书,并可免费试读目次前言和图书的部分章节内容。同时方正 Apabi 电子图书也向图书馆等各文献资源服务单位提供镜像服务,图书馆购买其电子图书后,可作为图书馆图书收藏的一部分整合到图书馆目录系统,与印刷型图书一样提供给读者借阅,另外还有复本数、还书等概念。方正 Apabi 数字图书新书上架时间快,甚至快于印刷版新书的出版,定期推出“好书推荐”、“最新入库”、“下载排行”等栏目。

收录学科范围:涵盖了社会学、哲学、宗教、历史、经济管理、教育、教材教辅、外语、法律、文学、数学、物理、化学、地理、生物、医学、工程等多种学科。

收录年限:1978 年至今,绝大部分为 2000 年以后出版的新书。

全文阅读:方正 Apabi 数字图书的全文文献需用方正阿帕比阅览器(Apabi Reader)打开及阅读。Apabi Reader 集电子书阅读、下载、收藏等功能于一身,兼备 RSS 阅读器功能,可用于阅读 CEB、XEB、PDF、HTML 格式的电子图书及文件。阅读器可网上免费下载安装。

3.2.2.2 数据库检索

(1)检索字段

系统提供书名、责任者、主要责任关系、主题/关键词、摘要、目录、出版社、出版地、出版日期、年份、标识、标识类型、相关文献、价格、纸书价格、外币价格、作品类型、次要责任者、次要责任关系、版次、版本说明、印次、字数、中图法分类号、语种、Apabi 分类号、图表及其他细节、责任编辑、附注、ISBN、全面检索、全文检索等检索字段。

(2)逻辑运算符

AND:所有检索词必须同时出现。

OR:检索词任意一个出现即可。

(3)检索方式

系统提供分类检索、快速检索、高级检索三种检索方式。

1)分类检索

进入方正 Apabi 数字图书系统,在页面的左边可以选择常用分类或中国图书馆图书分类法(图 3-25),以按中图法为例,查找教育学方面的图书应选择“文化、科学、教育、体育”类目,该类目下包含“文化理论”、“教育”、“体育”等 6 个二级类目,再点击“教育”,下包含 21 个三级类目,依此类推,逐层点开直到具体书名,最多有六级类目。目前教育分类下共有图书 822 种。

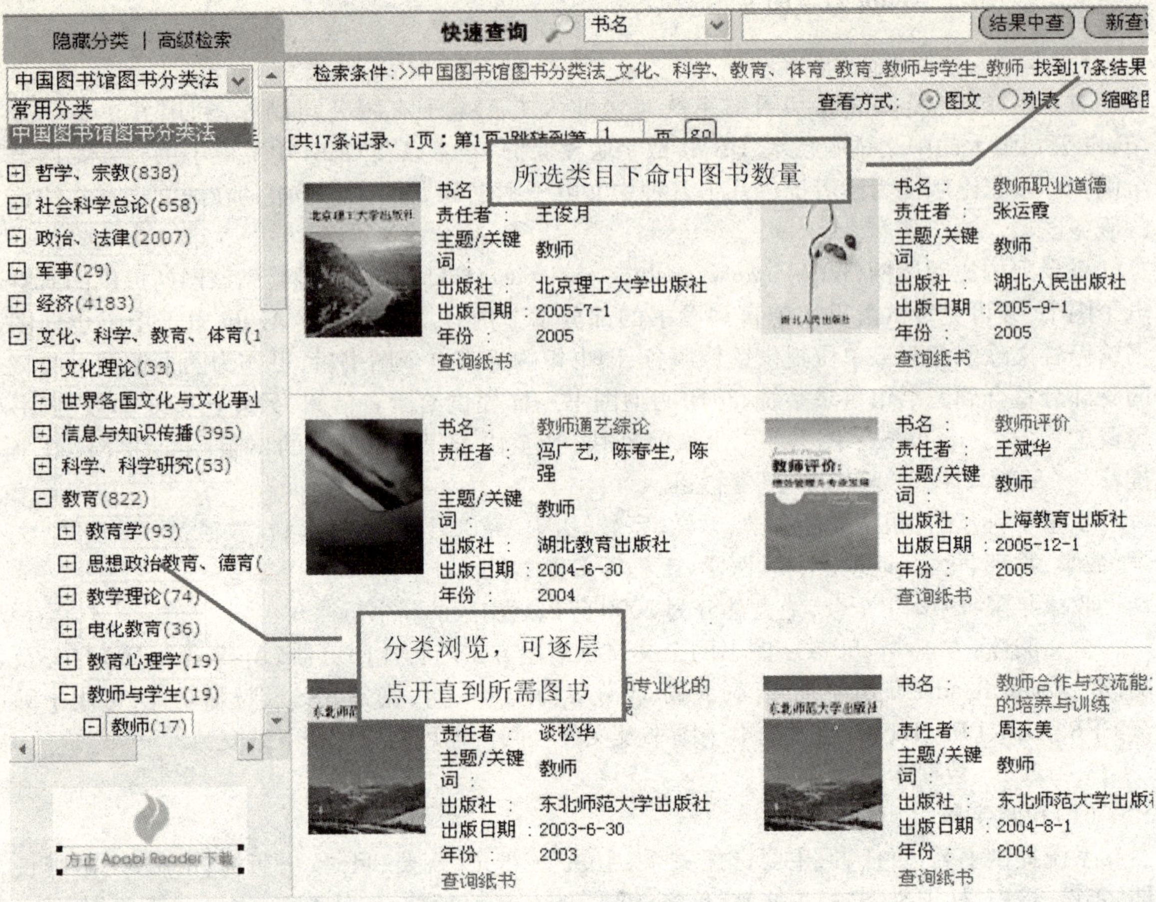

图 3-25 分类检索界面

2)快速检索

快速检索(图 3-26)支持的检索字段:书名、责任者、主题/关键词、摘要、出版社、年份、全面检索、全文检索等,其中:“书名”是按关键词方式检索;“责任者”可以是个人作者,也可以是单位作者;“全面检索”表示在上述所有字段中进行检索;“全文检索”与购买的模块相关,有的可能没有。选择好检索条件,输入检索词,点击“查询”按钮,迅速查到要找的书目。检索结果可选择图文显示、列表显示或缩略图显示。

检索得出结果后,用户可进行二次检索,选择 结果中查 ,在当前结果中增加检索框中的条件后再进行检索;选择 新查询 ,则使用检索框中的条件开始一个新的检索。

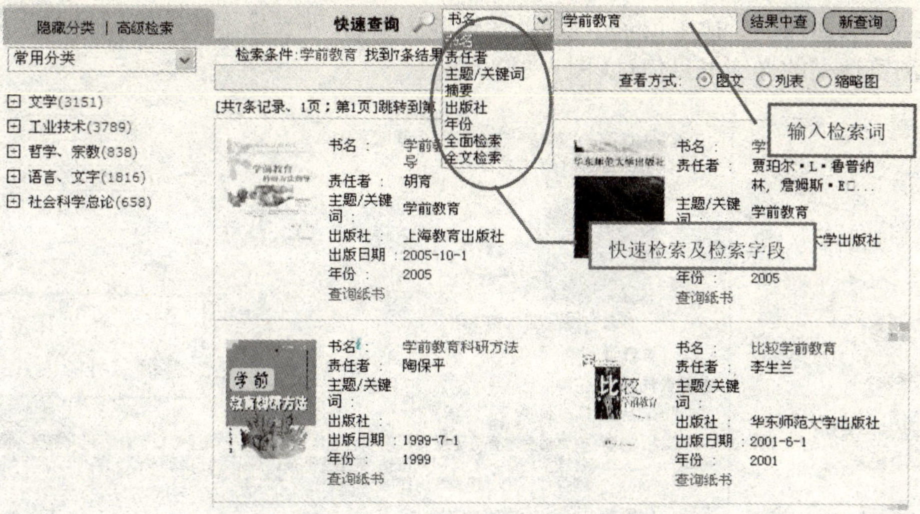

图 3-26　快速检索界面

3）高级检索

使用高级检索可以输入比较复杂的检索条件（图 3-27），最多可输入 5 个检索词，所有条件之间可以通过布尔逻辑算符“并且”、“或者”进行组配检索。所有的选项设置完成后，点击“查询”开始高级检索。检索结果可选择图文显示或列表显示。

主要检索字段：书名、主要责任者、主题/关键词、摘要、目录、出版社、出版日期、全面检索、全文检索、中图法分类号、次要责任者、ISBN 等。

高级检索分为“本库查询”和“跨库查询”。“本库查询”指在电子图书数据库中执行检索；“跨库查询”指在电子图书与方正 Apabi 资源其他数据库中执行检索。若图书馆只购买电子图书一个库，那么本库查询和跨库查询同样只能检索电子图书一个库的内容。

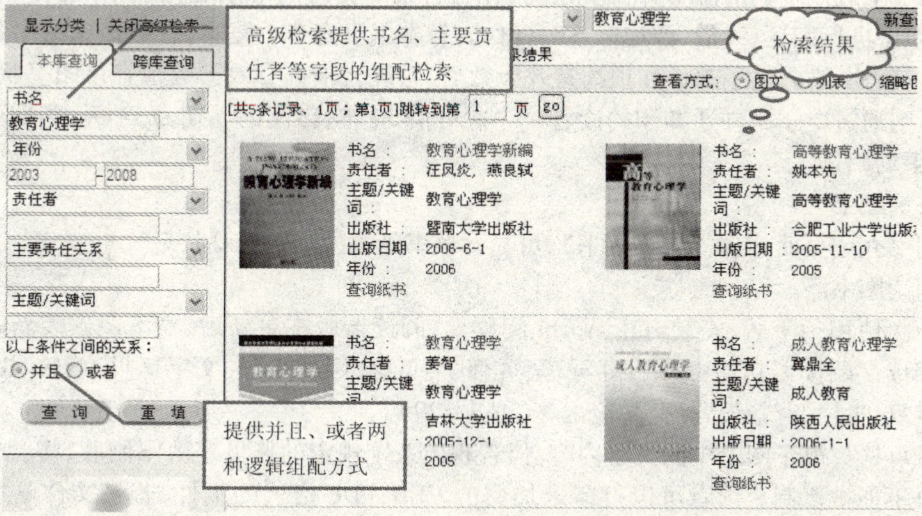

图 3-27　高级检索界面

4)检索结果处理

检索结果页面列出了命中记录条数,可选择图文显示、列表显示或缩略图显示。点击具体书名后可浏览该书的详细书目信息(图3-28)。

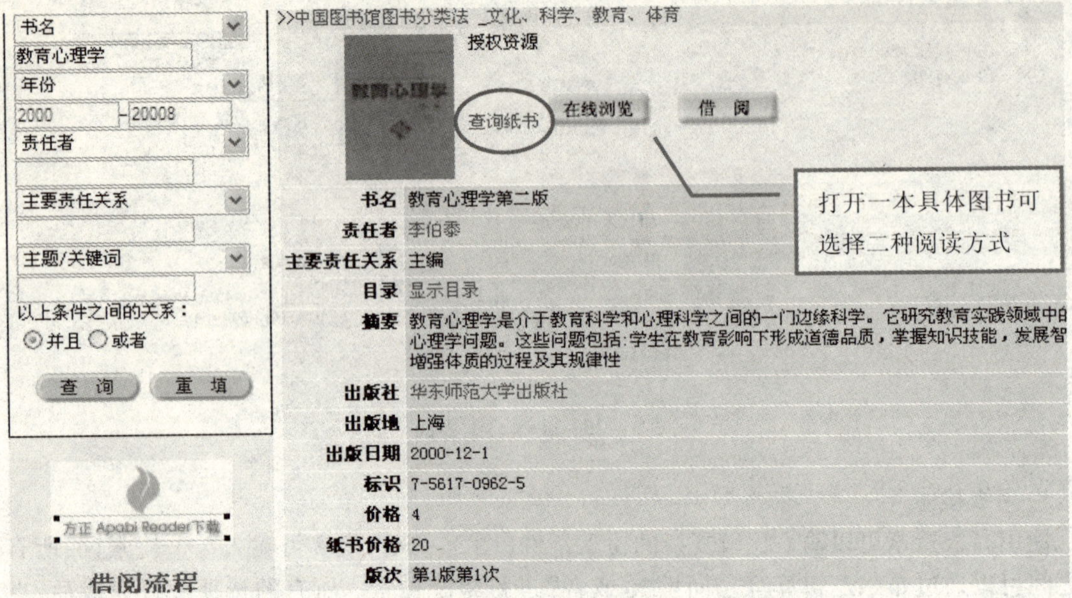

图3-28 检索结果页面

①在线浏览

不受复本的限制在线阅读,但连续阅读2小时后系统会自动离线,要继续阅读需要重新选择在线阅读。

②借阅

借阅后下载到本机的图书可在本机离线阅读,且不受时间的限制,读者可选择该书,按鼠标右键,即可进行归还、续借、添加标签等操作。每本书只有2个复本,已被借完的书不能被借阅,但可以预约,输入电子邮件和预约有效天数后,系统会根据有效天数检查该图书状况,如有可借资源则通过电子邮件通知预约读者。一次可借50本,借阅的周期为14天,到期可自动归还,也可手动归还。

③查询纸书

在图书介绍页面,点击"查询纸书",可显示该书纸本的本馆馆藏状态。

④阅读图书

第一次使用须下载、安装方正 Apabi 阅读器,阅读器版本更新后,需下载安装新的版本才能确保阅读。阅读器功能:放缩、翻页、全页翻/半页翻、网页快照、文字拷贝、旋转、RSS 订阅、撤消与恢复、批注、背景设置、全文检索等(图3-29)。

读者可拷贝电子图书中的文本内容,但若超出系统规定的拷贝字数限制后,将会被提示超出的部分不能被复制。读者可以打印未加密的 CEB、PDF 格式的文件,若是文件已加密,"文件"菜单中的"打印"命令会变灰,表明该文件不可打印。

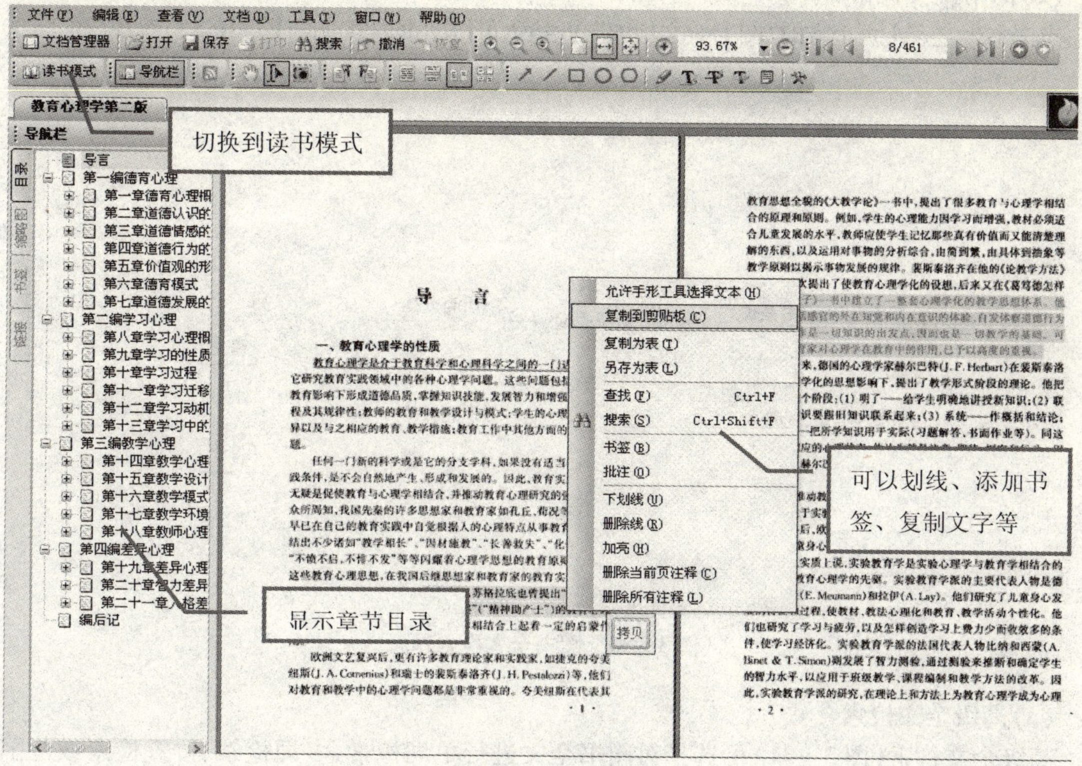

图 3－29　方正 Apabi 阅读器界面

3.2.3　书生之家数字图书馆

3.2.3.1　数据库简介

“书生之家”由北京书生科技有限公司创办，是一个全球性的中文书报刊网上开架交易平台和中国信息资源电子商务平台。网站于 2000 年 5 月正式开通，下设中华图书网、中华期刊网、中华报纸网、中华 CD 网等子网。中华图书网可提供图书的作者及出版信息、内容摘要及书评和全文等，并可实现网上选购和全文在线浏览。登录 http://www.du8.com/书生读吧网可检索该网站提供的所有电子图书，并可免费试读目次前言和图书的部分章节内容。

“书生之家”主要提供 1999 年以来中国大陆地区出版的新书的全文电子版，所收录图书涉及社会科学、人文科学、自然科学和工程技术等所有类别，收录教材教参，以考试、经济管理、文学艺术、农业、教育、工业技术、计算机、语言、建筑为主，但缺少中小学教辅和生活休闲类图书。书生之家现有 70 万余种电子图书，每年以 8 万种的数量递增。

首次使用书生之家电子图书时，须下载并安装书生之家数字信息阅读器。

3.2.3.2　检索方法

书生之家具有强大的检索功能，提供分类检索、全文检索、组合检索等。

(1)分类检索

登录后，点击左侧相应类目即可打开该类目下的全部图书，在当前类目下还可按书名、著者等字段进行图书检索。此分类有两种：一种是图书分类，另一种是书生分类。

(2)图书全文检索

点击书生之家主页上方的"图书全文检索",此检索可按图书内容或图书目录进行查找(图3-30)。

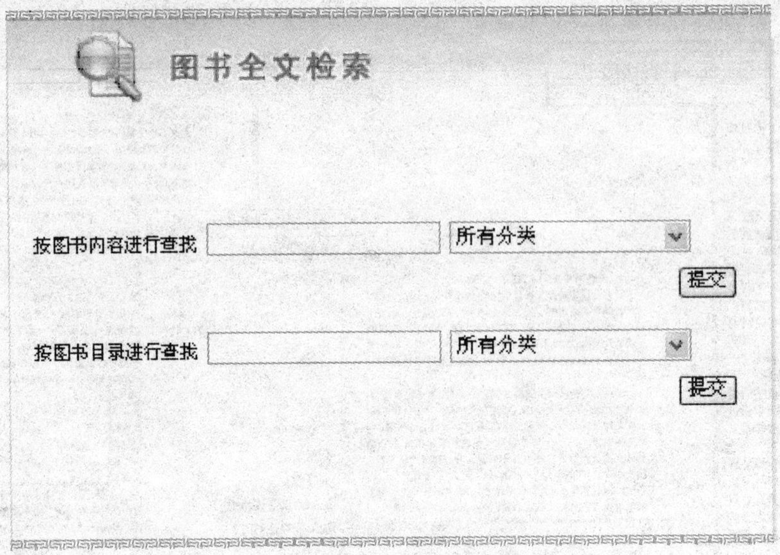

图3-30　图书全文检索界面

(3)高级全文检索

高级全文检索(图3-31)可选择对图书全文进行单词检索、多词检索、位置检索或范围检索。高级全文检索还支持对输入主题词做半角转换,在检索结果中可进行二次检索。

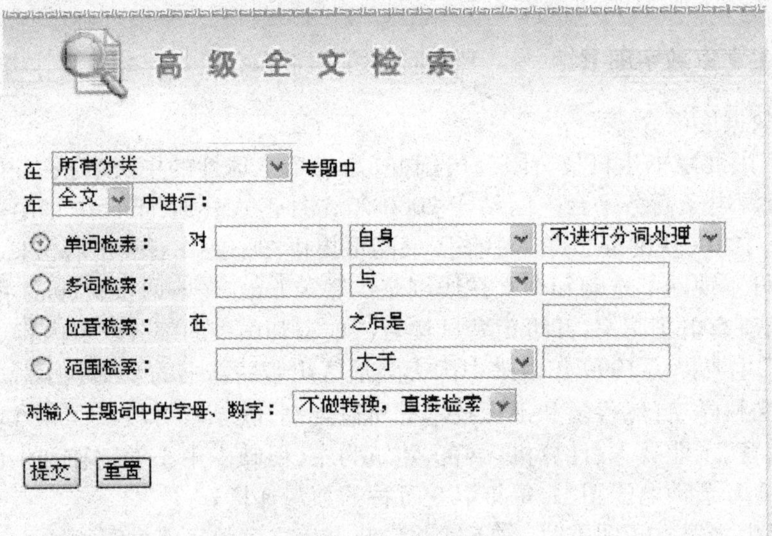

图3-31　高级全文检索界面

①单词检索:支持主题词(上位词、下位词、等同词、同义词、反义词、替代词、外文等同词)检索,例如上位词是对相应的主题词进行扩展,可以提高查全率,下位词是对相应的主题词进行缩微检索,可以提高检索的精确度。

②多词检索:支持多个检索条件逻辑运算(与、或、非、异或)功能。

③位置检索:支持两个检索词之间的位置限定检索。

④范围检索:支持数字和数字范围检索。

(4)组合检索

通过组合检索功能读者可以进行复杂的图书检索(图3-32),最多可输入6个检索条件,提高检索的精确性。逻辑组配可选用"与"、"或"。此检索提供图书名称、出版机构、作者、丛书名称、ISBN、主题、提要等检索字段。

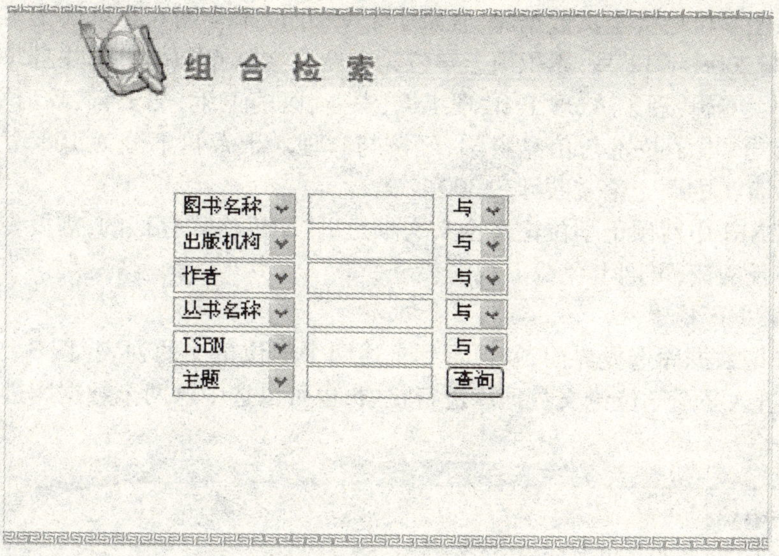

图3-32　组合检索界面

(5)检索结果

检索结果列表中显示了图书的"名称"、"作者"、"出版机构"、"开本"、"翻看"等信息,若读者已经安装书生阅读器可通过以下方式打开图书:

• 点击图书结果列表中"翻看"字段下的"全文"链接,系统将自动启动阅览器打开图书;

• 点击相应图书名称,进入图书内容简介界面,点击图书图片下方的"全文"链接,也可打开图书。

书生阅读器提供给用户全文检索(海量数据查询,定位到页)、树形目录(独有的书内四级目录导航,直接超链接到对应版面)、拾取文本(全息版数据,直接摘录)、建立读书卡片(根据个人阅读习惯)、阅读伴侣(建立富有个性的数字书架)等功能。

3.3　中文学位论文数据库

3.3.1　中国知网学位论文全文数据库

3.3.1.1　数据库简介

CNKI中国知网的检索平台下包含了两个学位论文数据库——"中国博士学位论文全文数据库"和"中国优秀硕士学位论文全文数据库"。登录中国知网平台(http://www.cnki.net)可以免费检索到这两个数据库的题录信息。

“中国博士学位论文全文数据库”：是目前国内相关资源最完备、高质量、连续动态更新的中国博士学位论文全文数据库，收录了 1999 年以来全国 420 家博士培养单位的博士学位论文，至 2008 年 12 月，累积博士学位论文全文文献 9 万多篇，并且每日更新。专辑专题产品分为十大专辑：理工 A、理工 B、理工 C、农业、医药卫生、文史哲、政治军事与法律、教育与社会科学综合、电子技术与信息科学、经济与管理。十专辑下分为 168 个专题和近 3600 个子栏目。其中有关教育类的博士论文共计 1500 多篇。

“中国优秀硕士学位论文全文数据库”：是目前国内相关资源最完备、高质量、连续动态更新的中国优秀硕士学位论文全文数据库，收录了 1999 年以来全国 652 家硕士培养单位的优秀硕士学位论文，至 2008 年 12 月，累积硕士学位论文全文文献 68 万多篇，并且每日更新。专辑专题产品分为十大专辑：理工 A、理工 B、理工 C、农业、医药卫生、文史哲、政治军事与法律、教育与社会科学综合、电子技术与信息科学、经济与管理。十专辑下分为 168 个专题文献数据库。其中有关教育类的硕士论文共计39 300多篇。

全文阅读：CNKI 中博硕士学位论文全文文献是以“NH”格式存档的，需要专用的阅读软件 CAJ 阅读器打开及阅读，可网上免费下载安装。

3.3.1.2　数据库检索

进入中国知网数据库选择界面，就可看到上述两个学位论文的列表（图 3－33），分别点击这两个库，即可进入某个学位论文数据库进行检索，也可以选中这两个数据库进行跨库检索。

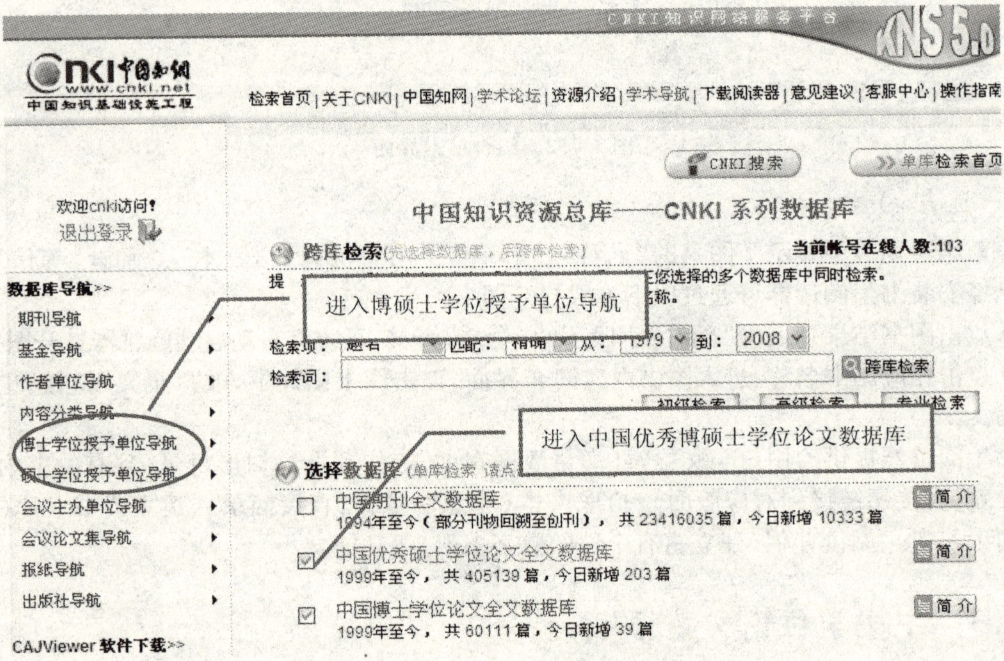

图 3－33　“中国知网”数据库选择页面

（1）检索字段

系统提供主题、题名、关键词、摘要、作者、作者单位、导师、第一导师、导师单位、网络出版投稿人、论文级别、学科专业名称、学位授予单位、学位授予单位代码、目录、参考文献、全文、中图分类号、学位年度、论文提交日期、网络出版投稿时间等 21 个检索字段。

(2)逻辑运算符

逻辑与:用“ * ”表示,例:教育 * 经济,那么教育、经济两个检索词必须同时出现。

逻辑或:用“ + ”表示,例:教育 + 经济,那么教育、经济两个检索词出现一个即可。

逻辑非:用“ - ”表示,例:教育 - 经济,那么教育必须出现,经济必须不出现。

CNKI 中的逻辑组配运算的执行顺序按输入顺序,可用“( )”规定逻辑组配的优先执行顺序。

(3)检索方式

系统提供专辑导航浏览、学位授予单位导航浏览、初级检索、高级检索、专业检索五种检索方式,其中专辑导航浏览、初级检索、高级检索、专业检索四种检索方法与 CNKI《中国学术期刊全文数据库》的检索方法类似,不再重复介绍。这里重点介绍其“学位授予单位导航”的检索方法。点击页面右上方工具栏中的“学位授予单位导航”,即可进入该导航页面,系统提供了学位授予单位名称检索、地域导航、国家 211 工程院校导航等功能。

1)学位授予单位名称检索

检索区位于导航页面的上方。例如要检索全国师范大学的学位论文,则输入关键词“师范”,点击“检索”按钮。当检索结果较多时,可以利用系统提供的“辅助功能”选项对结果进行排序(拼音正序或倒序)。点击某一学位授予单位,即可浏览该单位的所有博硕士论文(图 3 - 34)。论文题录显示区的上方为论文检索区,可以根据需要检索该校的论文。

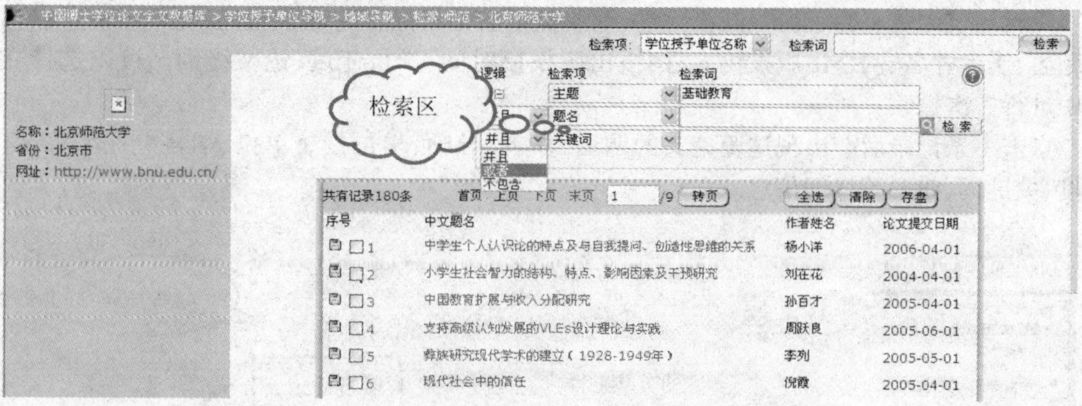

图 3 - 34　学位授予单位论文题录浏览结果及检索

2)地域导航

地域导航根据所在地(省及直辖市)对学位授予单位分类(图 3 - 35),点击某一地名,即可查看该地区的所有学位授予单位,包括高等院校、科研院所等,并且可以利用系统提供的“辅助功能”选项对结果进行排序(拼音正序或倒序)。点击某一学位授予单位,即可浏览该单位的所有博硕士论文。

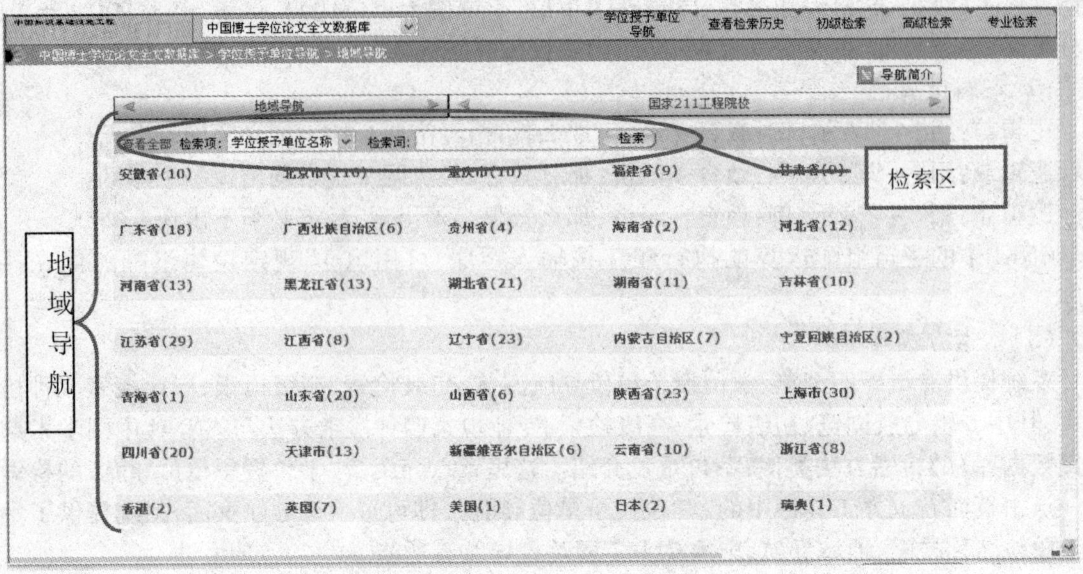

图 3－35　学位授予单位导航/地域导航页面

3）国家“211 工程”院校导航

该导航页面列出了国家“211 工程”院校中的 96 所（占国家 211 工程院校总数的 82%）。点击某一院校名称位即可浏览该单位的所有博硕士论文。

4）检索结果处理

专辑导航浏览、初级检索、高级检索、专业检索的结果显示为题录格式（图 3－36），包括中文题名、作者姓名、网络出版投稿人、网络出版投稿时间、学位年度、论文级别。可以选择在结果中进行二次检索。

点击一条记录后会出现这篇论文的题名、作者、导师、学位授予单位、学科专业名称、学位年度、关键词、摘要等详细信息。

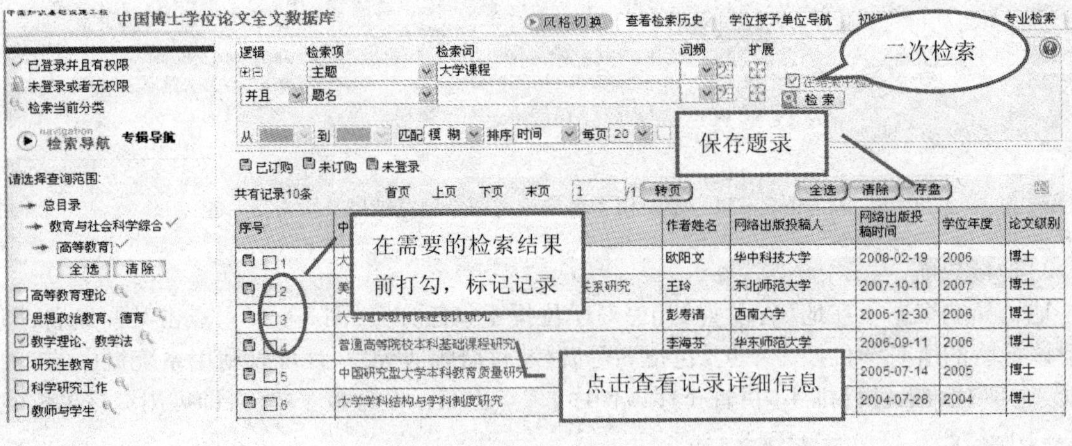

图 3－36　检索结果页面

①保存题录

帮助用户有选择地暂时存储检索结果记录，以备以后查看。可直接在检索结果前的小方框内勾选，点击页面右上方的“存盘”，则系统显示默认的引文格式。系统提供四种题录保存格式：简单、详细、引文格式、自定义。可选择上述四种格式中任一种，再点击，即可显示相应格式题录信息。

②全文下载浏览

可直接点击记录号前  下载 NH 格式全文，或点击该记录查看详细信息（图 3－37），提供在线阅读、整本下载、分章下载、分页下载链接。

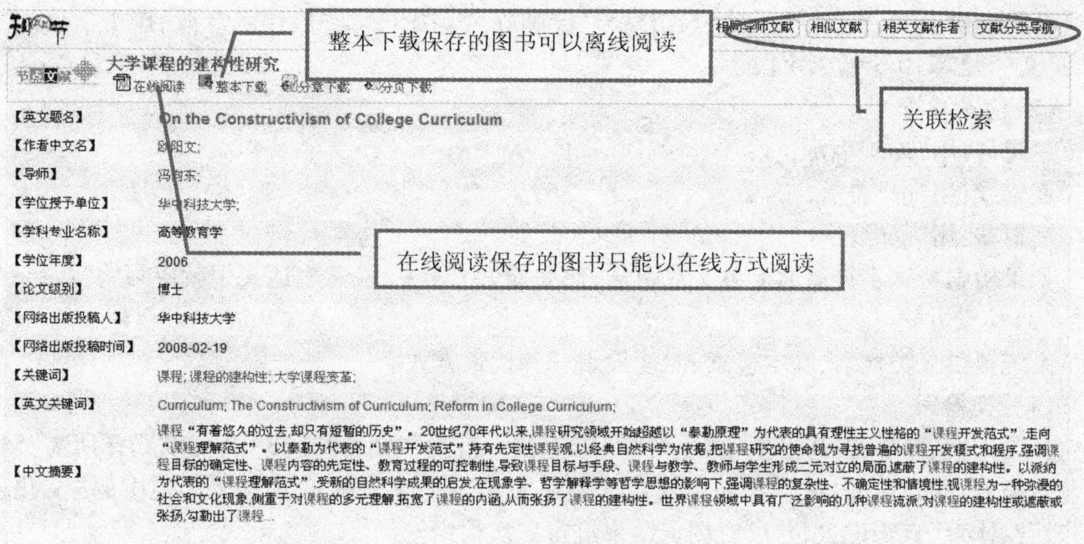

图 3－37　记录详细信息页面

③关联检索

在详细信息的页面还提供了一些“关联检索”的链接入口。有相同导师文献、相似文献、文献分类导航等。

3.3.2　万方中国学位论文数据库

3.3.2.1　数据库简介

万方中国学位论文库由国家法定学位论文收藏机构——中国科技信息研究所提供，并委托万方数据公司加工建库并提供网络检索和服务，收录了我国自然科学领域博士、博士后及硕士研究生论文，包括全文库和文摘库两个部分，目前，中国学位论文库也是“万方数据资源系统”中一个比较重要的数据库。

《中国学位论文全文数据库》精选了我国各学科领域近几年来的博硕士论文，涵盖自然科学、数理化、天文、地球、生物、医药、卫生、工业技术、航空、环境、社会科学、人文地理等各学科领域，每年稳定新增 15 万篇，是我国收录数量最多、质量最高、体系最完整的学位论文全文数据库，目前共收录了 1980 年至今的全国近 800 个学位授予单位的论文，涉及全国 211 重点高校、中科院、工程院、农科院、医科院、林科院的重点精选博硕士论文 70 万多篇，其中教育学科类的论文全文约1.4万篇，数据每月更新。中国学位论文全文数据库中的全文文献是以"PDF"格式存档，需 Acrobat Reader 打开及阅读。

《中国学位论文文摘数据库》收录了1977年至今的117万余篇文摘信息，其中有关教育类的文摘计1.9万多篇。

登录万方数据资源系统中心网站（http://www.wanfangdata.com.cn/）可以免费检索并获得简单的题录信息，可通过图书馆定购站点浏览全文。下文将主要介绍镜像站点中中国学位论文全文数据库的检索方法。

3.3.2.2　数据库检索

(1)检索字段

系统提供全文、作者、授予单位、馆藏号、导师姓名、中图分类号、作者专业、授予学位、关键词、论文标题等10个检索字段。

(2)检索算符

逻辑与：用"and"表示，

逻辑或：用"or"表示，

逻辑非：用"not"表示，

如果检索特殊字符请加上英文双引号，比如检索 C++，检索表达式中就应写为"C++"。

(3)检索方式

系统提供分类检索、基本检索、专业检索三种检索方式。

1)分类检索

分为人文、理学、医药卫生、农业科学、工业技术五大类（图3-38）。可以选择所需类目，浏览该类目下的所有记录。要查找教育学科相关学位论文文献可从人文大类中的"文化、科学、教育、体育"点击进去，并可对浏览结果进行二次检索。

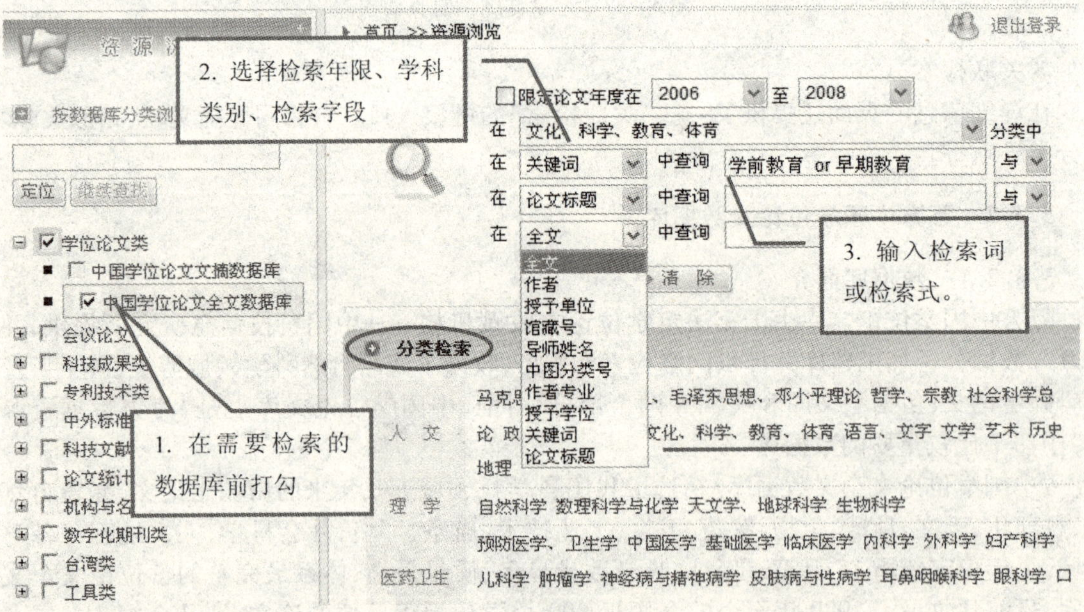

图3-38　万方中国学位论文全文数据库基本检索、分类检索页面

2)基本检索

数据库的默认首页是基本检索页面(图3－39)。基本检索提供给用户直观方便的逻辑组配检索框,只需通过下拉菜单的点选,选择好检索字段,输入检索词,再选择逻辑“与、或、非”就可以组配出比较复杂的检索表达式。还可以对论文年度、文献范围进行限定。点击“检索”执行检索命令。

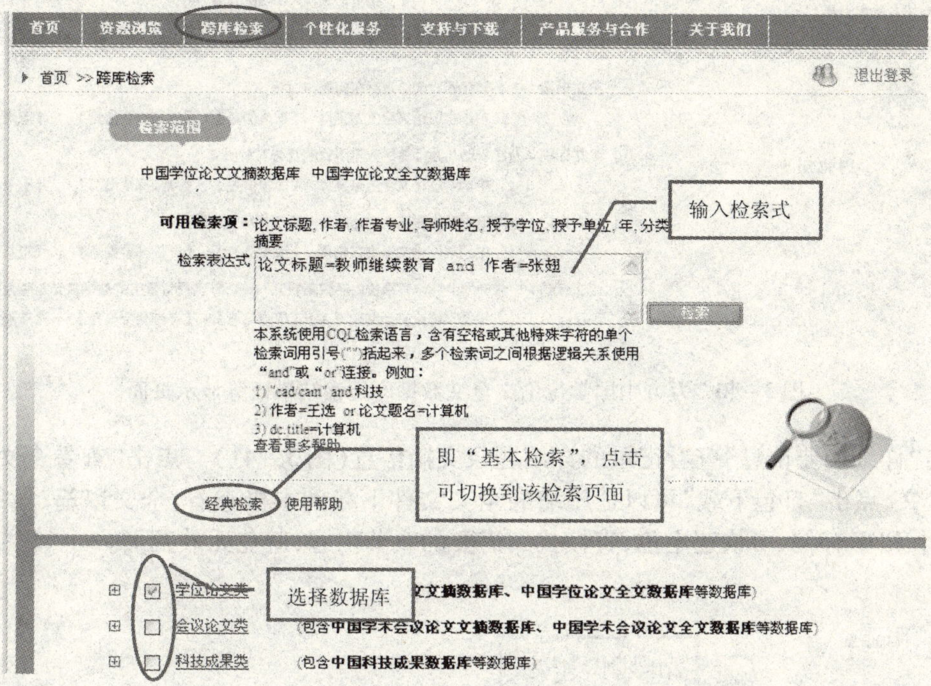

图3－39 万方中国学位论文全文数据库专业检索页面

3)专业检索

专业检索的检索入口可从页面上方的“跨库检索”进去,再点击“专业检索”进入(图3－39),再勾选页面下方资源列表中的“学位论文类”,即可在中国学位论文全文数据库和中国学位论文文摘数据库中进行跨库检索。也可只勾选中国学位论文全文数据库或中国学位论文文摘数据库进行单库检索。然后在检索表达式框中输入检索式,也可应用逻辑“and、or、not”组配出比较复杂的检索式,再点击“检索”执行检索命令。

4)检索结果处理

系统对检索结果默认显示的概览格式包括论文标题(图3－40)。在检索结果显示的上方,还提供了一个检索框,勾选后面的“在结果中检索”进行二次检索,相当于做一次and的组配,或者不勾选可重新检索。还可以对检索结果按作者、第一导师、学位年份等进行升序或降序输出显示。

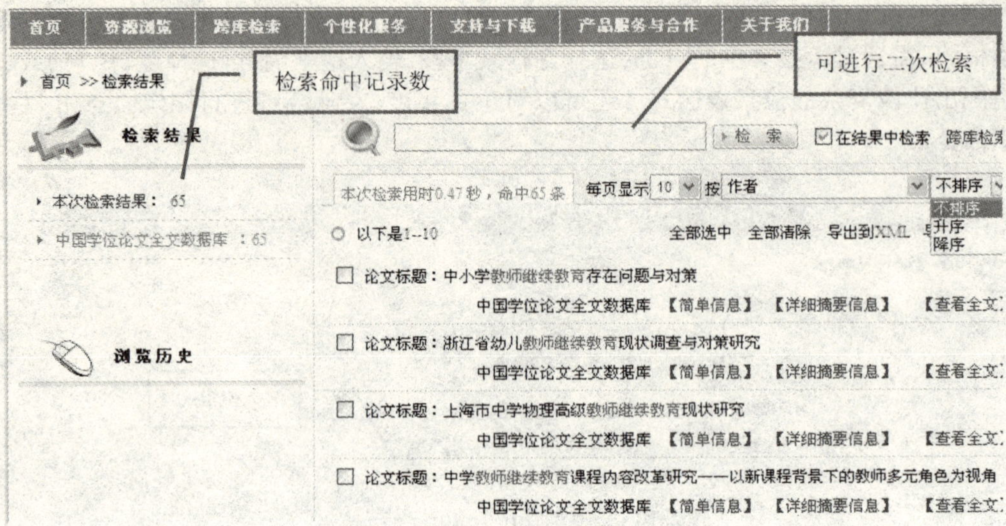

图 3－40　万方中国学位论文全文数据库检索结果概览显示页面

点击“详细摘要信息”查看记录的详细题录文摘信息(图 3－41)。点击“查看全文”可以在线浏览全文,点击“打包下载”可以把压缩的全文文件下载到本机查看,全文以篇、章结构为单位,按多个 PDF 存储,可快速定位,直接找到需要的章节内容,避免无效翻页。

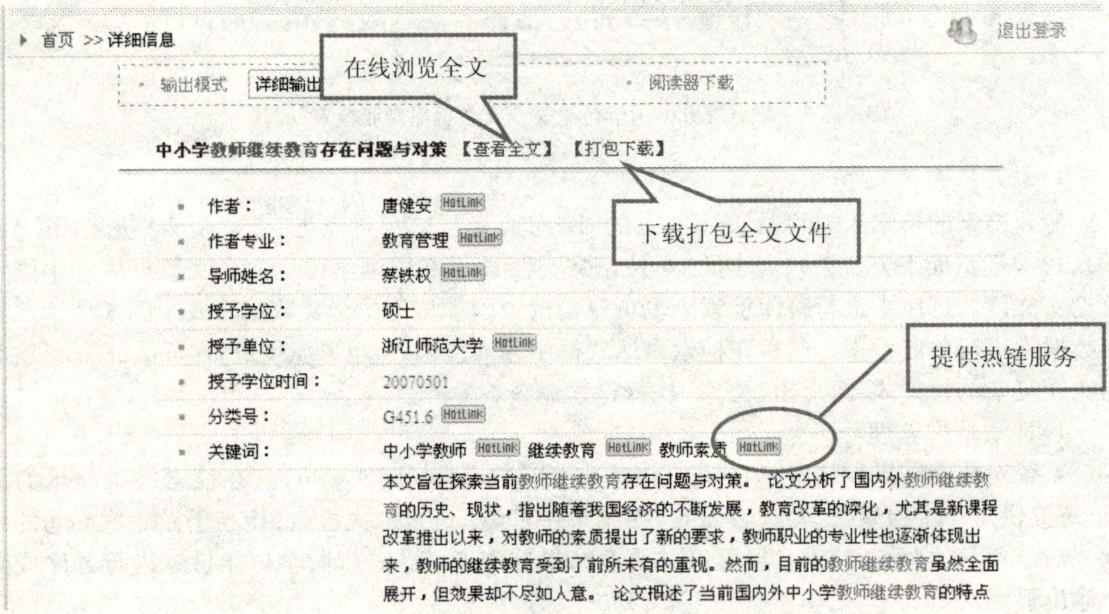

图 3－41　万方中国学位论文全文数据库检索结果详细显示页面

3.3.3 其他免费学位论文资源

3.3.3.1 国家图书馆学位论文数据库

国家图书馆学位论文收藏中心是国务院学位委员会指定的全国唯一负责全面收藏和整理我国学位论文的专门机构，也是人事部专家司确定的唯一负责全面入藏博士后研究报告的专门机构。20 多年来，国家图书馆收藏博士论文近 12 万种。此外，该中心还收藏部分院校的硕士学位论文，台湾博士学位论文和部分海外华人华侨学位论文。

为了便于永久保存，国家图书馆着手开始学位论文全文影像数据建设。博士论文全文影像资源库以书目数据、篇名数据、数字对象为内容，提供简单检索、高级检索、二次检索、关联检索和条件限定检索。现提供 10 万余种博士论文的展示浏览。资源库遵循边建设边服务的原则，后续建设的数字资源将逐步服务于读者。

登录国家图书馆主页(http://www.nlc.gov.cn/index.htm)，进入国图博士论文数据库检索页面(图 3-42)，可以免费检索并获得详细的题录摘要信息，还可免费浏览论文的前24 页。该数据库收录了不少有关教育类的博士论文。

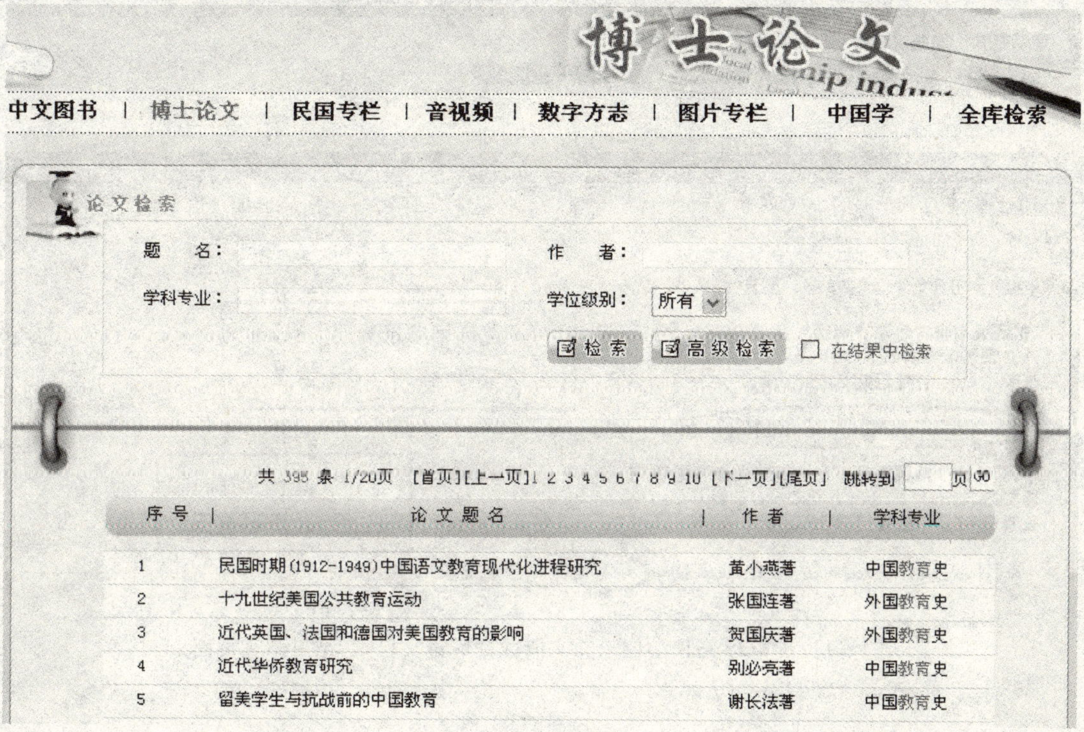

图 3-42 国家图书馆学位论文数据库检索页面

3.3.3.2 CALIS 高校学位论文文摘数据库

CALIS 高校学位论文文摘数据库是反映我国高校特点和水平的文献数据库。建设这个数据库的目的是通过对分散在各大学中各类学科的学位论文文献信息的收集、整理、建库、上网，使原始的论文信息获得升值，为国内外希望获取高校学术信息的用户提供一个方便的查询途径,起到推动高校教学、科研交流和促进发展的作用。

CALIS 高校学位论文文摘数据库由 CALIS 全国工程中心(清华大学图书馆)负责承建,83 个 CALIS 成员馆共同参建,目前有大约 25 万条学位论文文摘索引,网址为:http://etd.calis.edu.cn/ipvalidator.do。登录 CALIS 学位论文中心服务系统(图 3－43),可以免费检索并获得详细的题录摘要信息,部分论文可免费浏览前 16 页信息,系统提供学科浏览、简单检索、复杂检索、二次检索等检索方式。该数据库收录了 6 千多条有关教育类的学位论文文摘信息。

由于该数据库只收录题录和文摘,没有全文,全文服务要通过 CALIS 的馆际互借系统提供,目前这个库已经成为文献传递的一个重要的工具,受到读者的广泛欢迎。

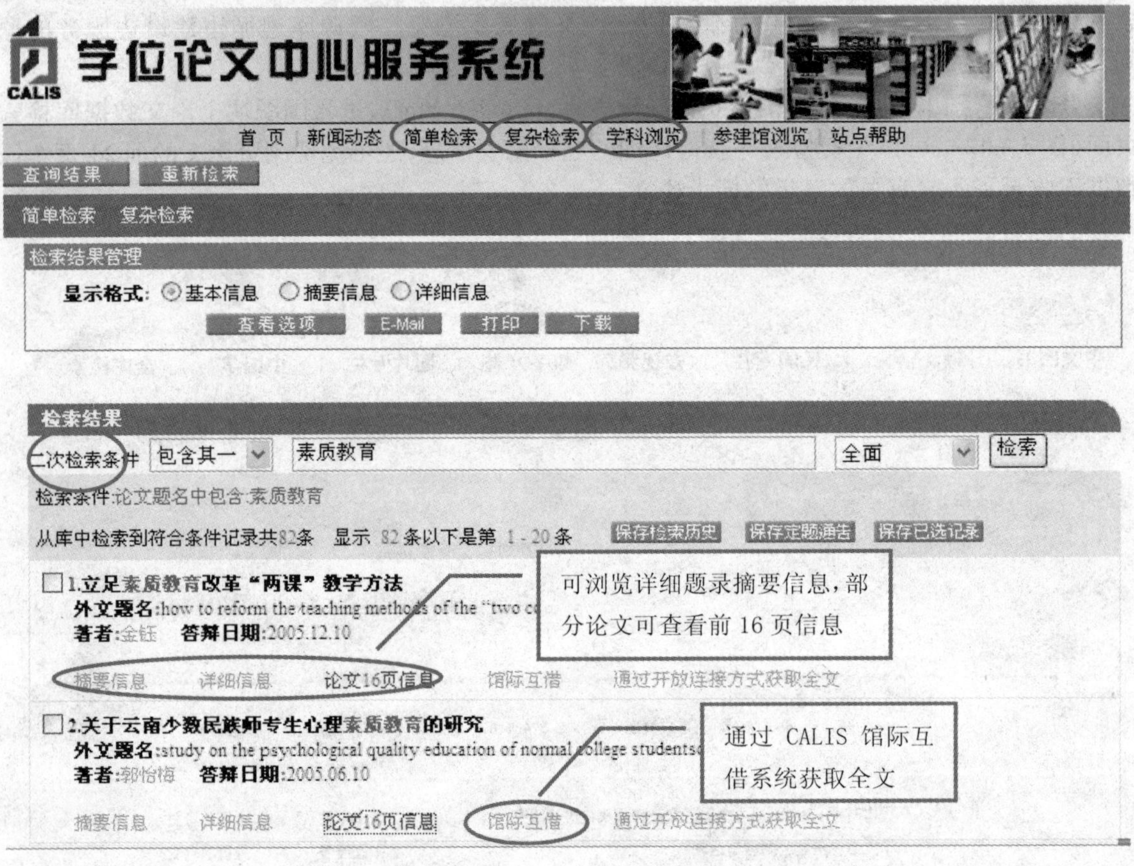

图 3－43 CALIS 高校学位论文文摘数据库论文检索、结果浏览页面

4 教育学外文数据库检索

4.1 外文电子期刊全文数据库

4.1.1 EBSCO host 数据库

4.1.1.1 数据库简介

EBSCO 公司是专门经营纸本期刊、电子期刊发行和电子文献数据库出版发行业务的集团公司,EBSCOhost 全文检索系统是美国 EBSCO 公司三大数据系统之一,1994 年起开始提供在线服务,网址为 http://search. epnet. com/。EBSCOhost 平台系列数据库涉及:自然科学、社会科学和人文科学各领域,目前共有 60 多个数据库,其中全文数据库有 10 余个。EBSCOhost 平台中与教育学科相关的主要数据库有:

Academic Source Premier(简称 ASP)。为学术期刊集成全文数据库,是全球首屈一指的多学科学术期刊全文数据库,提供了 7800 多种学术期刊的文摘和索引,近 4700 种学术期刊的全文,其中包括 3600 多种同行评审(peer-reviewed)期刊,被 SCI&SSCI 收录的核心期刊 1453 种,有 100 多种全文期刊回溯到 1975 年甚至更早,大多数期刊有 PDF 格式的全文。ASP 内容涵盖教育学、心理学、政治、金融、经济学、资讯科技、通讯传播、生物学、医药学、化学、工程学、物理学、文学、语言学、艺术、宗教、人文社会研究、信息科学、市场营销学、管理学、会计学等多学科领域的期刊,其中涉及教育学科的期刊有 630 多种。数据每日更新。

ERIC(Educational Resource Information Center,教育资源信息中心)。教育学摘要数据库,是由美国教育部、美国国家教育图书馆和教育研究与发展办公室资助的国家信息系统。ERIC 提供了 2200 多篇文摘和附加信息参考文献以及 1000 多种教育或与教育相关的期刊引文和摘要。EBSCO 的 Premier 版数据库用户可通过 ERIC 链接到 500 种期刊的全文。

Professional Development Collection(专业开发收藏库)。是世界上最全面的全文教育期刊集,此数据库为职业教育者而设计,它提供了 520 多种非常专业的优质教育期刊集,包括 350 多个同行评审期刊,还包含 200 多篇教育报告。

Teacher Reference Center(教师参考中心)。为专业教育者提供帮助,提供超过 270 种以上最受欢迎的教师及管理者期刊和杂志的文摘,还提供各种关于重要教育议题的文献,范围包括:教育评估、终身教育、当前的教学方法研究、课程发展、教学媒体、语言艺术、读写能力标准以及更多让中学小学教师及图书馆管理员参考的资料。

Research Starters-Education(教育类初学者的资源)。专为先进的高中学生,大学生和研究生而设计的学习和研究指南。

全文阅读:EBSCOhost 检索系统中的全文文献是以 PDF 格式和 HTML 格式存档,PDF 格式需 Acrobat Reader 打开及阅读。

4.1.1.2 数据库检索

(1)检索字段

系统提供 TX = ALL Text(全文)、AB = Abstrct or Author-supplied Abstract(摘要或作者增加

的摘要）、AN = Accession number（序列号）、AU = Author（作者）、TI = Title（题名）、CO = company entity（公司、组织）、IB = ISBN（国际标准刊号 - 图书）、IS = ISSN （国际标准刊号 - 期刊，无短划线）、PS = reviews&products（综述，产品）、SU = Subject terms（主题词）、KW = Author-supplied keywords（作者提供关键词）、SO = journal name（期刊名称）等等字段。

（2）检索语言与检索技巧

1）布尔逻辑算符

And：检索结果中必须出现所有的检索词，如：education and college

Or：检索结果中出现任一检索词，如：education or college

Not：检索结果中不出现 NOT 后的检索词，如 education not college

2）位置算符

Wn：两词之间可以插入 0—n 个词，前后位置不可颠倒，如 education W5 china，表示两词之间可插入 0—5 个词且两个词前后位置不可换。

Nn：两词之间可以插入 0—n 个词，次序可颠倒，education N5 china，表示两词可插入 0—5 个词且两个词前后位置可换。

" "：词组检索，表示引号内为词组，如"special education"表示检索以词组来检索。

3）截词符

＊：无限截词符，用于替代一个或连续的多个字符，通常用于检索一个词根的所有形式，如"educat＊"就可以检索到"educate"、"education"、"educational"等。

?：有限截词符，用于替代检索词当中的一个字符，通常用于检索名词单复数的不同表达或英美不同的表达，同一个检索词当中可以使用多个"?"，如 wom? n，可以检索到 woman、women、womyn。

4）优先级算符

（ ）：对检索词进行分组，确定优先执行顺序，如（education or study）not college。

5）两词之间有空格默认两词为词组关系。

（3）检索方式

系统提供基本检索、高级检索、视觉检索、其他辅助检索等检索方式。

1）基本检索（Basic Search）

根据需要选择数据库，点击继续进入，基本检索界面（图 4 - 1）目前已经 Google 化，方便读者使用，例如输入 preschool education。

2）高级检索（Advanced Search）

①在检索框内输入各检索词

高级检索（图 4 - 2）可分为单库高级检索和多库高级检索，单库高级检索时出现的检索字段为这个库支持的所有检索字段，多库高级检索可检索的字段比单库少，为各个数据库所共有的检索字段。高级检索可以使用布尔逻辑运算符确定检索词之间的关系，检索结果比基本检索更为准确，可以对检索结果做限定和扩展检索范围。

②设定检索条件

- "Full Text"：只限检索有全文的文章。
- "Reference Available"：必须有参考文献。
- "Scholarly（Peer Reviewed）Journals"：仅限在同行评审期刊中检索。

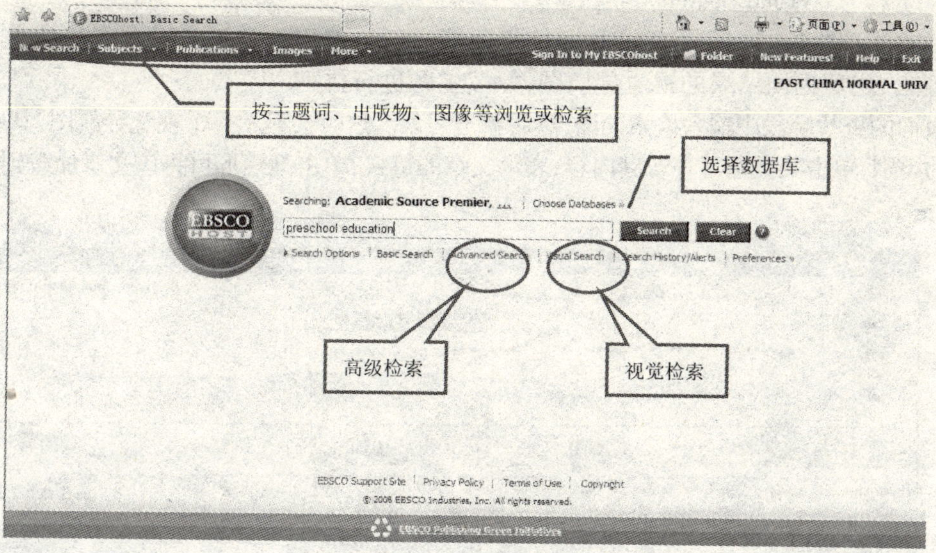

图 4－1　基本检索界面

- “Published Date”：可选择一个时间范围进行检索。
- “Publication Type”：出版物类型限定(期刊论文、报纸、图书、其他文献等)。
- “Document Type”：指定在某种文献类型中进行检索,如摘要、文章、目录等等。
- “Number Of Pages”：可限定全文的页数范围。
- “Cover Story”：封面报导,只选在期刊封面上着重介绍的文章。
- “Also search within the full text of the articles”：同时在文章的全文范围内搜索。
- “Apply related words”：适用于相关的关键词。

不同的数据库还有特定的限定条件。

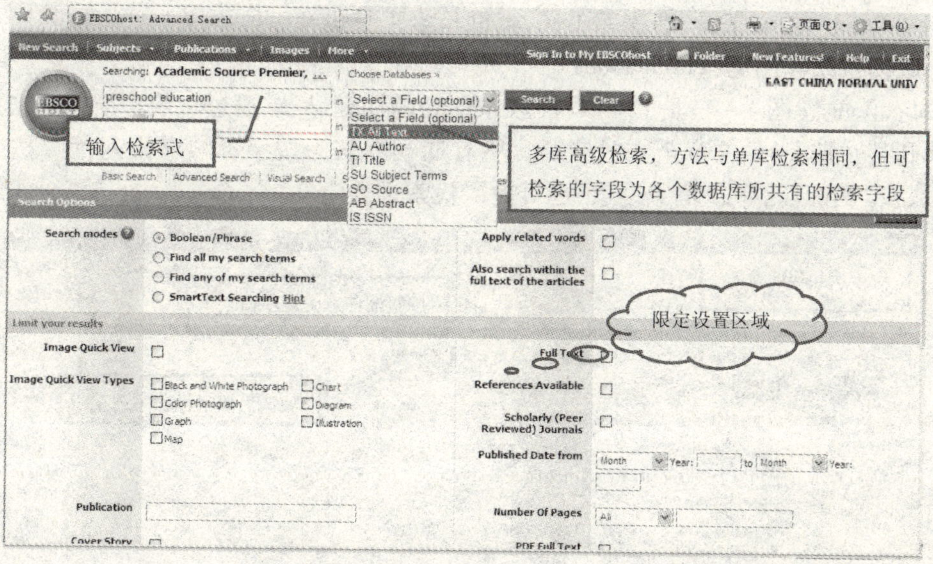

图 4－2　高级检索界面

3)视觉检索(Visual Search)

视觉检索(图4-3)需要安装Java控件才能运行。使用视觉检索可在广泛的主题中高效地进行搜索,之后返回结果的视觉导航图,并按主题进行排列。

在页面的查找字段中输入检索词语,然后单击搜索。这时会显示一个视觉导航图,其中包含:表示结果的类别,单击某类别可查看其内容;表示文章的链接,单击某矩形可将该文章加载到窗格中。

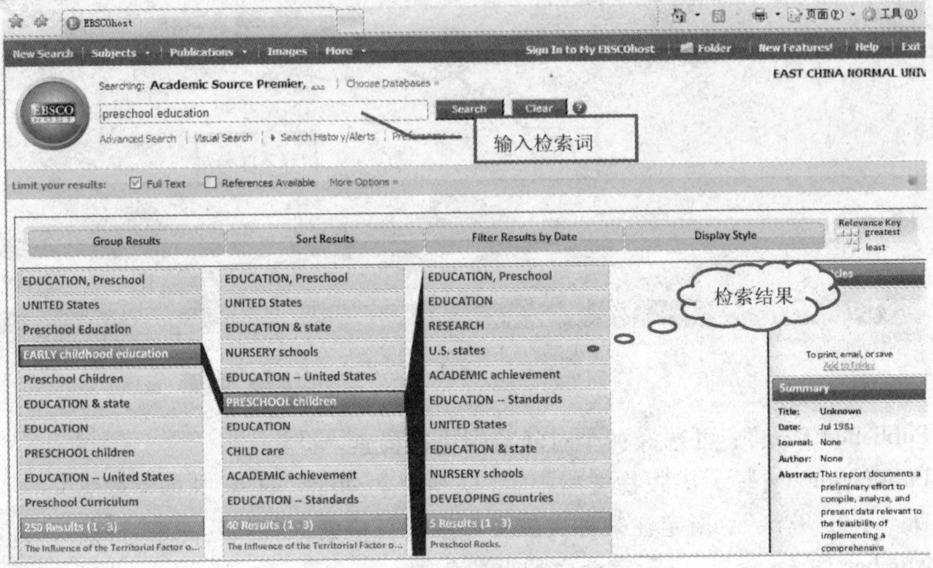

图4-3　视觉检索界面

4)其他辅助检索

如果选择在单个数据库内检索,还有参考文献检索(Cited References)、图像检索和浏览(Images)、出版物检索和浏览(Publications)、主题词检索和浏览(Subject Terms)、索引检索和浏览(Indexes)等辅助检索工具,数据库不同,辅助检索工具也会有所不同。

①出版物检索和浏览(Publications)

"Publications"(图4-4)是EBSCO所收录期刊的期刊导航,通过一层一层的点击最终浏览到某一期刊某一期/卷的文章全文或摘要。所有期刊默认为按字母顺序排列,可"按主题和说明"浏览或按"匹配任意关键字"检索,也可输入检索词检索。

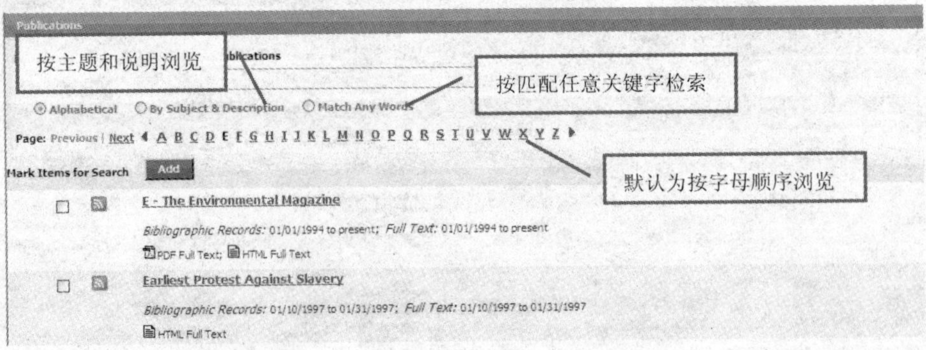

图4-4　出版物检索和浏览界面

②主题词检索和浏览（Subject Terms）

"Subject Terms"（图 4－5）提供规范化主题词一览表，可以查看主题词的详细信息，可以对主题词的下位类或相关词进行检索。选中"Explode"，可以进行下位类扩展检索。系统将不仅对该主题词进行检索，还对该主题词的下位类进行检索。选中"Major Concept"，可以进行相关词扩展检索。通过主题词来检索从而提高检索的检准率和检全率。

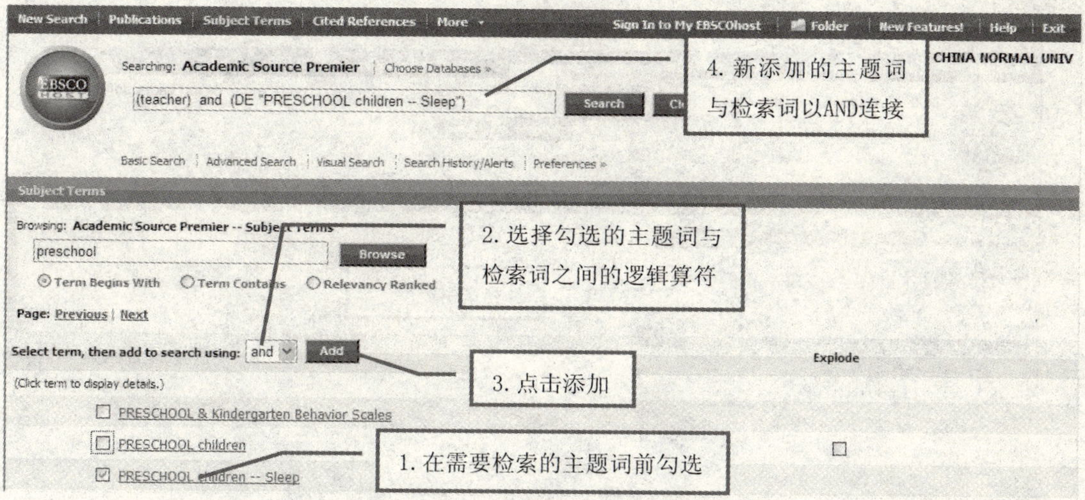

图 4－5　主题词检索和浏览界面

③参考文献检索和浏览（Cited References）

"Cited References"（图 4－6）可以对文章后引用的参考文献作者、标题、出处、年份等进行检索。单库检索时适用，可检索文献被引情况。

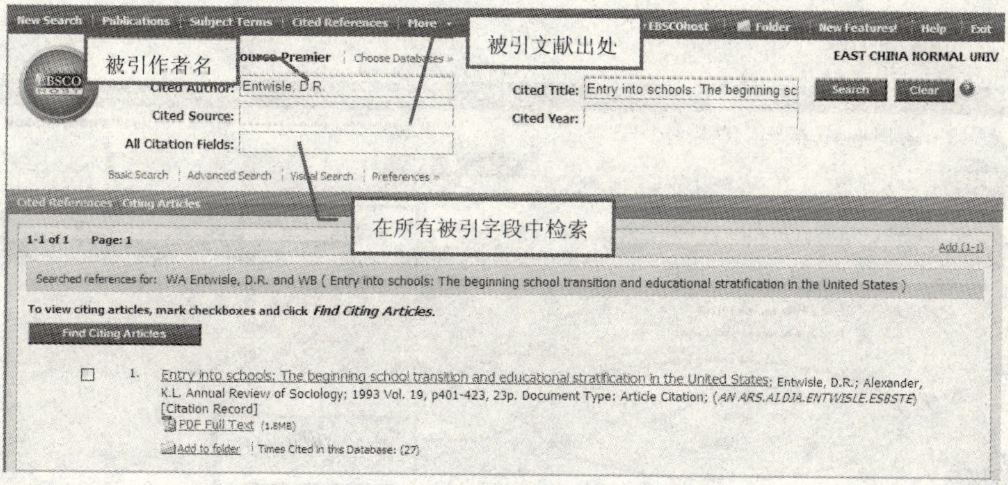

图 4 6　参考文献检索和浏览界面

④索引检索和浏览（Indexes）

"Indexes"（图 4－7）提供 EBSCO 数据库自建的索引一览表，有：作者索引、关键词索引、公司索引、文献类型索引、邓氏编码索引、输入日期索引、地理名词索引、标题索引、ISBN 索引、ISSN 索引、期刊名称索引、语种索引、北美工业分类系统索引、人物索引、综述与产品索引、主题词索引、股票代号、出版年份索引等，可以通过它们来浏览或辅助检索。例如，在"作者提供关键词"中查找 preschool，点击"Browse"，系统将显示与之相同及相似的记录，勾选一项或多项，再选择"and"、"or"或"not"组配关系，点击"Add"按钮，使相应记录添加到检索框中，即可查找相关记录。

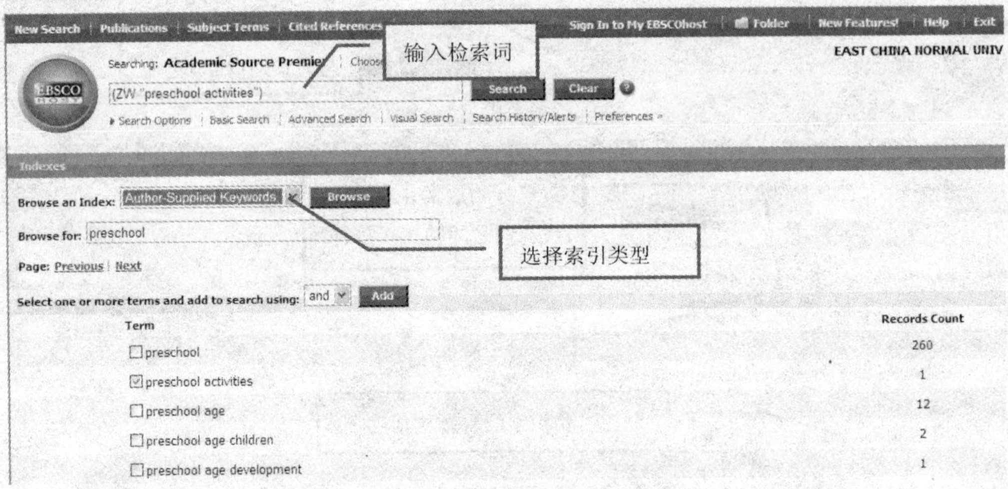

图 4－7　索引检索和浏览界面

⑤图像检索和浏览（Images）

"Images"（图 4－8）可以对文章中的图像进行检索。ASP 是少数几个提供图像检索功能的数据库之一，在这里，用户可以检索特定种类的图像，包括人物、自然科学、地点、历史、地图、旗帜等各方面的图像。

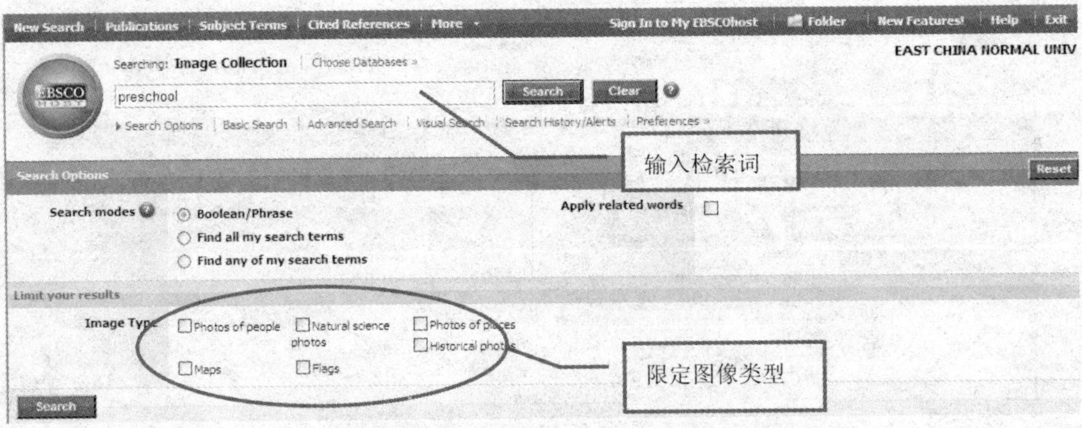

图 4－8　图像检索和浏览界面

5）检索结果处理

EBSCO 对检索结果的处理提供结果浏览、标记记录等功能。

①结果浏览

检索结果（图 4－9）以题录形式列表，显示每条记录的题名、文摘、刊名、作者、出版者、出版地、出版日期、卷期、页码范围、页数等。可以选择按不同文献类型查看检索结果，可以改变检索结果的排序方式。EBSCO 中提供全文的文献可下载全文，部分不提供全文的文献只能看摘要信息。全文有两种显示方式。

"HTML Full Text"：全文是 HTML 格式，可以联机阅读，并可保存成 Word 文件。

"PDF Full Text"：全文是 PDF 格式，需要 Acrobat Reader 阅读器打开阅读。

②标记记录

可以对每条记录作标记，点击"Add to folder"就可将需要的结果添加到文件夹中，也可以点击"Remove from folder"删除做过标记的记录，对标记过的记录可以进行显示、打印、存盘及 E-mail 发送。

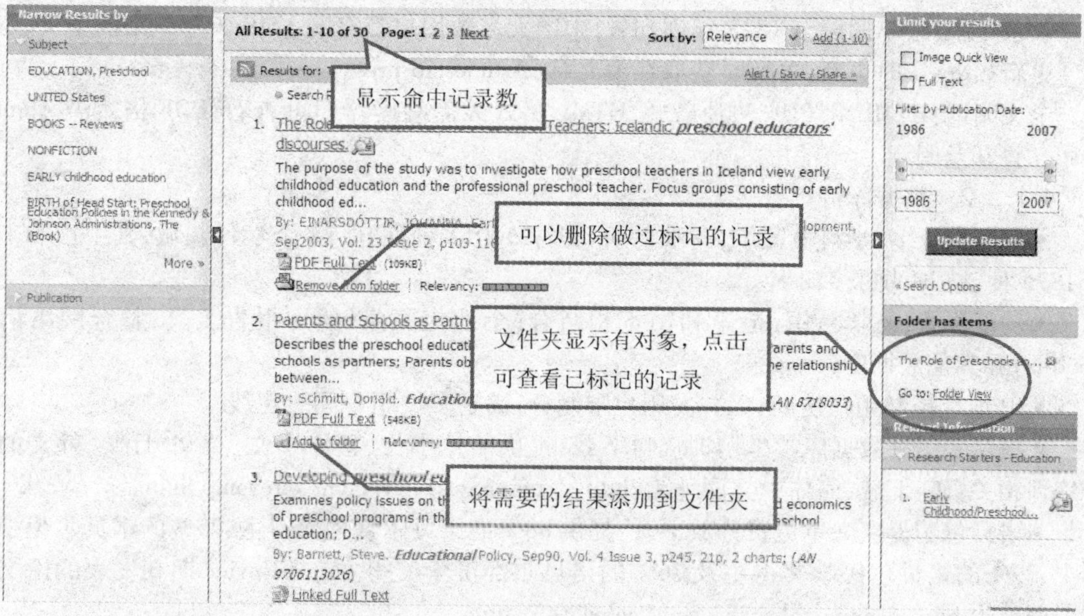

图 4－9　检索结果页面

4.1.2　Elsevier Science Direct 全文电子期刊数据库

4.1.2.1　数据库简介

Elsevier Science（爱思唯尔）公司是世界著名的学术出版集团，1580 年于荷兰创立。除了出版图书外，Elsevier 公司还是当今世界最大的学术期刊出版商，出版有 2500 多种学术期刊（包括近年来兼并的美国 Academic Press 出版的 170 多种学术期刊），其中涉及教育学领域的期刊有 49 种。从 1997 年开始，该公司推出了名为"Science Direct"的电子期刊计划，将该公司出版的全部印刷本期刊转换为电子版，并使用基于浏览器开发的检索系统"Science Server"，这项计划还包括了对用户的本地服务“Science Direct Onsite”(SDOS),即在用户本地服务器上安装Science Server和用户购买的数据,同时每周向用户邮寄光盘以更新数据。2006年8月起,SDOS数据库改为Science Direct Online(SDOL)数据库,直接连通国外的服务器。SDOL版面全面更新,不论从外观上还是导航的易用性上都有了很大的改变。目前,用户可通过Science Direct在国外的主服务器直接访问SDOL数据库。

Science Direct是Elsevier公司的核心产品,是全学科的应用最广泛的全文数据库,集世界领先的经同行评审的科技和医学信息之大成,得到130多个国家1100万科研人员的认可,是中国用量最高的外文数据库,中国高校每月下载量高达250万篇。登陆Science Direct网站(http://www.sciencedirect.com/)可免费看到所有图书和期刊的摘要信息。

收录范围:包括数学、物理学、生命科学、化学、计算机科学、临床医学、环境科学、材料科学、航空航天、工程与能源技术、地球科学、天文学以及经济学、商业管理、教育学、心理学等人文社会科学,涵盖了几乎所有学科领域。同时,还可以通过该平台访问Elsevier图书资源,包括51本参考工具书,150套系列丛书,164部手册,6000多种电子图书等。截止到2009年3月,该平台共收录了946余万篇期刊和图书全文文章。

收录年限:最早回溯至1823年创刊号,中国大多数用户都订购了1995年以来的全文。

更新频率:实时更新,可及时获取在编文章(Articles in press)。

全文阅读:HTML和PDF两种格式,HTML格式无需阅读器即可查看;PDF格式需Acrobat Reader打开及阅读。

4.1.2.2 数据库特点

• 期刊数量多,学科覆盖广,高水平期刊多:2500多种期刊,24个学科领域,其中被SCI收录1375种,被EI收录522种。

• 功能强大,易学易用:检索和浏览相结合;个性化服务;使用报告工具;整合网络信息(Scirus)和其他数据库(Scopus)。

• IP地址控制用户访问:无并发用户限制,可满足多位用户同时在线。

• 提供多语种数据库参考培训资料下载:提供简体中文、繁体中文、英文、日文、韩文的参考培训相关资料下载,简体中文网址为:http://china.elsevier.com/sdrevamp.htm。

• 诺贝尔奖得主文章免费开放下载:提供88%的诺贝尔物理奖得主、95%的诺贝尔化学奖得主、79%的诺贝尔医学奖得主及76%的诺贝尔经济学奖得主在Elsevier期刊发表的论文全文。网址为http://china.elsevier.com/nobel2007.htm。

4.1.2.3 数据库检索

(1)检索字段

系统提供ALL Fields(所有字段)、Abstract-Title-Keywords(文摘-题名-关键词)、Author(作者)、Specific Author(特定作者)、Source Title(刊名)、Title(标题)、Keywords(关键词)、Abstract(摘要)、References(参考文献)、ISBN(国际标准书号)、ISSN(国际标准刊号)、Affiliation(作者所属机构)、Full Text(全文)等13个字段。

(2)检索语言与检索技巧

1)布尔逻辑算符

AND:同时出现在文章中,如:education AND college

OR:其中一个出现在文章中,如:education OR college

AND NOT:后面所跟的词不出现在文章中,如 education AND NOT college

2)位置算符

W/n:两词相隔不超过 n 个词,词序可颠倒,如 quick w/3 response

PRE/n:两词相隔不超过 n 个词,词序不可颠倒,如 quick pre/2 response

3)短语检索

" ":宽松短语检索,标点符号、连字符、停用字等会被自动忽略,如"heart-attack"

{ }:精确短语检索,所有符号都将被作为检索词进行严格匹配{c++}

4)通配符

*:取代单词中的任意个(0,1,2…)字母,如 transplant *,可以检索到 transplant、transplanted、transplanting 等。

?:取代单词中的1个字母,如 wom?n,可以检索到 woman、women。

5)优先级算符

():定义检测词顺序,例:(remote OR satellite) AND education。

6)拼写方式

当英式与美式拼写方式不同时,可使用任何一种形式检索,例:behaviour 与 behavior;psychoanalyse 与 psychoanalyze。

7)单词复数

输入名词单数形式可同时检索到该单词的单数、复数及所有格形式,但不规则复数变化除外。例:输入 city,可以检索到 city、cities、city's、cities' 等。输入 bonus,检索不到 bonuses,只能用 or 连接单复数。

8)支持希拉字母 α,β,γ,Ω 检索(或英文拼写方式),如检索 Ω,可输入 Ω 或 omega。

9)上下标字符按普通字符输入。例:检索化学分子式"H2O",输入"H2O"即可。

10)法语、德语中的重音、变音符号,如 é,è,ä 均可以检索。

11)作者检索

- 关键词:作者名
- 作者姓名输入方法:先输入名的全称或缩写,然后输入姓,例如 r smith,jianhua zhang。
- 临近符可以用于作者检索,例如 raymond W/3 smith 可检索到 Raymond Smith、Raymond J. Smith 和 Raymond J.。
- 增加"Specific author"字段,作者检索更加准确,限定 Authors 字段,则意味着检索词出现在 Authors 字段中,但可能来自不同作者的名字;限定 Specific author 字段,则意味着检索词必须出现在同一个作者的名字中。

(3)检索方法

系统提供浏览、快速检索、高级检索、专业检索等4种检索方式。

1)浏览(Browse)

进入 Science Direct 平台主页,即可在页面左栏直接看到浏览功能区,也可点击页面上方的"Browse"按钮切换到浏览界面。浏览期刊界面(图 4-10)为系统默认的检索界面。Science Direct 的浏览功能提供按期刊刊名的字母顺序和按学科分类两种浏览检索方式。

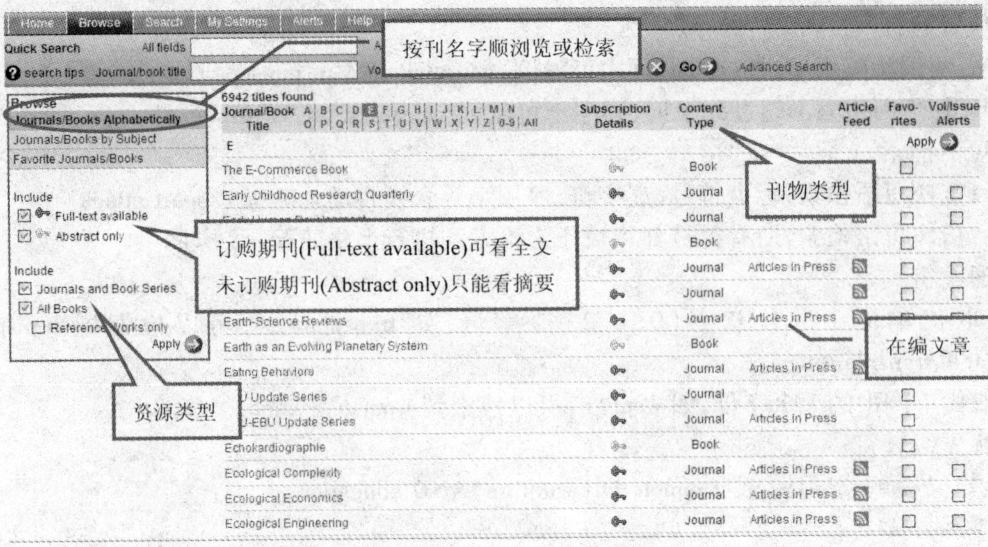

图 4－10　刊名字顺浏览界面

①刊名字顺浏览

将所有期刊按刊名字母顺序“A—Z”排列起来，如果用户已知某一种 Elsevier 出版的期刊名称，想查看此刊上的文章，可按刊名逐卷逐期地点开直接阅读。

• Subscription Details：订阅详情，订购的可看全文，未订购的只能看文摘。

• Content Type：由于 Science Direct 已将书、期刊等不同类型的出版物都整合在一个平台上，所以出版物名称后会提示该出版物类型。

• Article In Press：如有提供，还会有出版社的在编文章(待刊文章)。

• Article Feed：提供期刊 RSS 订阅，用户订阅后可获所订阅期刊的文章的题目、作者等信息。

• Favorites List：勾选后可将该出版物加入你的最爱。

• Vol/Issue Alerts：可为特定的出版物创建卷数/刊数提示。

②学科分类浏览

Science Direct 将期刊按 24 个学科类目分类(图 4－11)，如果用户想了解教育学科领域 Elsevier 出版有哪些期刊，并查看这些期刊上的文章，就可选择按学科分类浏览方式。教育学科的期刊分在“Social Sciences and Humanities”大类下，再点击二级类目“Social Sciences”，再点击三级类目“Education”，可看到 Science Direct 共收录了有关教育学的期刊 49 种、图书/丛书/参考工具书的章节文章 61 篇。点击某一刊名，可查看该刊详细介绍，可浏览该刊所有年份的文献，还可提供该刊的 RSS 订阅等。

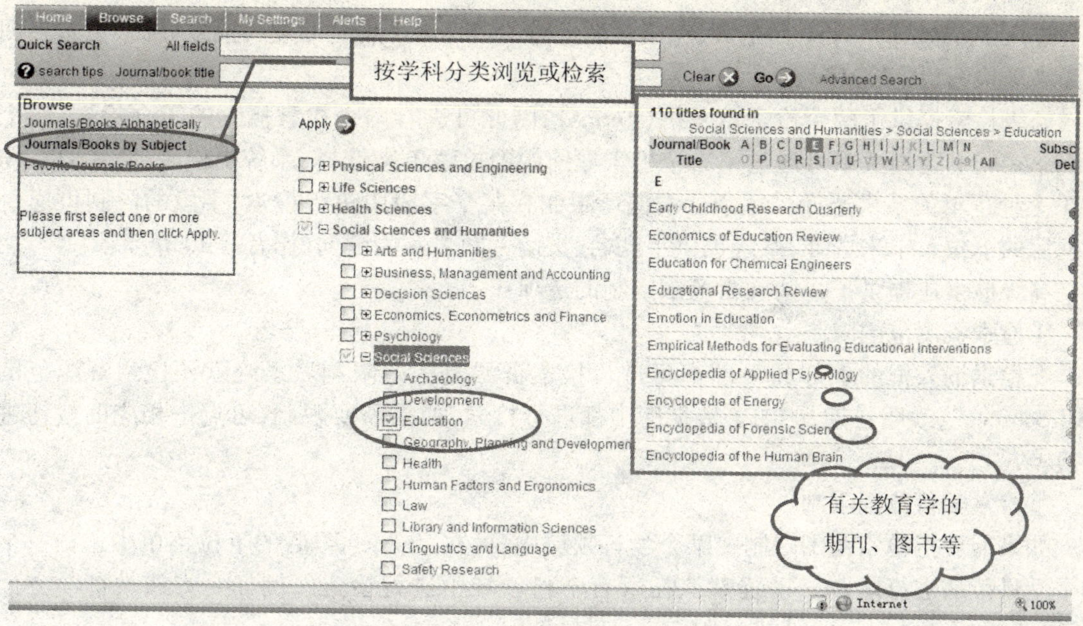

图 4－11　学科分类浏览界面

2）快速检索（Quick Search）

进入 Science Direct 平台主页，可在页面上方直接看到快速检索功能区（图 4－12）。快速检索方式提供三个检索入口：

- ALL Fields（所有字段）：在该检索框中输入的检索词，系统自动在所有字段中进行检索。
- Author（作者）：可以检索某个作者的文章。例如输入 J. Smith，可以检索出 Thomas J. Smith、J. Terry Smith、J. M. Smith 等作者字段中包含 J. Smith 的所有作者的文章。
- Journal/book title（刊/书名）、Volume（卷）、Issue（期）、Page（页）：可以对某种期刊的某卷、某期、某页的文章进行检索。

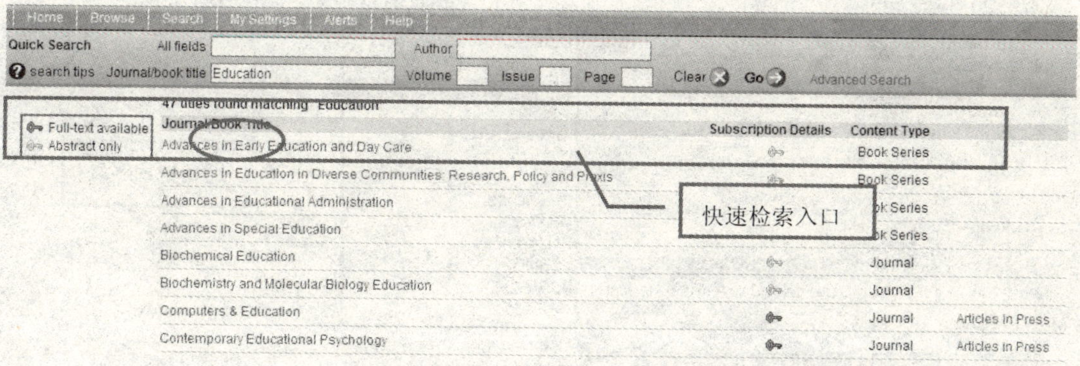

图 4－12　快速检索界面

3)高级检索(Advanced Search)

进入 Science Direct 平台主页,点击页面上方的"Search"按钮可进入检索界面,检索界面默认为高级检索(图 4-13)。

高级检索提供了两个检索输入框(Terms),因此可进行两个检索概念的组合检索,两个检索概念之间的逻辑关系可通过第二个检索框前的下拉菜单来选择,系统提供了 AND、OR、AND NOT 三种逻辑关系供选择。每个检索框可限制在某个字段中进行检索,字段的限制可通过检索框后的下拉菜单来选择,系统提供了刊名、文摘-题名-关键词、作者等 13 个字段。

高级检索还提供了一些检索范围限制的选项:

①检索资源范围限制

在检索输入框的上部和下部都可进行检索资源范围的限制。系统默认检索资源范围为"All Sources",表明在期刊、图书数据库中都进行检索,如果需要限制,可点击相应的按钮进行切换。

②检索学科范围限制

如果需要把检索范围限制在某个学科领域中,可在"Subjects"后的下拉菜单中选择一个或多个学科范畴进行限制。系统默认在所有学科领域中进行检索。例如要查找教育学方面资料,可选择"Social Sciences"进行限定。

③时间范围限制

如果需要对检索的时间范围进行限制,可在"Dates"后面进行选择。系统默认在所有年份即从 1823 年到现在进行检索。

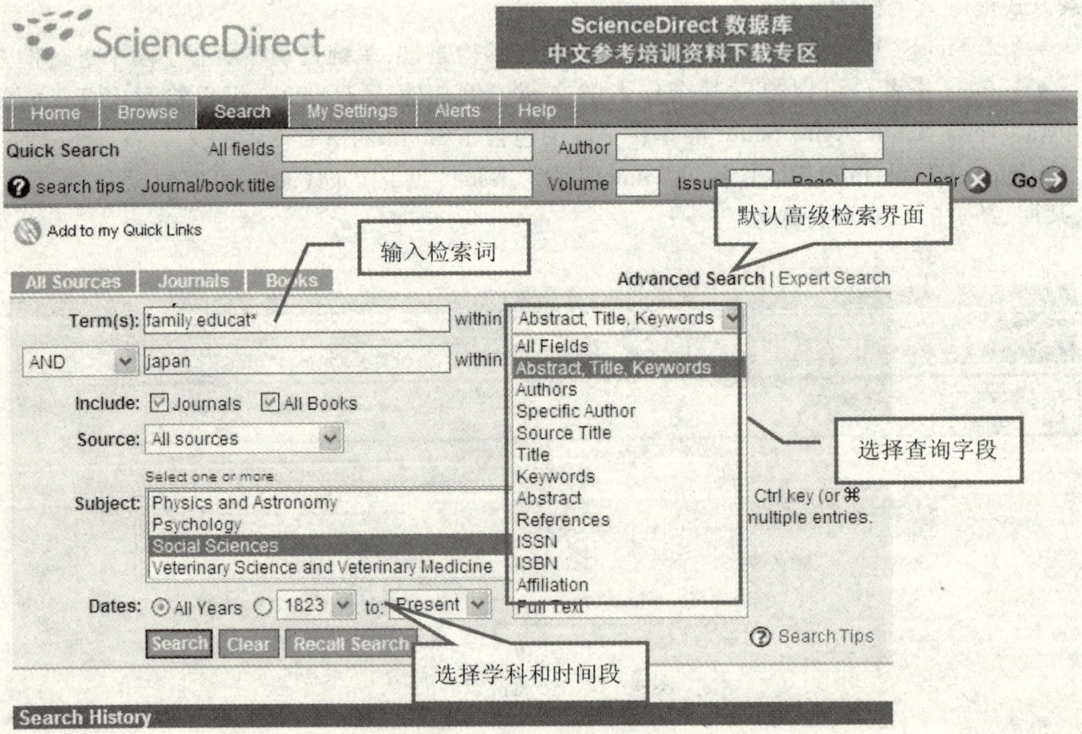

图 4-13 高级检索界面

(4)专业检索(Expert Search)

如果检索的主题比较复杂,一两个检索概念组配还无法表达所需检索的主题,则需要利用专业检索功能进行更多概念的组合。

进入 Science Direct 平台主页,点击页面上方的"Search"按钮可进入检索界面,再点击"Expert Search"即可进入专业检索界面(图 4 - 14)。

专业检索界面分为上下两个区,即检索策略输入区和检索结果的限定区。

检索策略输入区提供了一个检索框,在此需要输入完整的检索式进行检索,检索式的模式为:字段名称(检索词)布尔逻辑算符 字段名称(检索词),例如输入检索式"Title-Abstr-Key(adult education) AND Abstract(marketi?ation) AND Affiliation(University of Hong Kong)"。

检索结果限定区中检索范围的选项与高级检索是一样的,可参见高级检索。

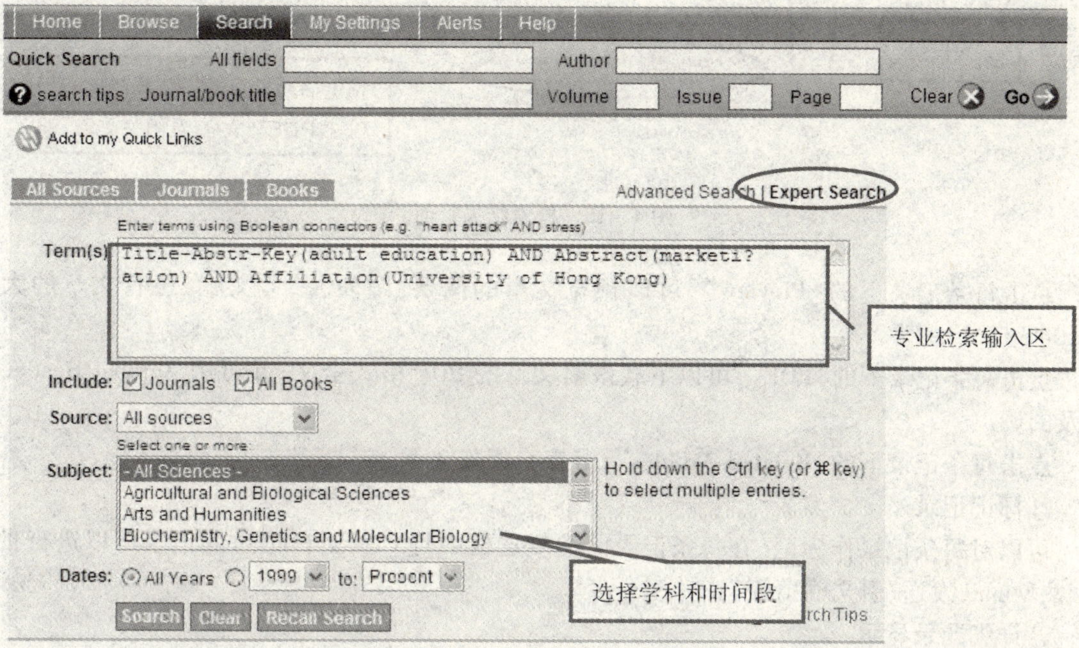

图 4 - 14　专业检索界面

(5)检索结果处理

采用上述检索方式执行检索后,默认的检索结果页面(图 4 - 15)如下:

①结果浏览

在默认的检索结果页面中,系统以题录列表形式列出检索结果,可按出版时间或相关度进行排序,显示每条记录的题名、来源(刊名/书名、卷、期、年月、页码)、作者等。还可对检索结果按 Conten Type(类型)、Journal/Book Title(来源期刊/书)、Year(年代)等进行查看分析。

页面上方还有一些功能链接和入口,如点击"Edit Search",可对前面的检索式进行重新编辑和输入,执行新的检索。点击"Save Search",可以保留前面的检索式,供以后检索调用。点击"Save as Search Alert",设置检索提示,同一个检索式有了新的检索结果,可随时获得最新文章通知。页面左边有个"Search Within Results"输入框,可输入检索词进行二次检索。

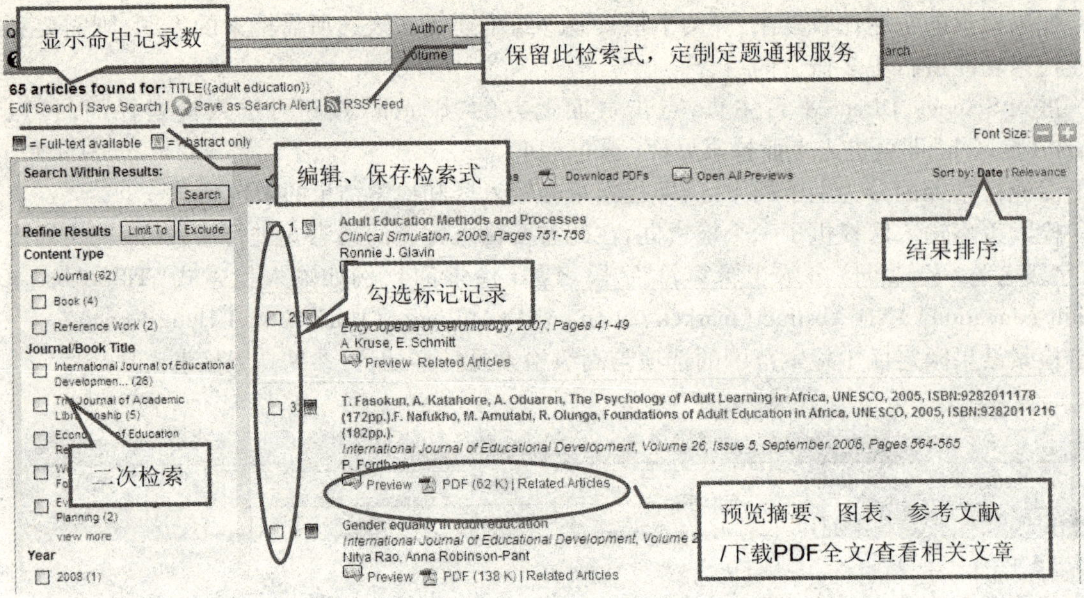

图 4－15　检索结果页面

点击每条记录下的“Preview”，可以预览文章的摘要、图表、参考文献，还有文章的大纲（Article Outline）。

点击每条记录下的“PDF”，可以下载该篇文章的 PDF 格式全文，并可用 Acrobat Reader 打开及阅读。

点击每条记录下的“Related Articles”，可查看相关文章。

②标记记录

可以对每条记录作标记（在每条记录前的复选框中打√），对标记过的记录可以进行批量下载、E-mail 发送、引文输出等。

③详细题录显示

点击每条记录的题名，进入文章详细信息页（图 4－16），可查看 HTML 格式全文。该格式还提供文章大纲以及参考文献等的一些链接。该页面还提供了文章工具箱：

“Download PDF”：下载该篇文章的 PDF 格式全文。

“E-mail Article”：? E-mail 发送文章。

“Save as Citation Alert”：? 设置引文提示，可随时了解引用该篇文章的最新文章。

“Export Citation”：输出引文。可以将该篇文献按所需格式输入到书目管理工具中，如 EndNote、RefWorks。

“Citation Feed”：引文更新 RSS 订阅。

“Cited By”：列出印证文献。

“Add to my Quick Links”：添加到我的快速链接中，需注册个人账户。

“Add to 2collab”：添加到 2collab 中。2collab 是一个用于科学合作的免费在线平台，使得研究人员能够添加、分享和评价书签、标签资源以及添加评论和创造论题组。

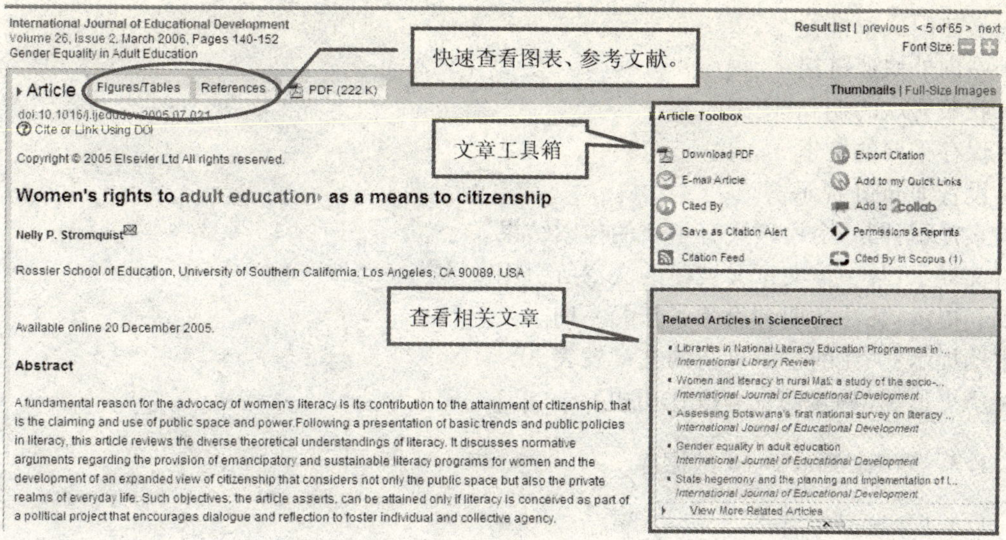

图 4－16　详细题录信息页面

“Cited By in Scopus”:列出被 Scopus 数据库引用的次数。Scopus 是 Elsevier 公司推出的多学科导航的数据库,是目前全球最大的文摘和索引数据库。

(6)个性化服务

点击页面上方的“My Settings”,可进入个性化服务区(图 4－17)。在使用个性化服务前需先注册个人帐户,已注册用户要进行登录,登录后界面如图 4－17。

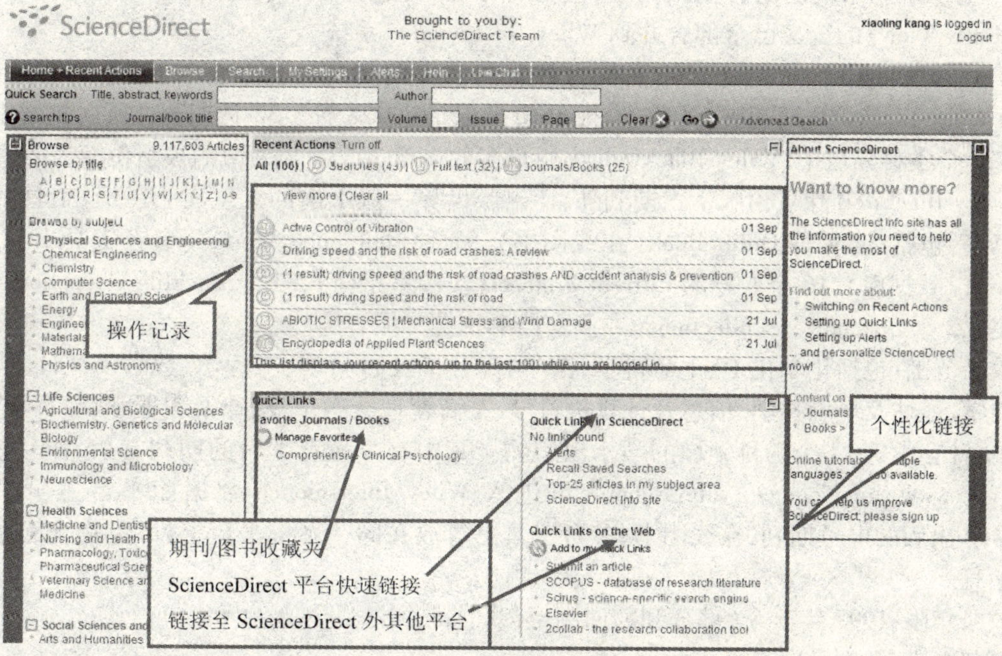

图 4－17　个性化服务界面

个性化服务提供了如下功能：

- 最热门文章推荐
- 站内外快速链接
- 收藏喜欢的期刊/图书
- 保存重要的检索
- 设置 E-mail 提示

检索提示：同一个检索式有了新的检索结果。

引文提示：某一篇文章又被新的文章所引用。

期刊提示：关注的期刊出版了新的一期。

主题提示：关注的主题有新的文章发表。

- 历史追踪（检索历史与操作历史）

4.1.3 Wiley-Blackwell 数据库

4.1.3.1 数据库简介

Wiley-Blackwell 是世界领先的学协会出版商，具有最为广阔的学科跨度。John Wiley & Sons Inc. 创立于 1807 年，是全球历史最悠久、最知名的学术出版商之一，经过 200 年的发展，John Wiley 已经在全球学术出版、高等教育出版和专业及大众图书出版领域建立起了卓越的品牌，成为全球唯一一家业务涵盖这三大领域并处于领先地位的独立出版商。2007 年 2 月 John Wiley & Sons，Inc. 收购英国最大的学术期刊出版机构 Blackwell Publishing Ltd. 并将其与自己的科学、技术及医学业务（STM）合并组建 Wiley-Blackwell，Wiley-Blackwell 由来自双方公司的团队共同管理，是整合两家机构的专长而创立的新品牌。自 2008 年 6 月 30 日起，Blackwell Synergy 电子期刊系统的所有期刊内容，包括所有现刊、过刊和早于论文出版时间提供浏览的期刊（Early View）的全文已全部合并到 Wiley InterScience 系统。

Wiley-Blackwell 出版超过 1400 种同行评审的学术期刊，根据 2006 年 ISI 期刊引用报告，849 种 Wiley-Blackwell 期刊被 ISI 收录，被 SSCI 收录的有 228 种。32 种期刊在所属领域排行第一，在 38 个学科领域中，Wiley-Blackwell 出版最多的文章，在 35 个领域的被引份额为第一。

Wiley-Blackwell 除了出版学术期刊外，还出版世界一流水准的大型实验手册、工具书和电子图书等，包括 5994 种 OnlineBook（在线图书），97 种 Reference Works（参考工具书），12 个 Database（/数据库），16 个专题的 Current Protocol（实验室指南），33 个 Backfile Collections（回溯文档集），2 个 Specialized Collections（专业文档集）。

收录范围：包括化学化工、生命科学、医学、高分子及材料科学、工程学、数学及统计学、物理及天文学、地球及环境科学、信息及计算机科学、工商管理金融学、法律及犯罪学、教育学、心理学、人文社会学等 14 个学科领域的学术出版物。其中有关教育学科的期刊有 96 种。登陆网址 http://www.interscience.wiley.com/，可进入 Wiley Interscience 数据库平台主页，Wiley-Blackwell 出版的电子期刊、在线图书、参考工具书等放在同一系统平台上，可免费查阅题录和文摘信息。

收录年限：1997 年至今（部分刊物回溯至创刊）的全文。

更新频率：数据随时更新。

全文阅读：HTML 和 PDF 两种格式，HTML 格式无需阅读器即可查看；PDF 格式需 Acrobat

Reader 打开及阅读。

4.1.3.2 数据库检索

(1)检索字段

系统提供 ALL Fields(所有字段)、Publication Titles(出版物名称)、Article Titles(题名)、Author(作者)、FullText/Abstracts(全文/摘要)、Author Affiliation(作者机构)、Keywords(关键词)、Funding Agency(基金组织)、ISBN(国际标准书号)、ISSN(国际标准刊号)、Article DOI(文章 DOI 号)、References(参考文献)等 12 个字段。

(2)检索语言与检索技巧

1)布尔逻辑算符

and:检索结果中必须出现所有的检索词,如:education and college

or:检索结果中出现任一个检索词,如:education or college,Wiley 平台中可用逗号“,”做为“or”的简化形式,如:education or college 可用 education,college 来代替

Not:检索结果中不出现 Not 后的检索词,如 education not college

2)位置算符

Near/n:两词之间可以插入 0—n 个词,次序可颠倒,如 education Near/5 china,表示两词可插入 0—5 个词且两个词前后位置可换。

" ":精确短语检索,表示引号内为词组,检索时将进行严格匹配,如"special education"。

3)截词符

:无限截词符,用于替代一个或连续的多个字符,如“educat”就可以检索到 educate、education、educational 等。

?:有限截词符,用于替代检索词当中的一个字符,同一个检索词当中可以使用多个“?”,如检索 analy? e,可以检索到 analyze,analyse。

4)优先级算符

( ):对检索词进行分组,确定优先执行顺序,如(education or study)not college

(3)检索方法

系统提供浏览、基本检索、高级检索、Web 站点全文检索、缩写词检索等 5 种检索方式。

1)浏览(Browse)

进入 Wiley InterScience 平台主页,即可在页面正中直接看到浏览功能区,系统提供了按主题浏览和按出版类型浏览两种辅助检索工具。

①主题浏览(Browse by Subject Area)

Wiley InterScience 分为 14 个主题大类(图 4-18),在每个主题大类下又分为若干个子类,可以按字母顺序浏览;每个主题类都包含了各种出版类型,可以按出版类型浏览。如果用户想了解教育学科领域有哪些期刊,并查看这些期刊上的文章,就可选择按主题浏览方式。教育学科的期刊分在“Education”大类下,点击进去可看到三个二级类目“Education (general)”、“Higher Education”、“Special Education”,其中“Education (general)”收录了 60 种期刊,“Higher Education”收录了 19 种期刊,“Special Education”收录了 17 种期刊。

点击某一刊名,可查看该刊详细介绍,可浏览该刊所有年份的文献,还可提供该刊的 RSS 订阅等。

②出版类型浏览(Browse by Product Type)

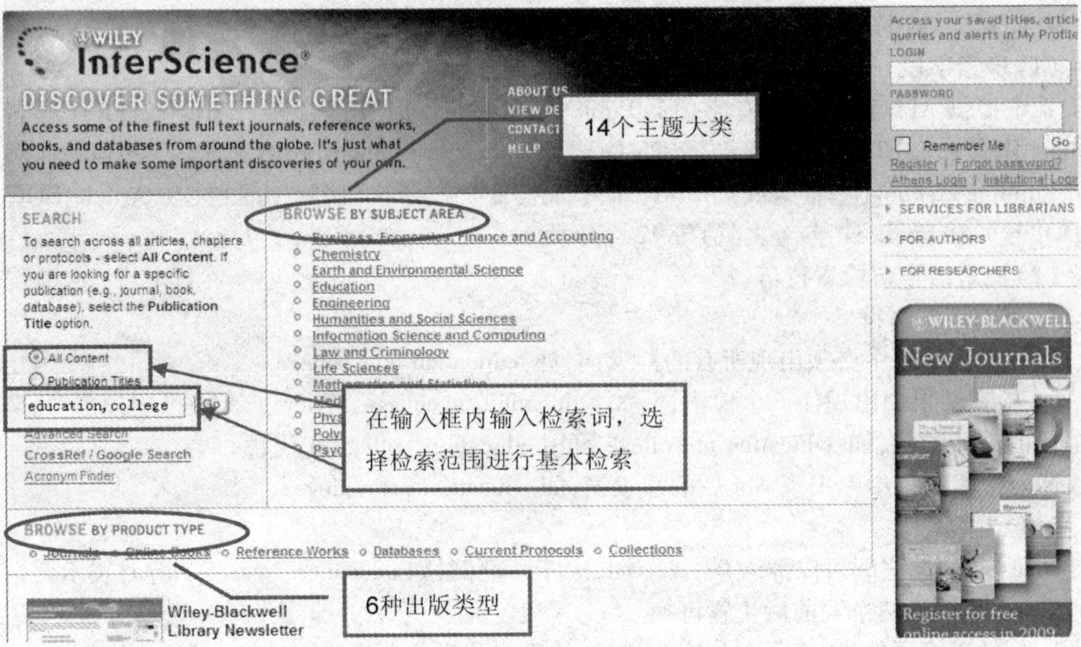

图 4-18 Wiley InterScience 首页

Wiley InterScience 有六种出版类型(图 4-18):Journals(电子期刊)、Online Books(在线图书)、Reference Works(参考工具书)、Databases(数据库)、Current Protocols(实验室指南)、Collections(文档集)。可以浏览六种出版类型的全文。

2)基本检索

进入 Wiley InterScience 平台主页,可在页面左边直接看到基本检索功能区(图 4-18)。基本检索提供两个检索限定:

- All Content——表示在 Wiley InterScience 所有产品范围内检索,包括所有期刊文章、在线图书章节、工具书文章、数据库、条目(entries)和实验室指南内容等。
- Publication Titles——仅在出版物名称中检索,如期刊名、电子书名、数据库名等。

提示:在基本检索输入中,用户可以使用简单的逻辑算符(and,or,not 和 * 等等)。

3)高级检索(Advanced Search)

进入 Wiley InterScience 平台主页,点击页面左边的“Advanced Search”按钮可进入高级检索界面(图 4-19)。

高级检索是一个独立的页面,提供全面的选项进行复杂检索。在文本框中输入检索词,选择检索字段及检索词之间的关系,系统提供了刊名、关键词、作者等 12 个字段。

高级检索还提供了一些检索范围限制的选项:

①Product Type(产品类型)限制

系统默认检索资源范围为“All ”,表明在期刊、在线图书、参考工具书、数据库中都进行检索,如果需要限制,可勾选相应产品进行检索。

②Collections and Saved Items 检索范围限制

如果需要把检索范围限制在自己收藏的内容中，可勾选"My Saved Content"（我已保存的内容）或"Bold Ideas"（"我的档案"里所保存的我喜爱的期刊、图书或参考工具书的名字）进行检索限定。

③Date Range（时间范围）限制

系统默认在所有年份中进行检索，有的过刊早到 1946 年，也可以选择任何时间范围进行限制。

④Order By（选择排序方式）

可按 Match %（匹配度）、Date（日期）、Publication title（出版物名称）对检索结果进行排序。

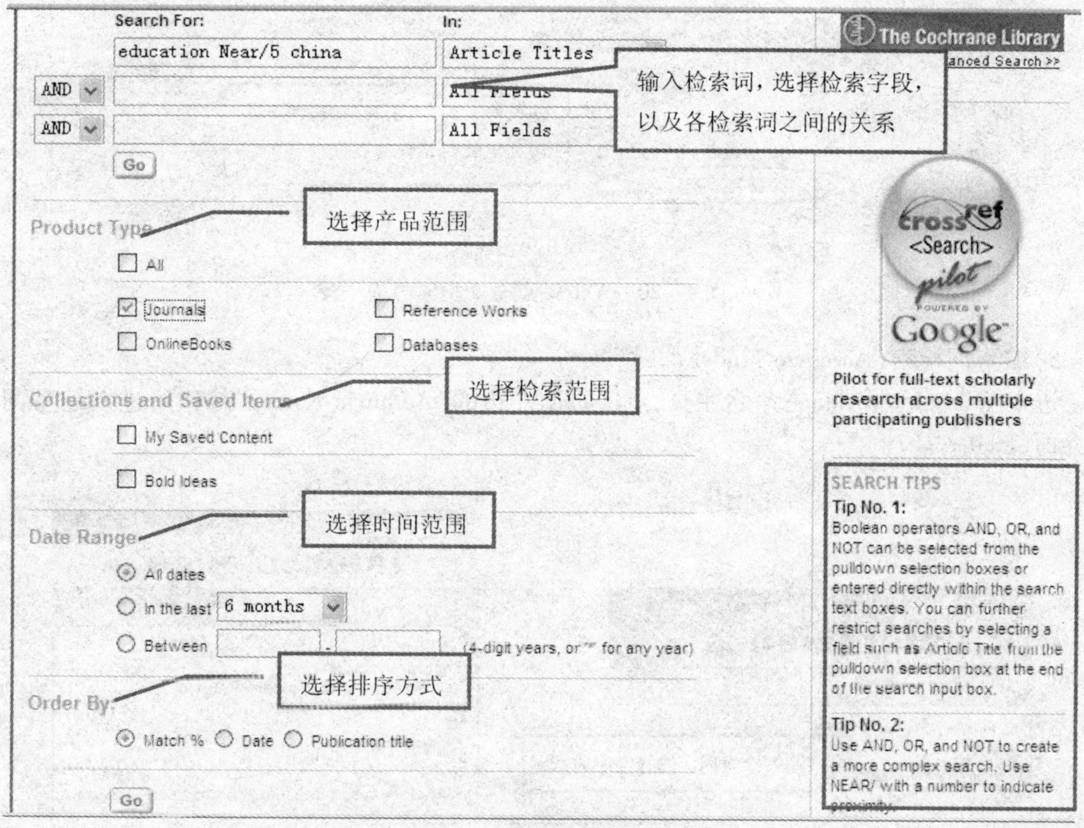

图 4－19　高级检索界面

4）Web 站点全文检索（CrossRef /Google Search）

进入 Wiley InterScience 平台主页，点击页面左边的"CrossRef/Google Search"按钮可进入 Web 站点全文检索界面（图 4－20）。

CrossRef 检索是由全球 45 家出版商联合建立的"CrossRef Search Publisher Pilot"服务系统，是一个基于 Google 搜索引擎的跨库检索平台，可免费检索这 29 个出版商 Web 站点上大量在线并经同行评论过的学术期刊论文，并通过 DOI（Digital Object Identifier，数字对象标识符）与论文全文建立链接。读者最终是否能够看到全文，要视所属图书馆是否订购了这些电子出版物的访问权限而定。Wiley InterScience 成为了 CrossRef 的创办成员之一，为用户提供服务。

注:搜索结果会显示在 Google 支持的界面上。所有结果上的文章摘要都会被突出显示,并设有直接的链接。

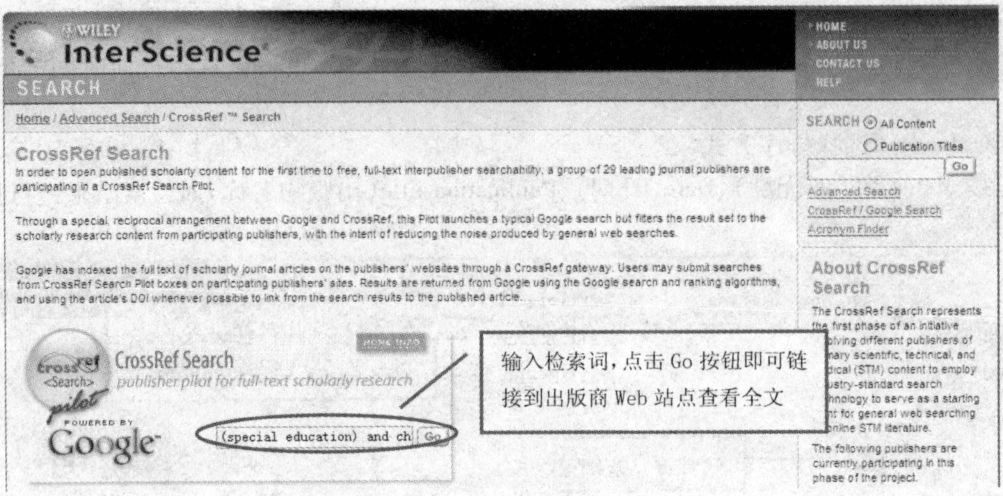

图 4-20　Web 站点全文检索界面

5)缩写词检索(Acronym Finder)

进入 Wiley InterScience 平台主页,点击页面左边的"Acronym Finder"按钮可进入缩写词检索界面(图 4-21)。

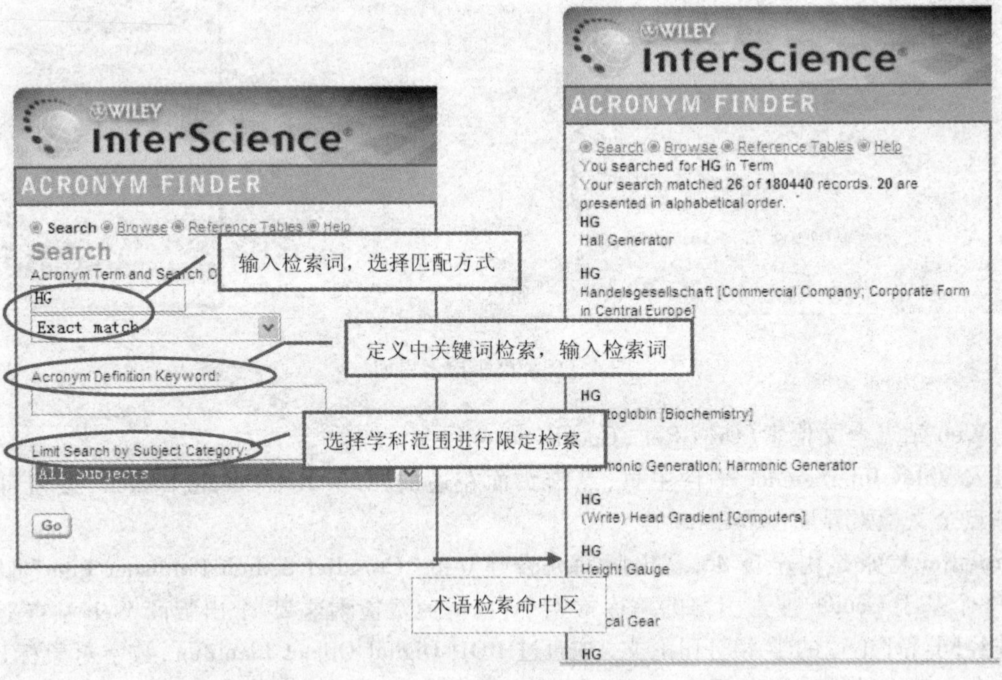

图 4-21　缩写词检索及检索结果界面

①可以对缩写词进行检索、浏览，检索时可以选择匹配方式，如 Exact match（精确匹配），Match beginning of term（词干匹配），Wild card match（统配符匹配）；

② 检索时可以进行限定；

③ 术语检索结果包括术语、定义、所属学科主题范围等信息；

④ 可以通过定义中关键词检索来查找特殊字符；如使用 thermal diffusivity 可以找到希腊符号 α；

⑤ 在 Reference Table（参考列表）中提供常用附录一览表（希腊字母、罗马数字、数学符号、单位换算表等）。

注：可选择术语检索或定义中关键词检索；也可同时选择术语检索和定义中关键词检索（两者间的关系为 AND）。

6）检索结果处理

采用基本检索/高级检索方式执行检索后，检索结果（图 4－22）如下所示：

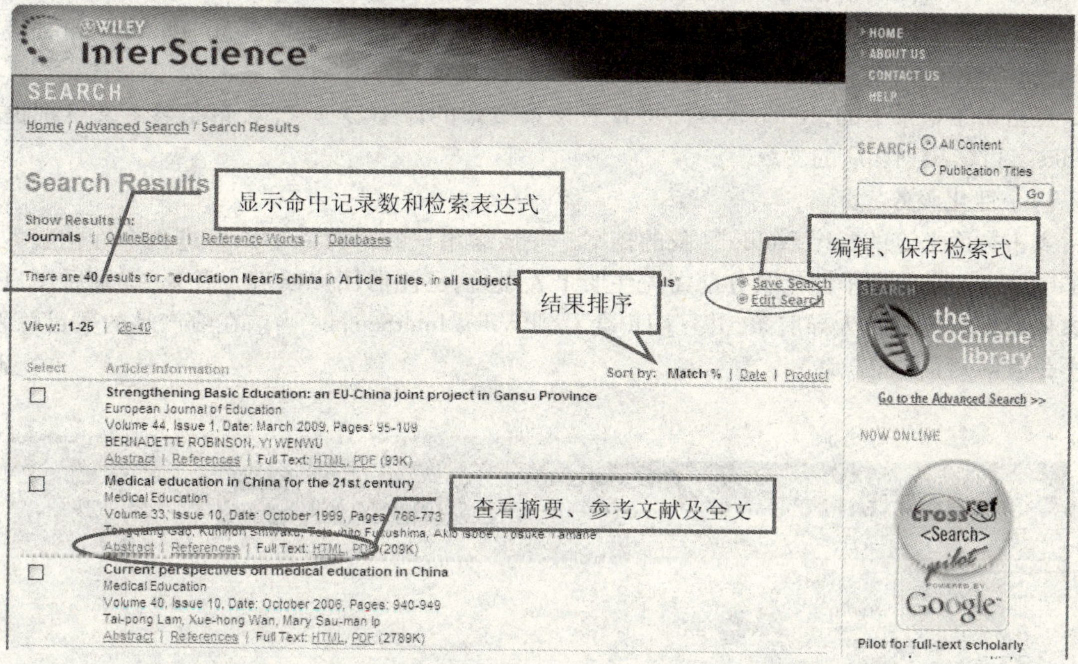

图 4－22　检索结果页面

①结果浏览

在检索结果页面中，系统以题录列表形式列出检索结果，可按 Match %（匹配度）、Date（出版日期）或 Product（作品名称）进行排序，显示每条记录的题名、刊名、卷、期、年月、页码、作者等。

页面中还有一些功能链接和入口，如点击“Edit Search”，可对前面的检索式进行重新编辑和输入，执行新的检索。点击“Save Search”，可以保留前面的检索式，供以后检索调用，不过“Save Search”功能只对 Wiely 注册用户有效。点击“Save as Search Alert”，设置检索提示，同一个检索式有了新的检索结果，可随时获得最新文章通知。

点击每条记录下的“Preview”，可以预览文章的摘要、图表、参考文献，还有文章的大纲(Article Outline)。

点击每条记录下的“PDF”，可以下载该篇文章的PDF格式全文，并可用Acrobat Reader打开及阅读。

点击每条记录下的“Related Articles”，可查看相关文章。

②标记记录

可以对每条记录作标记(在每条记录前的复选框中打√)，然后点击按钮“View Selected Items”(查看所选项目)以顺序浏览一系列所选摘要，也可以点击按钮“Download Selected Citations”(下载所选引文)对标记过的记录进行批量引文输出，这些引文记录包含了所有到文摘/参考文献/全文的链接，可直接下载到EndNotes等软件中。

③详细题录显示

点击每条记录下的“Abstract”，进入详细题录信息页，包括题名、摘要、关键词、作者等。页面中还有一些功能链接和入口，如点击“Related Article”可查看与该篇文章相关的论文。点击“Citation Tracking”即可获得所有引该文章的记录。点击“Save Article to My Profile”，可把该篇文章保存到我的档案。还可下载查看PDF/HTML格式全文。

点击每条记录下的“References”，可查看该篇文章的详细参考文献，每条参考文献都提供“Links”，可链接到相应的文章。

7)个性化服务

点击页面上方的“My Profile”(我的档案——最终用户的得力助手)，可进入个性化服务区(图4-23)。在使用个性化服务前需先注册个人账户，已注册用户要进行登录，登录后用户会在页面最上方看到个人导航条，并且用户会看到Wiley InterScience当前在线产品的数目总表，而不是登陆对话框。

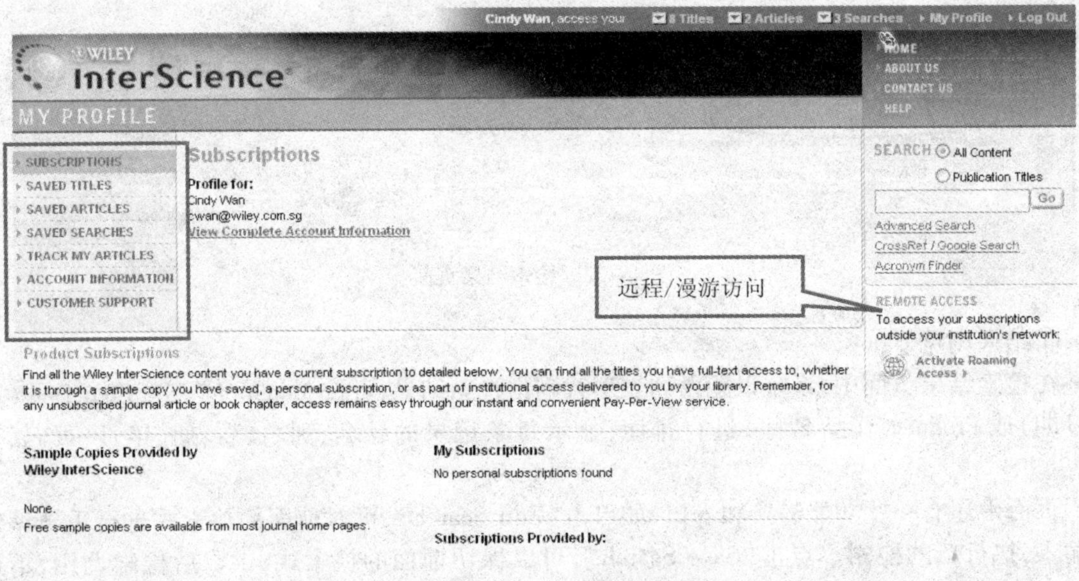

图4-23　个性化服务界面

My Profile 提供了如下功能菜单：

① Subscription(订阅)：可以看见一个清单，包括用户可以经由订阅、样本或者 Pay-Per-view(按次计费)访问的全部内容。注意：大部分个人、会员和试用的订阅需要用户登陆进行全文访问。大部分机构订阅的全文访问不需要登陆，访问权限是由用户的 IP 地址决定，为了从机构的 IP 范围以外访问这些订阅，您可以登记“漫游访问”(仅限于 EAL 用户，即拥有 Wiley InterScience 增强接入许可的机构)。

② Saved Titles(保存的刊名)：管理已保存的刊名和内容提示。

③ Saved Articles(保存的文章)：查看和删除已保存的文章。

④ Saved Searches(保存的检索)：查看和运行保存的检索，并可设置电子邮件提示，当和您的检索标准相匹配文章出版时，您就可以收到通知。

⑤ Track My Articles (个人文章跟踪)：该功能使您能够保存和浏览您所撰写的文章，检查您的文章当前状况，要求当您列表中的文章发表后系统自动发出电子邮件提示。

⑥ Account Information(帐号信息)：查看和编辑您的帐号细节。

⑦ Customer Support(客户支持)：包含常见问题答案及允许您提出自己问题的客户支持页面链接。最热门文章推荐。

⑧ Remote Access(漫游访问)：Wiley 为 EAL 用户在 My Profile 模块中提供了方便的“漫游”功能，用户在登录了 My Profile 之后，并在有效 IP 地址内，才可以激活漫游功能；激活漫游功能后九十日内，用户在任何地点访问 Wiley InterScience 只需登录进入 My Profile 即可访问全文而不受 IP 的限制；九十日后如果仍然需要漫游，可重新激活此功能。

4.1.4 Springer Link 数据库

4.1.4.1 数据库简介

德国施普林格(Springer-Verlag)是世界上著名的科技出版集团，于 1842 年在柏林创立，是目前自然科学、工程技术和医学(STM)领域全球最大的图书出版社和第二大学术期刊出版社。Springer 拥有超过 60 个出版社，每年出版 2000 多种杂志，5500 种新书。Springer 在网络出版方面占有领先地位，其 Springer Link 是全球科技出版市场最受欢迎的电子出版物平台之一。Springer Link 于 1996 年正式推出，是全球第一个电子期刊全文数据库，1999 年和 2000 年分别获得德国和欧洲的科技创新奖。

荷兰 Kluwer Acdemic Publisher 是具有国际性声誉的学术出版社，于 1978 年成立，其出版的图书、期刊一向品质较高，备受专家和学者的信赖和赞誉。2004 年，Springer 与 Kluwer 合并成立 Springer Science + Business Media (施普林格科学 + 商业媒体)，Kluwer 的在线 240 万回溯文献全部整合到 SpringerLink 平台上。2006 年 6 月 SpringerLink 升级进入第三代界面，成为全球第一个提供多语种、跨产品的出版服务平台，涵盖 Springer 出版的所有在线资源，目前包括 2084 种电子期刊(其中有关教育学科的期刊有 48 种)、1018 种电子丛书、31 210种电子图书、144 种参考工具书和17 730种实验室指南等，其中大部分期刊是被 SCI、SSCI 和 EI 收录的核心期刊，是科研人员的重要信息源。登陆网址 http://www.springer.com/，可免费查阅 Springer 出版的电子期刊、在线图书等出版物的题录文摘等信息。2008 年，施普林格在加深和 Google、MSN、雅虎等搜索引擎合作的同时，还与中国知网(CNKI)合作。施普林格向中国知网提供 Springer Link 平台上各类资源(电子期刊、电子图书、丛书、工具书等)的题录摘要数据。CNKI

将利用成熟的关联技术和关键词自动翻译功能,使用户免费看到丰富的施普林格出版物双语题录摘要。

2008 年 5 月,中国国家科学技术文献图书馆(NSTL)购买了 Springer 在线回溯数据库(OAC)的全国使用权,OAC 包含了两部分内容,一是 Springer 回溯期刊库:包括 927 种全文期刊,共 3 万余期;二是 Springer 回溯丛书库:14 种 Springer 著名丛书,全部从第 1 卷第 1 期开始提供。Springer 现刊数据库的用户均可通过 Springer Link 平台访问 OAC 数据库的内容。

收录范围:包括建筑和设计、行为科学、生物医学和生命科学、商业和经济、化学和材料科学、计算机科学、地球和环境科学、工程学、人文社科和法律、数学和统计学、医学、物理和天文学、计算机职业技术与专业计算机应用等 13 个学科领域的学术出版物。

现刊收录年限:1997 年至今的全文。

Springer 回溯数据收录年限:创刊期至 1996 年全文,1996 年以前出版的丛书及图书的电子版亦收录其中。

全文阅读:HTML 和 PDF 两种格式,HTML 格式无需阅读器即可查看,PDF 格式需 Acrobat Reader 打开及阅读。

4.1.4.2　数据库检索

(1)检索字段

系统提供 All text(全文)、Title(标题)、Summary(摘要)、Author(作者)、Editor(编辑)、ISSN(国际标准连续出版物号)、ISBN(国际标准书号)、DOI(数字对象唯一标识)等 8 个字段。

(2)检索语言与检索技巧

1)布尔逻辑算符

and:检索结果中必须出现所有的检索词,如:education and college。

or:检索结果中出现任一个检索词,如:education or college。

not:检索结果中不出现 NOT 后的检索词,如 education not college。

2)词组检索

" ":精确短语检索,在检索时将英文双引号内的几个词当作一个词组来进行严格匹配,如"special education"。如果检索短语中包含标点符号或连词符等特殊符号,系统会将此特殊符号识别为空格,检索出包含标点符号、连词符和不包含标点符号、连词符的记录。

3)截词符

:无限截词符,代表 0—n 个字符,包括一个词根的所有形式,例如输入 key,可检索到 key,keying,keyhole,keyboard 等。

4)优先级算符

():对检索词进行分组,确定优先执行顺序,如(education or study)not college

(3)检索方法

系统提供浏览、简单检索、高级检索等 3 种检索方式。

1)浏览

进入 Springer Link 平台主页,即可在页面正中直接看到浏览功能区(图 4-24),系统提供了内容类型浏览、学科分类浏览、特色图书馆浏览三种辅助检索工具。在页面右上角可选择界面语言。

①内容类型浏览(Content type)

Springer Link 提供了如下内容类型浏览:所有内容类型(提供细分到期刊论文层次的文献浏览)、出版物(提供各种类型出版物的统一浏览)、期刊(提供期刊列表浏览)、丛书(提供丛书列表浏览)、图书(提供图书列表浏览)、参考工具书(提供参考工具书浏览)、实验室指南(提供实验室指南浏览)。

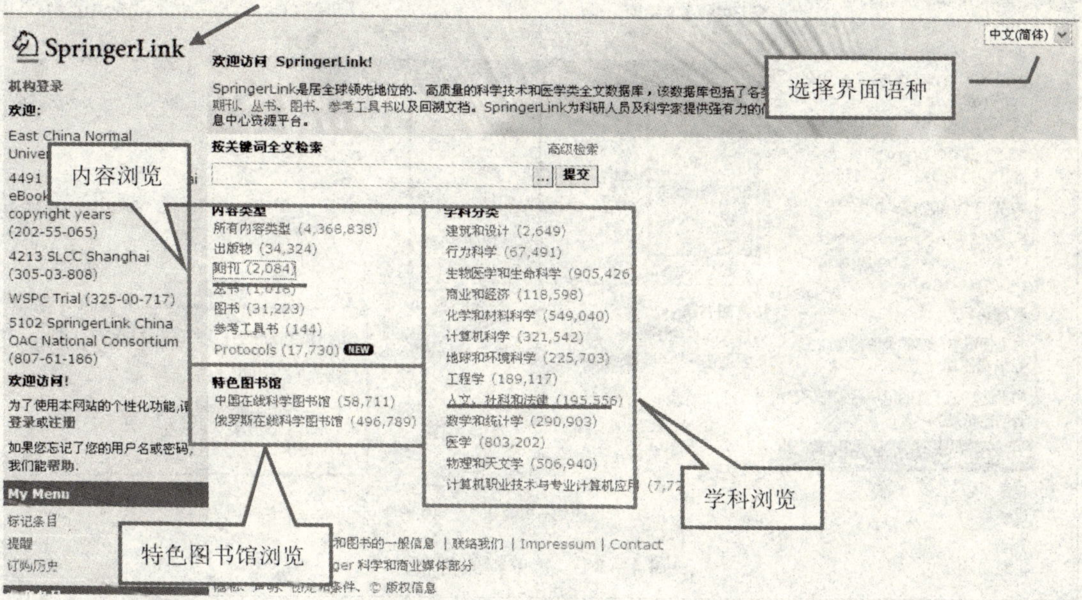

图 4-24　Springer Link 平台首页浏览界面

②学科分类浏览(Subject Collection)

在 Springer Link 平台主页上可以看到 13 个学科类目,如果用户想了解教育学科领域有哪些文章,就可选择此浏览方式。教育学科的资源分在“人文、社科和法律”大类下,点击进去,在右边的精确检索导航栏中的“学科”限定里可看到十个二级类目,其中“Education (general)”收录了26 020篇相关文献,包含了 26 种期刊,“Education”收录了35 065篇相关文献,包含了 41 种期刊。点击某一刊名,可查看该刊详细介绍,可浏览该刊所有年份的文献,还可提供该刊的在线稿件投递等。用户同样可以利用右侧精确检索导航栏对起始字母、内容发行状态、入库时间、版权、作者、文章类型等进行限定检索。需要注意的是:除了在检索项中可选择“在所有内容之内检索”,其余各项列出的限定信息仅限于此种期刊内容。

③特色图书馆浏览(Featured library)

在 Springer Link 平台主页上可以看到该数据库包含了 2 个特色图书馆:中国在线科学图书馆(共收录58 711篇文献)和俄罗斯在线科学图书馆(共收录496 789篇文献)。

2)简单检索

进入 Springer Link 平台主页,可在页面上方直接看到简单检索功能区(图 4-25)。在输入框中输入检索词进行按关键词全文检索,也可使用检索表达式构建对话框,进一步精确检索。单击输入框后的图标……,开启检索表达式构建对话框。例如,利用对话框构建表达式:ti:(children and self-control) and au:(Nadine J. Kaslow),点击“提交”按钮,可检索到作者名为

Nadine J. Kaslow，并且文献题名包含 children and self-control 的 2 条记录。

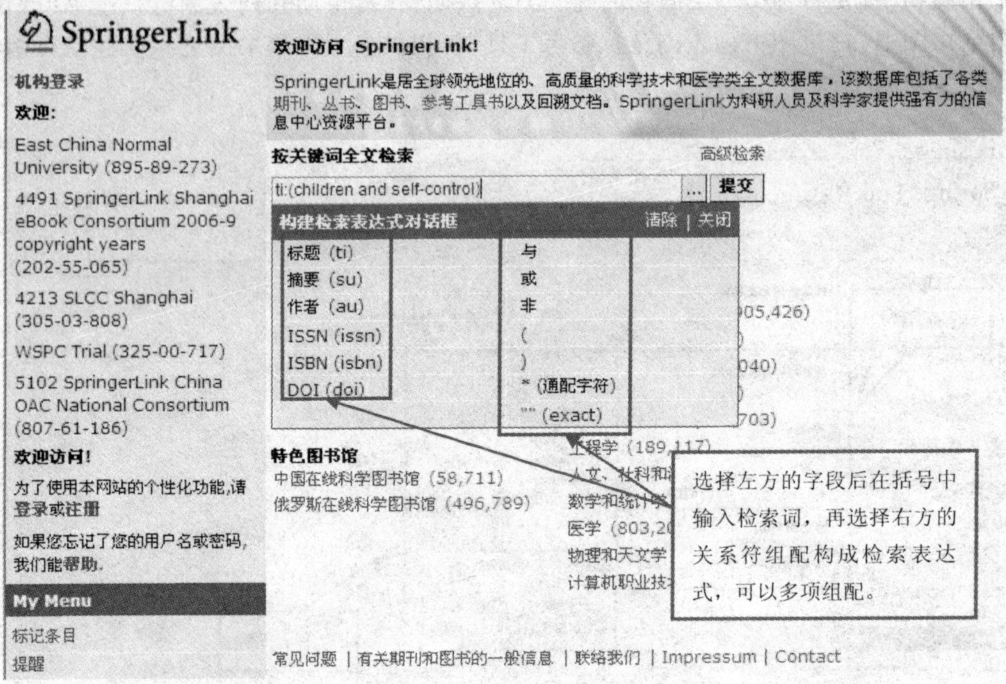

图 4-25　简单检索界面

3）高级检索(Advanced Search)

在 Springer Link 平台主页上方点击“高级检索”按钮，即可进入高级检索界面(图 4-26)。高级检索是一个独立的页面，提供全面的选项进行复杂检索。系统提供了全文、标题、摘要、作者等 8 个字段。在文本框中输入检索词，然后点击“检索”按钮，执行高级检索。

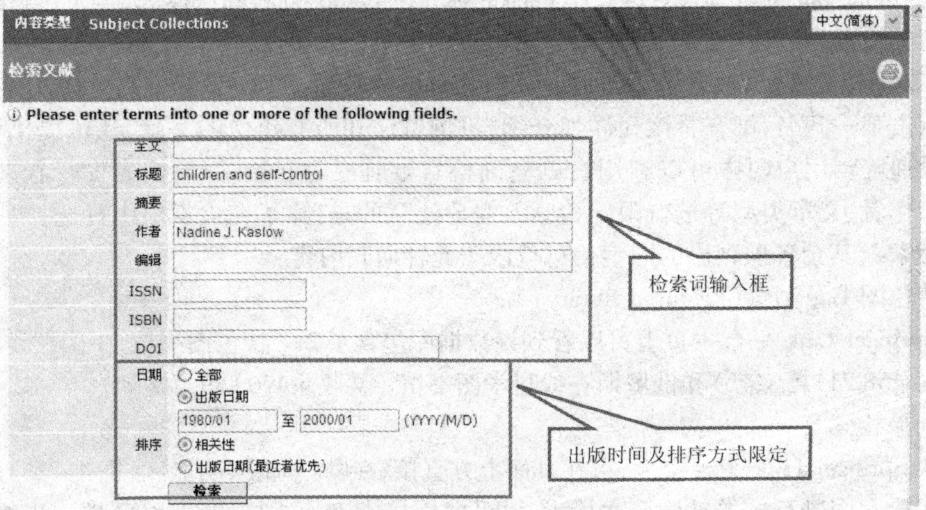

图 4-26　高级检索界面

注:多个检索条件(检索词输入框)之间的逻辑关系默认为"与(AND)"。

高级检索还提供了一些检索范围限定的选项:

①Dates(时间范围限定)

系统默认在所有年份中进行检索,也可以选择任何时间范围进行限制。

②Order By(选择排序方式)

可按相关性、出版日期(最近者优先)对检索结果进行排序。

4)自动纠错功能

当进行检索时,不小心输入一个拼写错误的单词,系统会自动进行纠正,找出与检索者所查单词最匹配的词。例如输入错误单词:strtures,系统自动纠正并检索出最匹配单词 stature。

5)检索结果处理

采用简单检索/高级检索方式执行检索后,检索结果(图 4-27)如下所示:

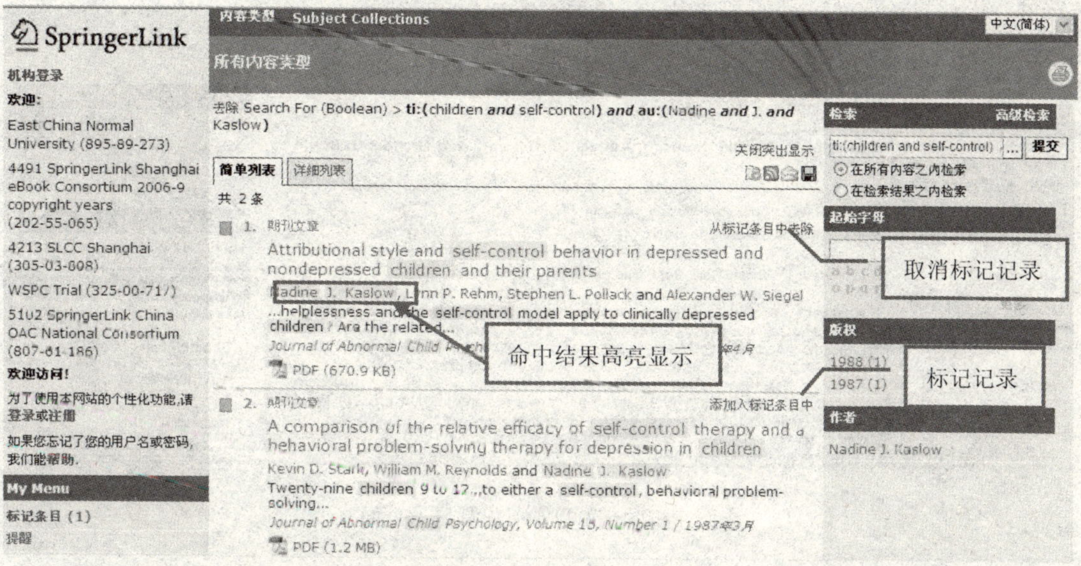

图 4-27　检索结果页面

①结果浏览

在检索结果页面中,可选择浏览记录的详细列表(Expanded View)或简单列表(Condensed View)。详细列表显示论文的文献类型、标题、出处、作者、简要文摘以及所能提供的全文文献格式和链接等详细信息。简单列表显示论文标题、作者、全文文献格式等信息。

②标记记录

对于符合预期的检索结果可以进行标记,标记过的记录,可以暂时保存在系统中,也可以通过个性化服务功能,进行永久保存。检索结果可以通过多种方式输出:

• 点击图标,可下载已标记过的记录并以 EXCEL 格式输出。也可进行批量引文输出,输出格式为 TEXT 或 RIS。

• 点击图标,可进行 RSS 订阅标记过的记录。

• 点击图标，可 E-mail 发送已标记记录到指定邮箱。

• 点击图标，可收藏已标记记录，该功能对注册用户有效。

③详细题录显示

点击每条记录的标题，进入文章详细题录信息页(图 4-28)，包括题名、刊名、出版社、ISSN、卷/期、页码、文章 DOI、学科分类、出版时间、作者、作者通讯方式、摘要、关键词、参考文献等。

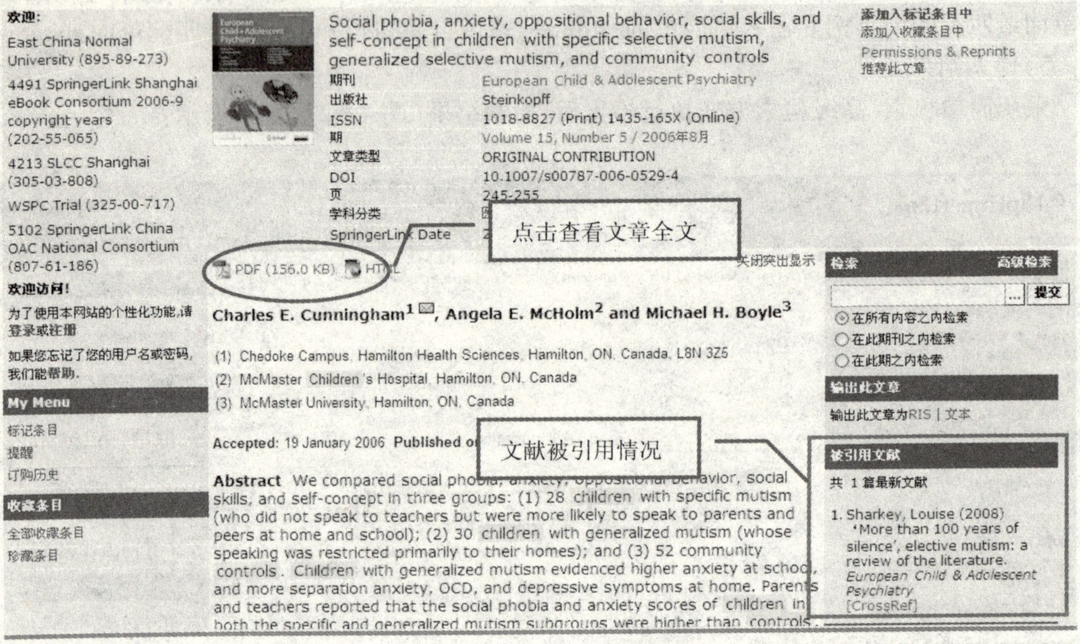

图 4-28　文章详细题录显示页面

文章参考文献中提供了一些链接：

SpringerLink：SpringerLink 平台内链接，可轻松访问该平台的电子图书。

PubMed：PubMed 检索链接，PubMe 收录范围广、数据更新快、部分还可在网上免费直接获得全文，是检索生物医学文献使用频率最高的网站。

crossref：CrossRef 跨库检索链接，可免费检索 45 个出版商 Web 站点上大量在线并经同行评论过的学术期刊论文，但读者最终能否看到全文，要视所属机构是否订购了这些电子出版物的访问权限而定。

ChemPort：ChemPort 交叉引文链接，ChemPort 提供世界上一些较大科学类出版商出版的化学杂志的全文和图像检索及链接。

6)个性化服务

在使用"我的 SpringerLink"(个性化服务)前需先注册个人帐户，已注册用户要进行登录，不提供远程登录功能，即 IP 范围之外通过 My SpringerLink 也无法访问全文。

"我的 SpringerLink"提供了如下功能菜单：

• 标记条目(Marked Items)。在结束当次在数据库中的检索之前，都可以调用已标记过的条目。这项功能是唯一一项可以被所有用户使用的功能(即使没有注册的用户也可以使用该功能)。

• 提醒(Alerts)。用户可将有用的检索策略保存成用于电子通告服务(Save as Alert)，系统在进行数据更新时，将自动执行该检索策略，并将符合检索策略的最新文献，包括电子优先出版(Online First)的内容，输出到指定的 E-mail 帐号中。

• 订购历史(Order History)。提供文章订购信息。

• 全部收藏条目(All Saved Items)。选中的标记条目保存后变为收藏条目。

• 珍藏条目(Favorites)：可以在 Springer Link 数据库中选择最喜爱或经常使用的出版物添加到个人收藏夹中，以方便日后查看、调用。

4.1.5 JSTOR 过刊全文数据库

4.1.5.1 数据库简介

JSTOR 全名为"Journal Storage"，是一个对过期期刊进行数字化的非营利性机构，于 1995 年 8 月成立，最初为美国梅隆基金会的一项项目，该机构有鉴于期刊订费高涨，及过期期刊对于图书馆所造成经费及存放空间等问题，有计划地建立核心学术性过期期刊的数字化存档，以节省空间，同时提供资料检索的功能，有效提高使用的便利性。

JSTOR 以收集过刊为任务和目标，以弥补图书馆对回溯数据资料的不足。所提供的期刊绝大部分都从 1 卷 1 期开始，库中的"最新期刊"多为三至五年前的期刊，这与一般定义的最新出版的期刊不同，两者之间有一段固定的时间间隔，被称为"推迟间隔"。该间隔由出版商与 JSTOR 在许可协议中规定，一般为三到五年。计算推迟间隔时，当前年份或不完整年份不列入时间间隔内。通过推迟间隔，JSTOR 可设法避免向出版商预订目前及最近的资料并支付费用，但图书馆和研究人员仍将 JSTOR 视作可信赖的数据库。

JSTOR 的选刊标准十分严格，收录的全部是高品质的、具有代表性的学术期刊，其中被 SCI / SSCI/AHCI 收录的核心期刊达到出版期刊总数的 60%。收录学科内容以人文及社会科学类期刊为主，兼顾一般科学性内容，目前共收录了 1000 多种期刊，近 400 万篇文献，其中有关教育学科的期刊有 64 种。JSTOR 作为研究级基础资源，特别适合于综合类大学及人文社科类大学教师、学生及科研人员使用。登陆网址 http://www.jstor.org/，可免费查看 JSTOR 的目次信息。

JSTOR 所含内容包括经济学、历史学、政治学、社会学、哲学、人口学、语言文学、教育学、数学和统计学、古典文学、考古学、音乐学、电影学、民俗学、艺术学、宗教学、法律学、心理学、公共政策学和行政学、生态学等 47 个学科，是全科性全文数据库。目前提供 15 个主题，如下：

(1) Art & Sciences Ⅰ Collection 人文社会主题一(收录 119 种期刊)；

(2) Art & Sciences Ⅱ Collection 人文社会主题二(收录 125 种期刊)；

(3) Art & Sciences Ⅲ Collection 人文社会主题三(收录 150 种期刊)；

(4) Art & Sciences Ⅳ Collection 人文社会主题四(收录近 100 种期刊)；

(5) Art & Sciences Complement 人文社会主题补充集(收录 150 种期刊)；

(6) Art & Sciences Ⅴ Collection 人文社会主题五(收录 120 种期刊，预计 2009 年完成)；

(7) Art & Sciences Ⅵ Collection 人文社会主题六(收录120种期刊,预计2010年完成);

(8) Biological Sciences Collection 生物科学主题(收录100种期刊);

(9) Business Collection 商业主题一(收录47种期刊);

(10) Business II Collection 商业主题二(收录近50种期刊);

(11) Ecology & Botany Collection 生态学与植物学主题(收录29种期刊);

(12) Health & General Science Collection 健康与一般科学性主题(收录10种期刊);

(13) Language & Literature Collection 语言文学与文学作品主题(收录58种期刊);

(14) Mathematics & Statistics 数学与统计学主题(收录40种期刊);

(15) Music Collection 音乐主题(收录32种期刊)。

收录年限:每种期刊收录年限不同,从创刊号到最近三至五年前,最早回溯到1665年。

全文阅读:TIFF 和 PDF 两种格式,建议下载 PDF 格式的文献,PDF 格式需 Acrobat Reader 打开及阅读。

4.1.5.2 数据库检索

(1)检索字段

系统提供 ti: titles of articles or reviewed works(题名)、ta: title of an article(文章题名)、rt: title of a reviewed work (综述文章题名)、au: author of article or author of reviewed work(作者)、aa: author of article(文章作者)、ra: author of reviewed work(综述文章作者)、ab: abstract(摘要)、so:或 jo: journal title(刊名)、vo: volume(卷)、no: issue or number(期)、sn:(ISSN 号)等字段。

(2)检索语言与检索技巧

1)布尔逻辑算符

and:检索结果中必须出现所有的检索词,如:education and college

or:检索结果中出现任一个检索词,如:education or college

not:检索结果中不出现 not 后的检索词,如 education not college

2)通配符

:无限截词符,代表0—n个字符,包括一个词根的所有形式,例如输入 bird,可检索到 bird、birding、birdman、birds 等。

?:有限截词符,用于替代检索词当中的一个字符,如输入 te?ts,可以检索到 tents, tests, texts 等。

3)词组检索

" ":精确短语检索,在检索时将英文双引号内的几个词当作一个词组来进行严格匹配,如"punctuated equilibrium"。

(4)模糊检索

~:在一个单词后面输入~,可找出相类似拼写的单词,如输入 ti:dostoyevsky~,可在题名字段检出 dostoevsky、dostoievski、dostoevskii 等。

5)词干检索

#:在一个单词后面输入英文字符#,可进行词干检索,如输入 goose#,可检索到 goose, geese, gosling。

6)优先级算符

( ):对检索词进行分组,确定优先执行顺序,如(education or study) not college

(3)检索方法

系统提供浏览检索(Browse)、快速检索、基本检索(Basic Search)、高级检索(Advanced Search)、引文定位查找(Citation Locator)5种检索方式。

1)浏览(Browse)

在JSTOR入口界面,点击"Browse"进入期刊浏览界面(图4-29),系统提供了按学科分类浏览、按刊名字顺浏览、按出版社字顺浏览三种辅助检索工具浏览期刊全文。

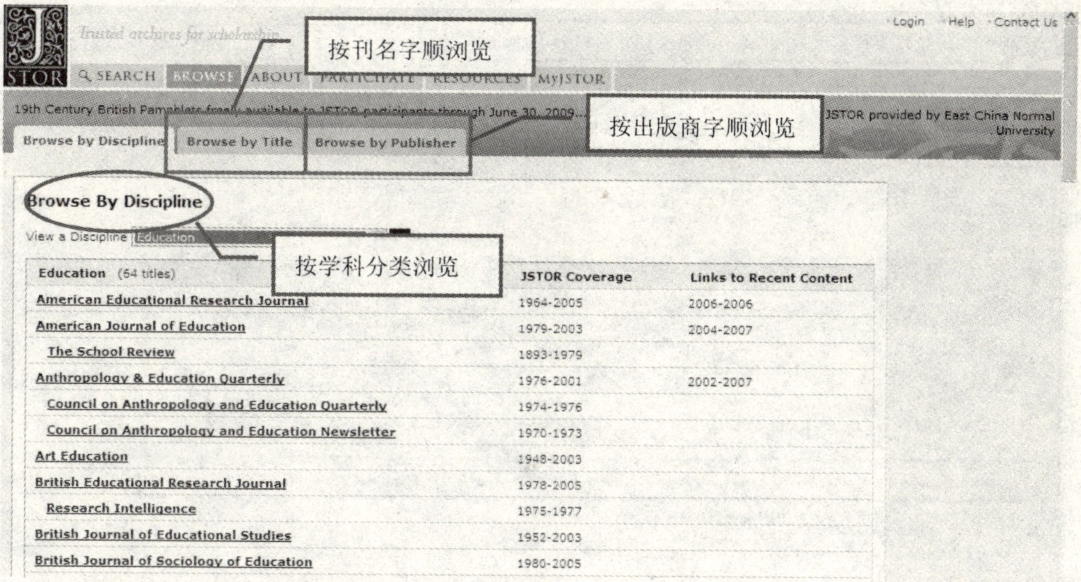

图4-29 JSTOR期刊浏览界面

①Browse By Discipline(按学科分类浏览)

JSTOR将期刊按47个学科类目分类,如果用户想了解教育学科领域JSTOR收录有哪些期刊,并查看这些期刊上的文章,就可选择按学科分类浏览方式。教育学科的期刊分在"Education"大类下,可看到JSTOR共收录了有关教育学的期刊64种,并列出了收录起止年限(JSTOR Coverage),若有连结到最近内容索摘(Links to Recent Content:因JSTOR不收录现刊,可利用连结至现刊的索摘找到近期数据)则注明出时间。如有期刊是缩排格式则为上方无缩排的那本期刊过去的刊名,实为同一本。

点击某一刊名,可查看该刊详细介绍,包括ISSN、JSTOR收录年限、推迟间隔、所属主题等信息,可浏览该刊被JSTOR收录的所有年份的文献,另外,在期刊信息页面右方提供了一个快速检索框,可对该本期刊进行文献查询。

②Browse By Title(按刊名字顺浏览)

JSTOR将所有期刊按刊名字母顺序"A—Z"排列起来,并列出了收录起止年限,若有连结到最近内容索摘(Links to Recent Content)则注明出时间。如果用户已知某一期刊名称,想查看此刊上的文章,可按刊名字顺浏览方式逐卷逐期地点开直接阅读。

③Browse By Publisher(按出版社字顺浏览)

JSTOR 将参与合作的 516 家出版社按出版社字母顺序排列起来。出版社名称下方列出了该出版社所出版的期刊，点击某一出版社，可查看该出版社的简介及联络信息、出版社的网址、被 JSTOR 收录的期刊及目前收录范围。

2）快速检索

在 JSTOR 主界面（图 4－30）提供了一个 Google 化的快速检索框，方便读者使用，例如输入“continuing education OR continuous education”。

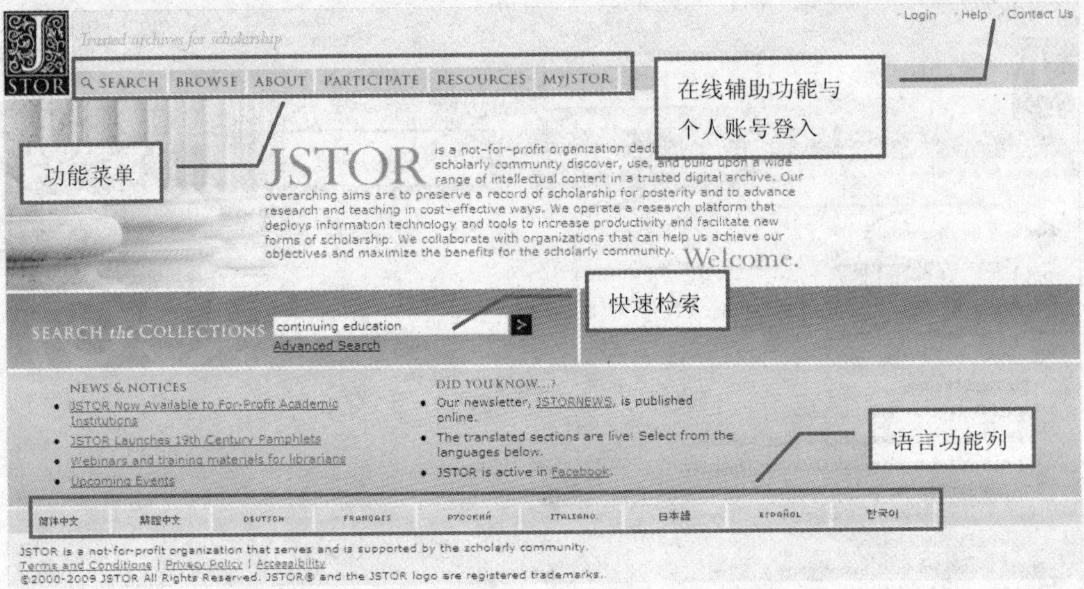

图 4－30　JSTOR 快速检索界面

3）基本检索（Basic Search）

点击 JSTOR 主页上方的 SEARCH，即可进入系统默认的基本检索界面（图 4－31）。在检索框中直接输入检索词或检索式，默认在题名、摘要、全文等字段中检索，也可限制字段进行检索，用 ti 代表题名，au 代表作者，还可用逻辑算符 AND、OR、NOT 进行组配检索，如输入 ti：continuing education AND au：Ellen Brandt 。可选择是否检索索摘信息（尚未收录在 JSTOR），在“Search for links to items outside of JSTOR”前的小方框中打√与否。另外，还可限制学科领域（Limit by Discipline）。

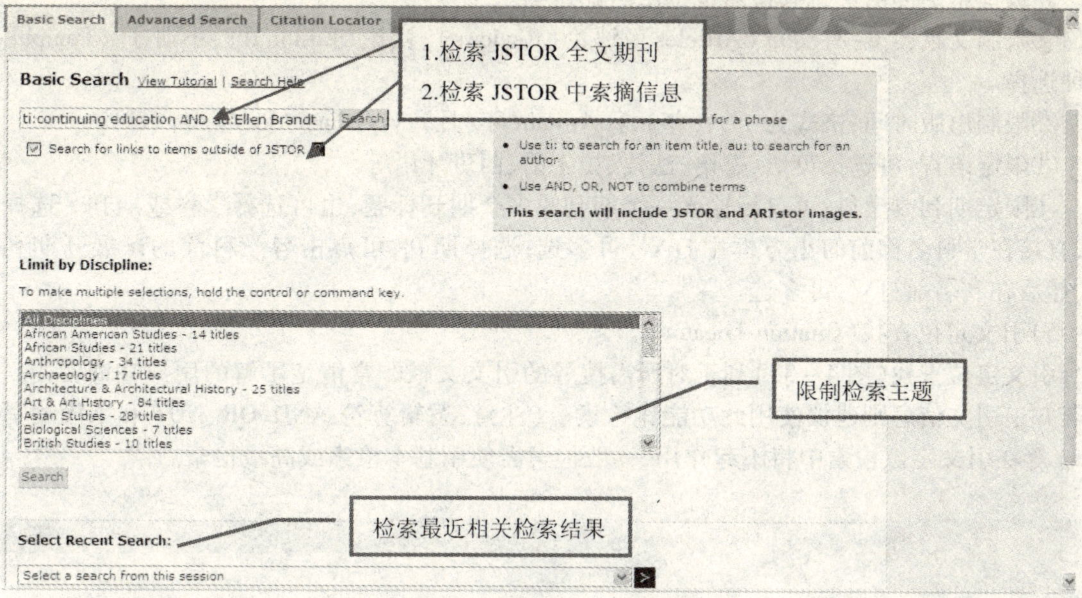

图 4－31　JSTOR 基本检索界面

4）高级检索（Advanced Search）

在基本检索页面上方点击“Advanced Search”按钮，即可进入高级检索界面（图 4－32）。高级检索提供了四个输入框，可选择在全文（full-text）、作者（author）、题名（item title）、摘要（abstract）、插图标题（caption）五个字段中进行检索，可用逻辑算符 AND、OR、NOT 进行组配检索，也可配合 NEAR 限制关键词之间的范围。

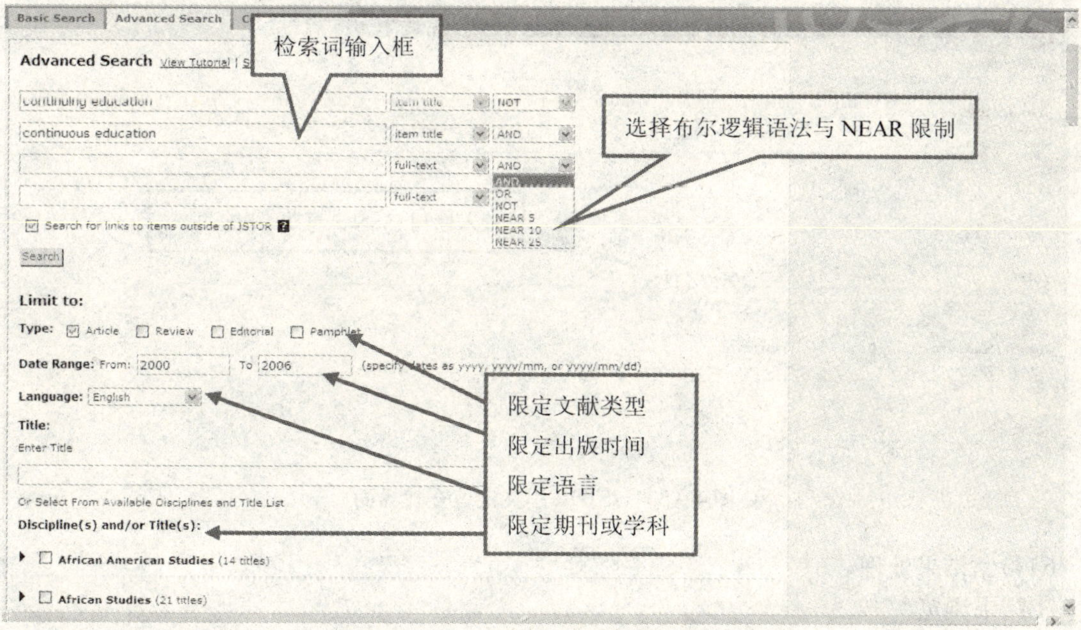

图 4－32　JSTOR 高级检索界面

高级检索还提供了一些检索范围限定的选项。

①限制文献类型：有文章（Articles）、评论（Reviews）、社论（Editorial）、小册子（Pamphlet）四种选择。

②限制出版时间：格式为 yyyy（年）、yyyy/mm（年/月）、yyyy/mm/dd（年/月/日）。

③限定语言：可选择英语、德语、法语、拉丁语、西班牙语等。

④限定期刊或学科：可自行输入一个期刊或多个期刊标题，也可选择学科或期刊。选择学科，直接在学科名称前的小方框中打√，可多选；选择期刊，可点击各学科前的▶展开期刊列表，然后在刊名前打√，可多选。

5）引文定位查找（Citation Locator）

引文定位查找（图 4－33）利于对所需搜寻的引文文献非常清楚了解的用户查询使用。用户若知道引文信息则建议使用此功能作检索。（注意：逻辑算符 AND、OR、NOT 和字段缩写如 ti、au 等在引文定位检索中将不起作用，一般检索需使用基本检索或高级检索。）

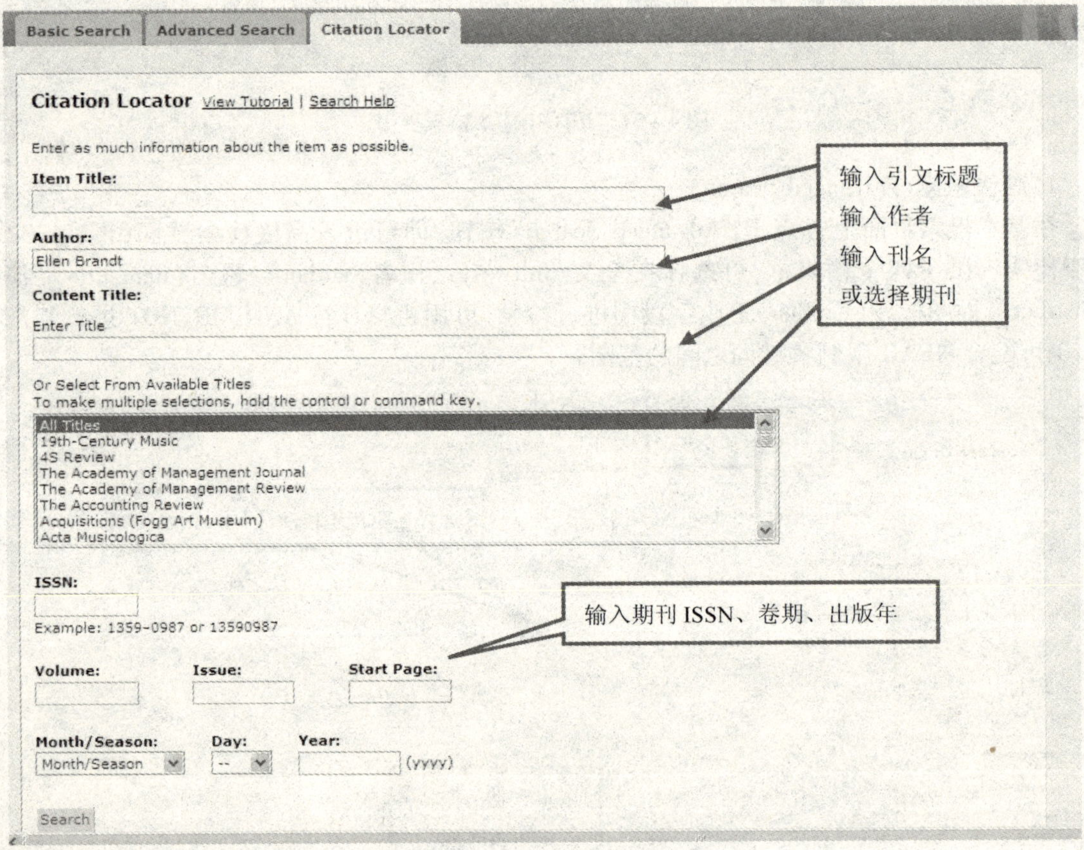

图 4－33　JSTOR 引文定位查找界面

6）检索结果处理

①结果浏览

检索结果列表（图 4－34）可分为三种显示方式：①文章（Items）、②图片（Images in

JSTOR)、③图片(Images in ARTstor),②③两种呈现方式除了以图片呈现不同外,其他功能与①显示方式是相同的。在文章显示结果页面中,列出了命中记录数,默认每页显示 25 条记录,也可选择结果的排序方式,按相关度(Relevance)、出版日期新到旧(Newest to Oldest)、出版日期旧到新(Oldest to Newes)等排序。

每条记录的显示内容包括篇名、作者、刊名、卷期、年代及页码等内容。每条记录下的各标识说明如下:

- Item Information(文章信息):显示该文献的题名、作者、文献出处(包括刊名、卷、期、页码)、出版社链接、固定 URL、文摘、参考文献等;
- Page of First Match(合乎检索条件的第一页):可以打开检索词首次出现在文章的那一页,在该页的上方,还列出了出现检索词的其他页码的超链接点;
- PDF:提供下载 PDF 格式的全文文献;
- Export this Citation(输出引文):对这条记录的题录信息可以 E-mail 发送,或者导入到 RefWorks、EndNote、ProCite、Reference Manager 等参考文献目录管理软件中。

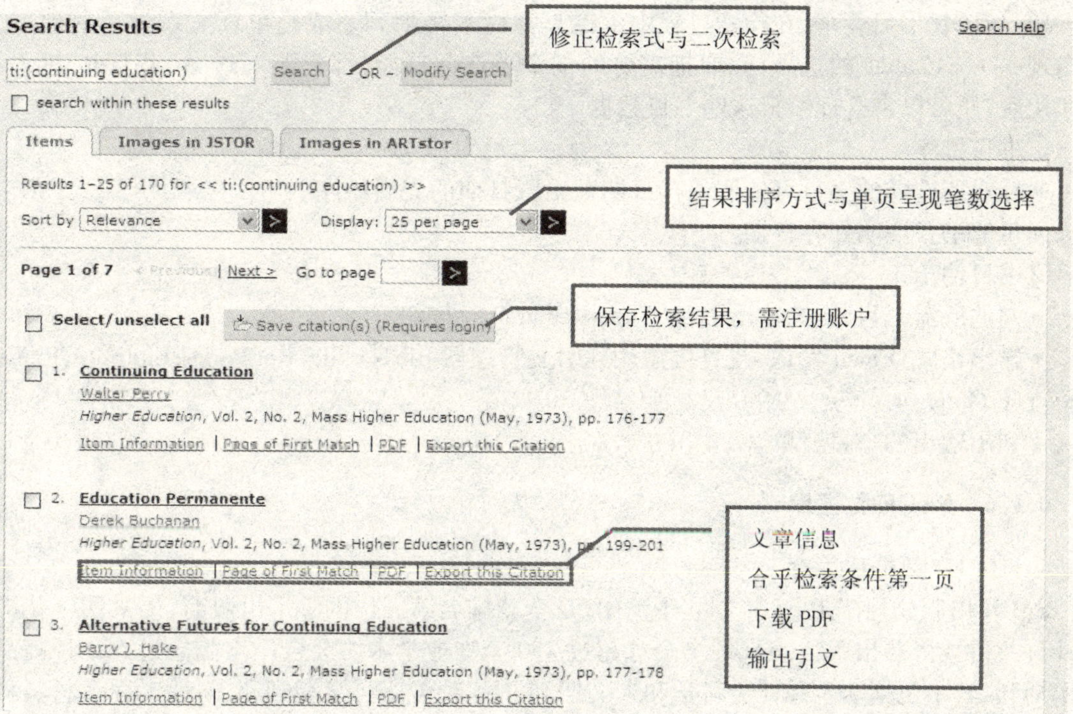

图 4-34 检索结果页面

②二次检索

如果觉得检索结果命中记录过多(少)时,可以利用上方的修正检索(modify search)按钮跳回基本检索画面修正检索式重新检索,也可以勾选"search within these results"(在本次检索结果中再进行检索),重新输入检索式进行二次检索,以缩小检索范围。

③标记记录

对于符合预期的检索结果可以在记录前的小方框中打√进行标记，标记过的记录，可以点击"Save Citation"，保存该记录的题录信息，不过该功能需注册账户 MY JSTOR 才能使用。

④全文影像呈现(Item View)

点击每条记录的标题，进入文章全文影像呈现信息页，包括题名、作者、刊名、卷/期、页码、出版社(可连结至出版社信息)等。

• View list of pages with search term(s)：可以查看关键词出现的页面。

• 文章中黄色加亮显示的词表示检索关键词。

• 可以输出或保存该记录的题录信息，可以下载 PDF 全文。

• Reference：提供每页的脚注—参考文献，如果此文献有收录在 JSTOR 可以直接连结。

• 提供此篇文章所属作者的其他文章且有收录在 JSTOR 里。

• JSTOR 与 Google Scholar 合作，可通过 Google Scholar 查询其他相关文献(Related Items)，搜索同一个作者的其他文章，以及引用此篇文章的文章(Items citing this Item)等。

7)个性化服务——书目数据的管理：My JSTOR

在使用 My JSTOR 之前需先注册个人账户，已注册用户要进行登录。

My JSTOR 书目管理：在检索过程中不论是在检索结果列表或是单篇文章显示的地方，都会出现 Save citations 的选项，只要把需要的文章点选此功能，都会汇入到 My JSTOR，进入 My JSTOR 后，便可以来管理编辑这些书目数据。

①书目排序

• 针对所选择的书目可依照保存日期及出版日期的先后排序。

• 每笔书目注明保存日期。

②书目输出

• 勾选所需书目，点选输出书目(Export Citations)按钮。

• 输出格式：Email 发送，或直接输入到引文管理器 BibTex file，RefWorks，EndNote，ProCite，Reference Manager。

• 列出输出的书目清单。

4.1.6 SAGE 数据库

4.1.6.1 数据库简介

SAGE 出版公司于 1965 年创立于美国，是全球排名第五位的学术出版商，提供国际化的人文社科及科技医药出版物，SAGE 与全球超过 250 家专业学术协会合作出版超过 520 种高品质学术期刊，其中包括 388 种社会科学和人文期刊，165 种健康科学期刊和 34 种工程及材料科学期刊，每年出版 12 到 15 种百科全书和超过 700 种的新书。SAGE 出版的学术期刊为 100% 同行评审，其中 306 种期刊收录于 2007 年 JCR(Thomson Scientific Journal Citation Report)中，占 SAGE 期刊总数的 60%，其中 214 种期刊被 SSCI 收录，92 种期刊被 SCI 收录。SAGE 期刊总数的 30% 在相应学科领域排名前十位，SAGE 在 JCR 社会科学版中位居全球出版者第四位。SAGE 全文期刊的电子访问平台是由美国斯坦福大学 HighWire 公司开发的 SAGE 期刊在线(SAGE Journals Online，SJO)，访问网址为：http://online.sagepub.com/。SJO 具有的强大而友好的检索性能，在该平台上可以访问 SAGE 所有的数据库产品，因此受到科研人员及专业图书馆员的一致好评，并荣获 2007 年美国出版家协会(AAP)最佳平台大奖。目前所有 SAGE 期刊内容均被 Google 和 Google Scholar 学术搜索索引并可被查找。

SAGE 旗下主要数据库产品有:现刊数据库（1999 年—最新);深度过刊回溯数据库（第 1 卷/1 期—1998);SAGE eReference(电子版参考文献数据库,收录了 83 种 SAGE 出版的屡获殊荣高品质百科全书)。

SAGE 覆盖学科领域:教育学(79 种)、心理学(77 种)、社会学(87 种)、传播学(37 种)、法学与刑罚学(26 种)、政治与国际关系(46 种)、经济管理(57 种)、语言、文学与文化研究(43 种)、历史地理与环境科学(38 种)、城市规划与研究(7 种)、信息科学(5 种)、哲学(8 种)、音乐(8 种)、生命科学(7 种)、材料科学(19 种)、工程学(15 种)、临床医学(73 种)、公共卫生与护理学(43 种)、药理学与毒理学(11 种)。

SAGE 在教育学科领域出版 79 种期刊,其中的重点期刊介绍如下:

《教育研究评论》(Review of Educational Research),与美国教育研究协会合作出版,在 105 种教育与教育研究类期刊中排名第 4 位。

《美国教育研究》(American Educational Research Journal),与美国教育研究协会合作出版,在 105 种教育与教育研究类期刊中名列第 6 位。

《教育及行为统计》(Journal of Educational and Behavioral Statistics),与美国教育研究会合作出版,在 105 种教育学和教育研究类期刊中排名第 10 位。

《学习障碍》(Journal of Learning Disabilities),与 Hammill 研究中心合作出版,在 29 种教育、特殊类期刊中排名第 5 位。

《早期干预》(Journal of Early Intervention),CEC 幼儿部门的官方刊物,在 29 种教育、特殊教育类期刊中排名第 15 位。

4.1.6.2　数据库检索

(1)检索字段

系统提供 ALL Fields(所有字段)、Title(题名)、Author(作者)Abstract(摘要)、Full Text(全文)、Key words(关键词)、References(参考文献)、Affiliation(作者所属机构)、DOI(数字对象唯一标识符)、Journal Name(刊名)、ISSN（国际标准刊号)、Volume(卷)、Issue(期)、First Page(起始页)、Year(年)15 个字段。

(2)检索语言与检索技巧

布尔逻辑算符

and:检索结果中必须出现所有的检索词,如:education and college

or:检索结果中出现任一个检索词,如:education or college

not:检索结果中不出现 NOT 后的检索词,如 education not college

(3)检索方法

系统提供浏览、快速检索、高级检索、专业检索等 4 种检索方式。

1)浏览(Browse)

进入 SJO 平台主页,点击页面上方的“Browse”按钮切换到浏览界面。SJO 提供按刊名字顺浏览及按学科主题浏览两种浏览检索方式。

①刊名字顺浏览

刊名字顺浏览(图 4-35)是将所有期刊按刊名字母顺序“A—Z”排列起来,点击用户感兴趣的期刊,即可进入该期刊的主页。期刊主页提供了许多独特功能。

● Free Sample Issue：免费浏览样刊。

● Online First（电子版优先）：即将印刷出版的文章优先发行电子版（多数期刊适用）。

● Select an Issue from the Archive：期刊存档—保存当前、近期及很久以前的期刊内容，所有期刊均可回溯至第一卷第一期，可浏览具体年份、卷期的文章。

● Quick Search This Journal：提供快速检索该刊的功能。

● Article Statistics：显示各类别"阅读次数最多的文章"及"引用次数最多的文章"排名前50位的文章，每月更新。

● RSS Feeds：RSS 订阅该期刊。

● 侧边导航菜单：提供每一本期刊的详细信息，可链接至"编委列表"、"投稿"、"摘要"、"索引信息"及"电子邮件通知"等。

● 协会网站链接：提供与 SAGE 合作的学会及协会伙伴的相关信息。

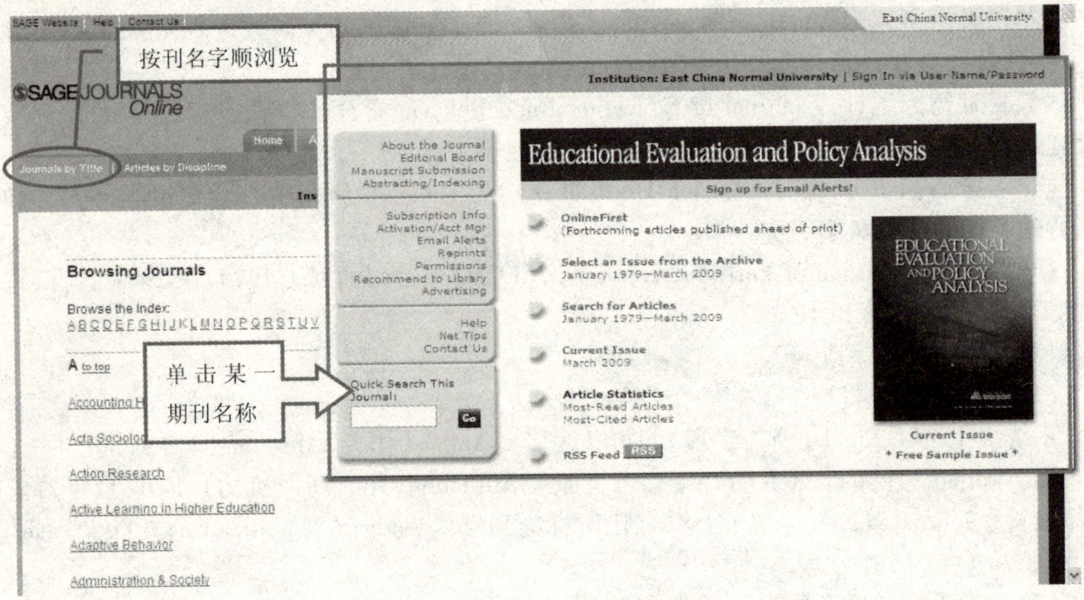

图 4－35　刊名字顺浏览界面

②按学科主题分类浏览

使用学科分类浏览可获取感兴趣主题相匹配的文章（图 4－36）。单击人文科学、生命科学、医学、物理科学、社会科学五大学科类别下的子学科可分类浏览。用户也可以使用该页面上的主题地图（TopicMap）功能。主题地图是一种特殊的 Java 程序，可帮助用户通过图形化界面浏览 SJO 平台上的主题，让用户在浏览庞大的树状结构数据库时有全局的概念。

SJO 将期刊按人文科学、生命科学、医学、物理科学、社会科学 5 大学科类目分类，如果用户想了解教育学科领域 SJO 有哪些文章，就可选择按学科主题分类浏览方式。教育学科的文章分在"Social Science"大类下，再点击二级类目"Education"，可看到相关主题的文章及数量，SJO 共收录了有关教育学的文章 43 万多篇。

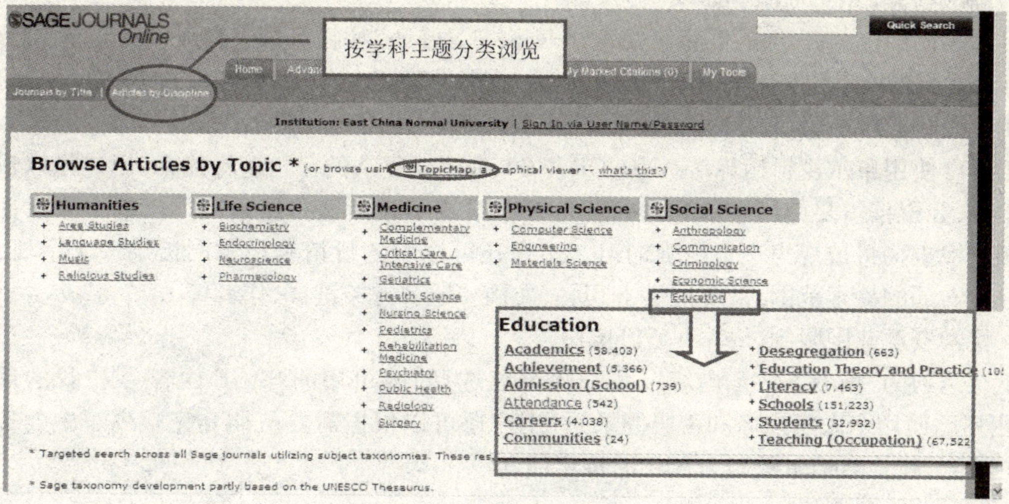

图 4－36　学科分类浏览界面

2）快速检索（Quick Search）

进入 SJO 平台主页，即可在页面上方直接看到快速检索功能区（图 4－37）。用户可在检索框中输入关键字或作者信息，然后点击红色的“Quick Search”按钮，来执行全文快速检索。用户也可以从各期刊的首页或任何有红色“Quick Search”按钮的页面，执行快速检索功能。可限定检索范围，如下：

- All SAGE Content：所有 SAGE 内容。
- SAGE Content Available to Me：我可用的 SAGE 内容，仅供授权机构访问。
- My Favorite Journals：我最爱的期刊，用户需使用个人用户名和密码登录。

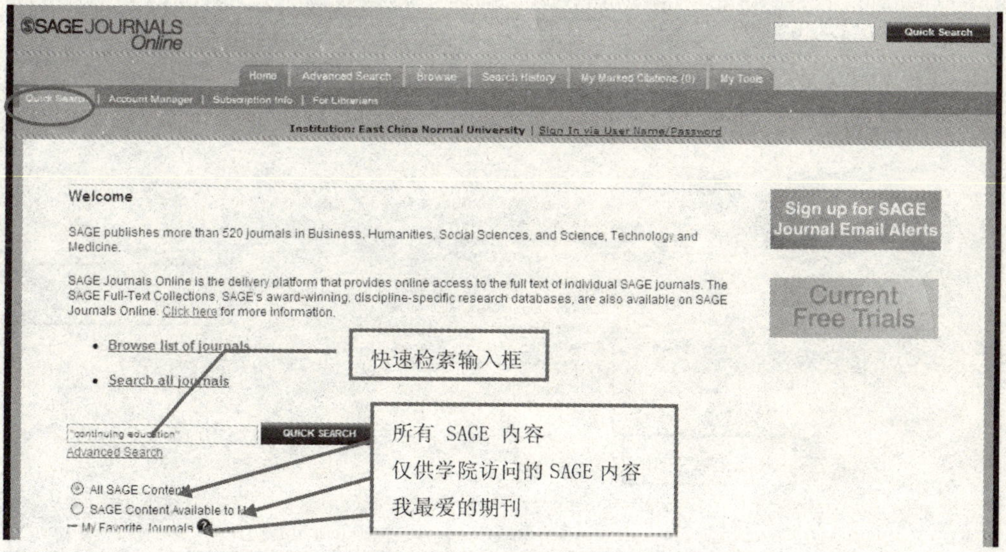

图 4－37　快速检索界面

3）高级检索（Advanced Search）

进入SJO平台主页，点击页面上方的"Advanced Search"按钮可进入高级检索界面，高级检索提供字段式逻辑检索和跨库检索两种检索方法，检索界面默认为字段式逻辑检索（图4－38）。

①字段式逻辑检索（Fielded Boolean Search）

用户可使用布尔逻辑运算符AND、OR、NOT来建立复杂的布尔逻辑检索，用户可以输入多个检索词，并根据需要使用布尔算式确定是否包括或不包括这些检索词。在单个检索框中输入的多个检索词将被视为一个精确词组。用户还可以对各行精确检索词指定一个字段，以限定这些检索词的检索范围，系统提供了刊名、文摘－题名－关键词、作者等13个字段。

• 检索资源范围限制（Search Within）

默认选项为"所有SAGE内容"，用户也可以选择"我可用的SAGE内容"或"我的最爱期刊"（用户已使用个人用户名和密码登录）。用户还可以根据需要从期刊完整列表中勾选所有需要的期刊，将检索结果限制为SJO的特定期刊。

• 时间范围限制（Date Range）

用户可以在下拉菜单中选择开始/结束月份和年份，将检索结果限制为特定的日期范围。系统默认在所有年份即从1879年到现在进行检索。

• 结果格式（Format Results）

检索结果可按照标准格式或缩略格式显示。每页可显示10至80条检索结果，并且还可以指定相关度或时间顺序。相关度排序将那些出现频率最高、包含检索词最多的文章排在最前面。在标题或摘要中包含检索词的文章会出现在仅在全文中包含检索词的文章之前。按时间排序则会按时间的先后降序显示文章。

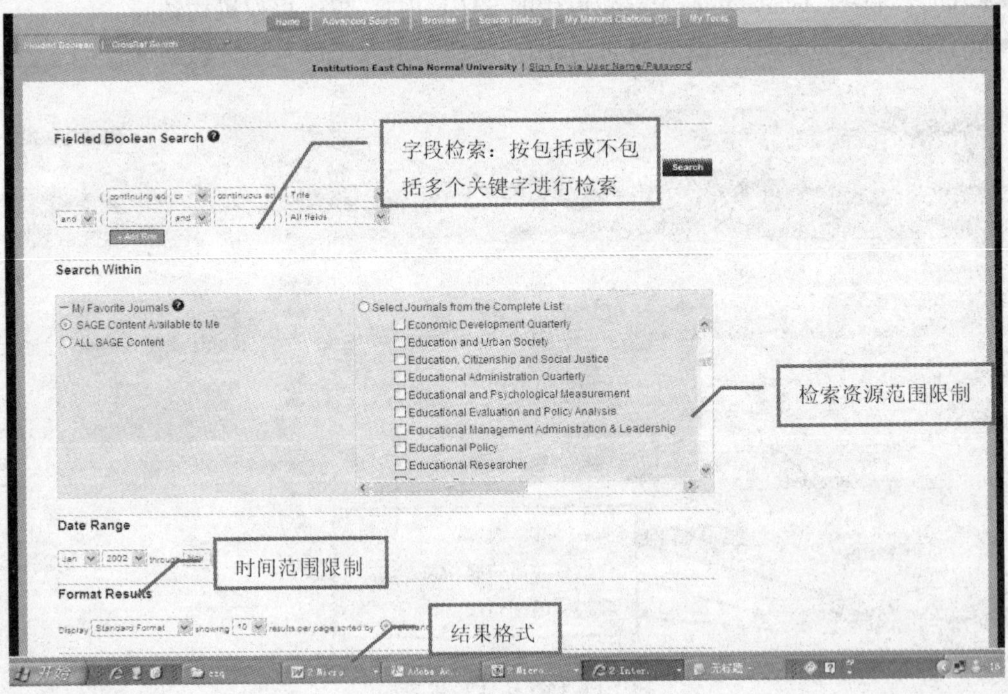

图4－38　字段式逻辑检索界面

②跨库检索(CrossRef Search)

CrossRef 跨库检索(图 4－39)可免费检索 45 家出版商 Web 站点上大量在线并经同行评论过的学术期刊论文,但读者最终能否看到全文,要视所属机构是否订购了这些电子出版物的访问权限而定。

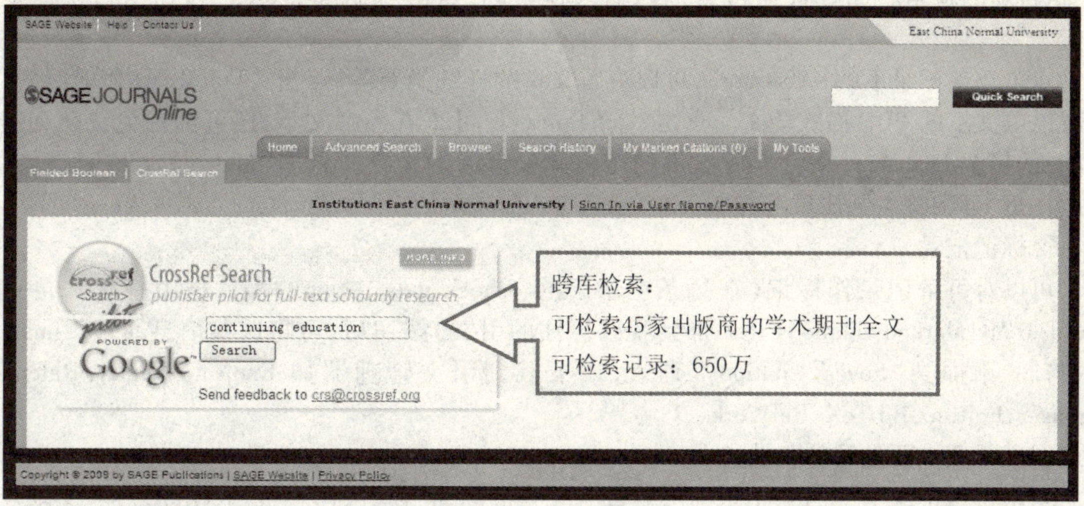

图 4－39 跨库检索界面

4)检索结果处理

采用快速检索和高级检索方式执行检索后,默认的检索结果页面(图 4－40)如下所示:

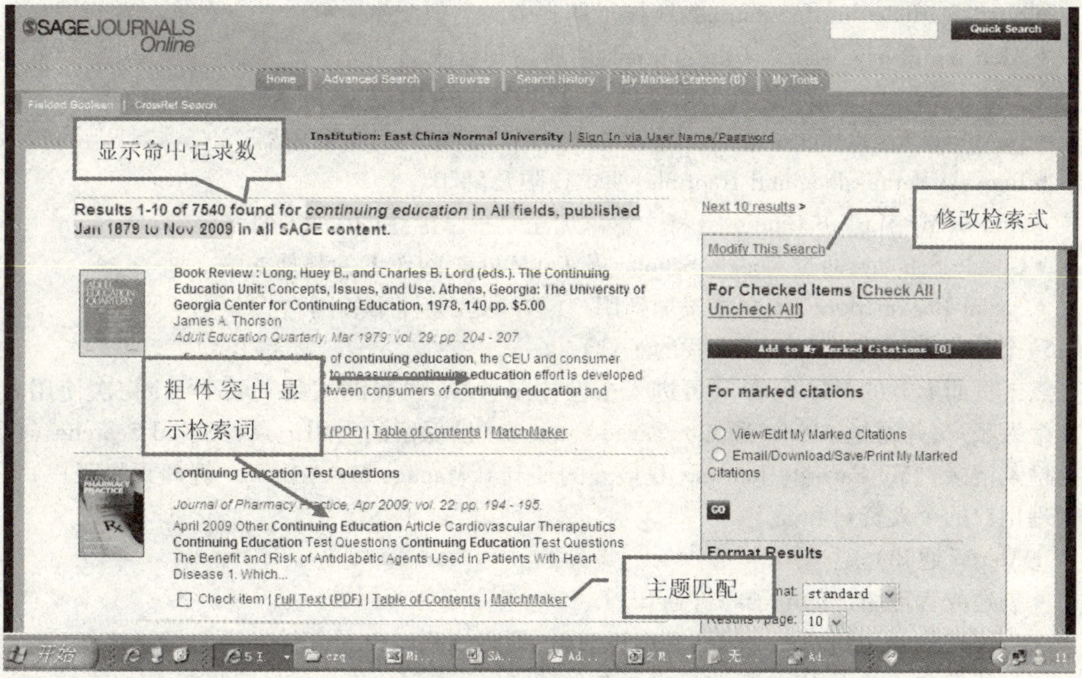

图 4－40 检索结果页面

①结果浏览

在默认的检索结果页面中，系统以题录列表形式列出检索结果，显示每条记录的题名、作者、刊名、出版日期、卷、页码等信息。

页面中还有一些功能链接和入口，如点击"Modify This Search"，可对前面的检索式进行修改，执行新的检索。如在快速检索框内输入检索词，点击"Quick Search"按钮执行快速检索功能。

点击每条记录下的"Abstract"，可以查看文章的详细摘要等；点击"Full Text(PDF)"，可以下载该篇文章的PDF格式全文。点击"References"，可查看参考文献，还可利用免费期刊链接功能，链接至HighWire平台上所提供的用户并未订阅的文章。点击"MatchMaker"，显示文章主题比重，可调整主题比重进行新一轮检索。

②标记记录

可以对每条记录作标记(在每条记录下的"Check item"之前的小方框中打√)，再点击"Add to My Marked Citations"(添加到我已标注的引文)按钮后，可将这些信息通过E-mail发送、打印、添加到"Saved Citations"列表，或下载到引文管理器如EndNote format，Reference Manager，ProCite，BibTeX，RefWorks。

③文章及摘要处的特色功能

点击每条记录下的"References"，可查看文章的题名、作者、作者机构、摘要、参考文献及链接等。其他与摘要及文章有关的特色和功能如下：

- Alert me when this article is cited：在文章被引用时予以通知，要求注册用户。
- Alert me if a correction is posted：在文章发布更正时予以通知，要求注册用户。
- Email this article to a friend：将文章通过电子邮件发送给朋友。
- Similar articles in this journal：链接至期刊中的类似文章。
- Alert me to new issues of the journal：注册期刊目录通知。
- Add to Saved Citations：将文章添加至"已保留的引用记录"列表 。
- Download to citation manager：下载文章到用户偏好的引文管理器。
- Request Permissions and Reprints：要求权限及翻印。
- Add to My Marked Citations：将文章添加至"我已标注的引文"列表 。
- Google Scholar：通过Google Scholar及PubMed查阅作者的其他文章。
- Social Bookmarking：将文章添加到用户偏好的社会性书签网站。

5)个性化服务——My Tools(我的工具)

点击页面上方的"My Tools"，可进入个性化服务区。"我的工具"页面可让初次使用者创建其个人账户，并通过Alerts(通知)、Saved Citations(已保留的引用记录)、Saved Searches(已保留的检索记录)、My Favorite Journal(我最爱的期刊)、Manage My Account(管理我的账户)等功能管理用户的个人资料和设定。

①Alerts(通知)

- 创建或管理用户的电子邮件通知；
- 当用户最爱期刊列表中的期刊出版时，可即刻收到以电子邮件发送的目录；
- 当特定文章被引用时，可收到电子邮件通知；
- 当符合用户检索条件的文章出版时，可收到电子邮件通知；

• 变更用户的电子邮件选项；

• 可提供 RSS Feeds，也可以从各期刊的首页进行访问。

②Saved Citations（已保留的引用记录）

管理用户在线保存的文章引文。用户可以在阅读文章时将引文添加至用户的在线列表。当用户重新访问 SAGE Journals Online 时，只要登录“我的工具”账户，即可找到这些已保存的引文。

③Saved Searches（已保留的检索记录）

管理用户在线保存的检索列表。用户可以从检索记录标签将检索添加至用户的在线列表。当用户重新访问 SAGE Journals Online 时，只要登录“我的工具”账户，即可找到这些已保存的检索。

④My Favorite Journal（我最爱的期刊）

将感兴趣的期刊指定为“我的最爱期刊”以便在 SJO 中实现个性化浏览和检索功能。

⑤Manage My account（管理我的账户）

可以变更用户的电子邮件地址；编辑用户的联络选项；变更用户的联络信息；变更用户的密码。

4.1.7 Periodicals Archive Online 数据库

4.1.7.1 数据库简介

Periodicals Archive Online（原名 PCI Full Text™，以下简称 PAO），是 ProQuest 集团 Chadwyck-Healey 平台数据库（该库收集了人文与社会科学方面的顶级内容）的主要产品之一，提供访问世界范围内从 1802 年至 2000 年著名人文社科类期刊回溯性内容全文。该数据库收录近 435 种全文期刊，其中有关教育学科的期刊有 10 种，为高校及科研机构的读者提供了一个可以访问超过 140 万篇文章、总计超过 890 万页期刊内容的过刊在线图书馆。在该数字资源当中有超过 20% 为非英文期刊内容，为读者提供了访问非英语国家期刊信息资源的机会，配以最新升级的检索平台，读者可以在最短的时间内在广泛的信息资源当中找到自己所需的文章内容。

PAO 收录的期刊几乎全部都回溯至期刊的第一卷的第一期（创刊号），使得用户可以检索来自众多出版商的期刊的完整回溯性数据。

最新升级的 PAO 数据库平台提供了更多方便读者的功能包括：免费提供 MARC 记录、支持 Z39.50、支持 OpenURL、支持引文导出工具并可以提供符合 COUNTER 标准的使用统计。除此之外，在每一个页面上的快速检索功能可以让不同级别的读者很快的找到自己所需要的内容，读者还可以通过最新增加的分组和筛选功能对检索结果进行分类。另外，PAO 数据库还增加了与 JSTOR 和 Project Muse 的 Crosslink 功能，如果图书馆还同时订购 JSTOR 和 Project Muse，读者就可以直接从 PAO 的检索结果进入到 JSTOR 或 Project Muse 数据库当中获取全文记录。

学科收录范围：商业管理、经济、教育、人文科学 - 总论、历史、宗教、哲学、文学、语言学、表演艺术、音乐、区域研究、黑人文化研究、法律、美术、心理学、妇女研究、社会问题研究、政治学、社会学、古代文明研究、人类学/种族学。

全文阅读：TIFF 和 PDF 两种格式，建议下载 PDF 格式的文献，PDF 格式需 Acrobat Reader 打开及阅读。

4.1.7.2　数据库检索

(1)检索字段

快速检索提供 Article Title(文章题名)、Article Title and Text(文章题名和正文)、Article Author(文章作者)、Journal ISSN(期刊 ISSN 号)、Journal Title(刊名)等 5 个字段。

文章检索提供 Keyword(s)(关键词)、Article Title Keyword(s)(文章题名关键词)、Author(作者)、Journal Title(刊名)、Language(语种)、Journal Subject(期刊主题)、Year of Publication(出版年)、ISSN 等 8 个字段。

(2)检索语言与检索技巧

1)布尔逻辑算符

and:检索结果中必须出现所有的检索词,如:education and college。

or:检索结果中出现任一个检索词,如:education or college。

not:检索结果中不出现 NOT 后的检索词,如 education not college。

2)词组检索

" ":精确短语检索,在检索时将英文双引号内的几个词当作一个词组来进行严格匹配,如"special education"。

3)截词符

:无限截词符,代表 0—n 个字符,包括一个词根的所有形式,例如检索 econom,可检索到 economics、economic、economy、economist 等。

4)位置算符

NEAR. n:两个检索词之间可以有 0—n 个词,位置可换,如:"atomic energy" near. 6 "nuclear power"。

FBY. n:两个检索词之间可以有 0—n 个词,位置不可换,如"atomic energy" fby. 5 "nuclear"

(3)检索方法

系统提供查找期刊(Find Journals)、快速检索、文章检索(Article Search)等 3 种检索方式。

(1)查找期刊(Find Journals)

进入 PAO 检索平台,该系统提供英语、法语、西班牙语、葡萄牙语、德语、意大利语六种界面语言。点击 PAO 任一页面上"Find Journals"按钮,均可进入查找期刊界面(图 4-41)。可通过以下四种方式定位期刊。

① 检索期刊(Search Journal Records)

读者可以期刊刊名、ISSN 号、语言、学科检索所需要的期刊。例如,检索教育类期刊"*Journal of educational research*"。

② 按语种查找期刊(Find Journals by Language)

读者可以查找捷克语、荷兰语、法语、德语、希腊语、意大利语等非英语期刊和英语期刊内容。

③ 按主题查找期刊(Find Journals by Subject)

PAO 将期刊划分为商业、经济、哲学、文学、历史、教育等 37 个主题。如果用户想了解教育学科领域有哪些期刊,就可按此浏览方式。点击"Education"主题,可看到 PAO 共收录了 10 种教育类期刊。点击某一刊名,可查看期刊的详细信息,包括:出版社、语言、ISSN、学科等信息,另外读者可以直接通过点击下面每期所对应的链接直接进入到该期文章当中。

④ 浏览刊名列表(Journal Title List)

在期刊浏览界面,读者可以期刊刊名首字母顺序"A—Z"来浏览期刊名称,并进入对应的期刊内容当中。

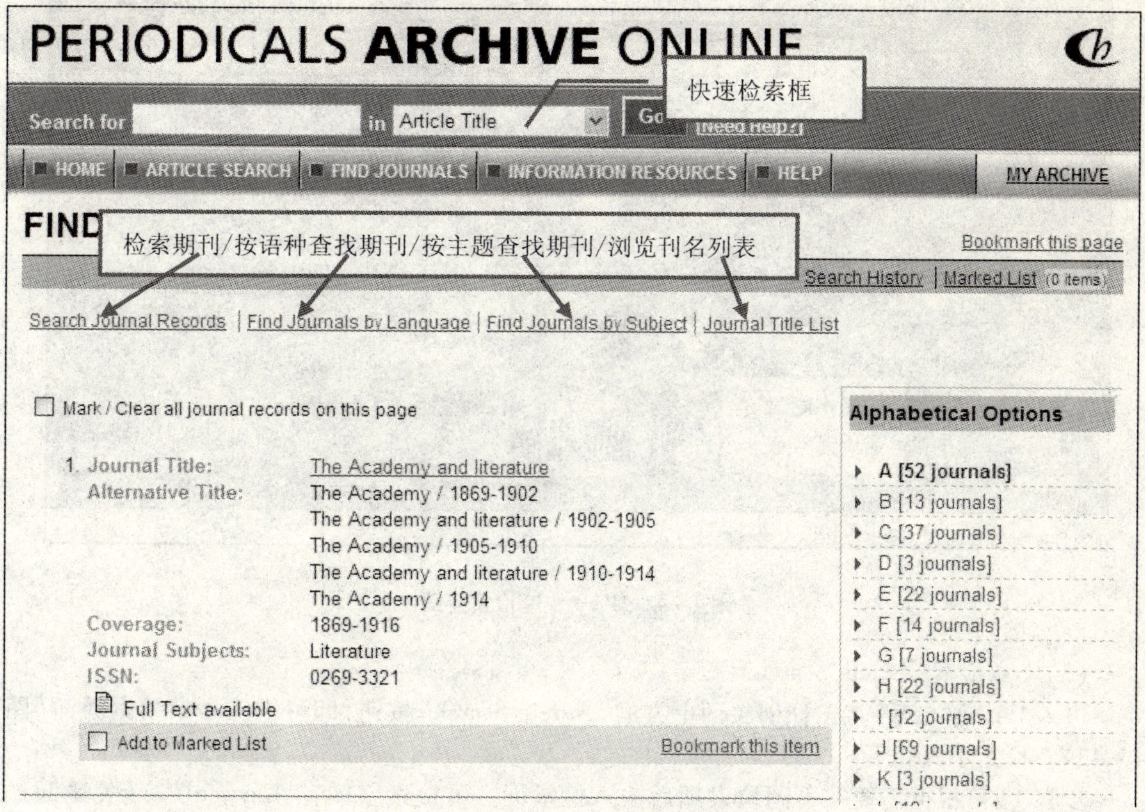

图 4 -41　PAO 平台查找期刊界面

(2)快速检索

在 PAO 检索平台任一页面上方均提供了快速检索输入框(图 4 -42)。快速检索提供了题名、作者、ISSN、刊名等 5 个检索字段。

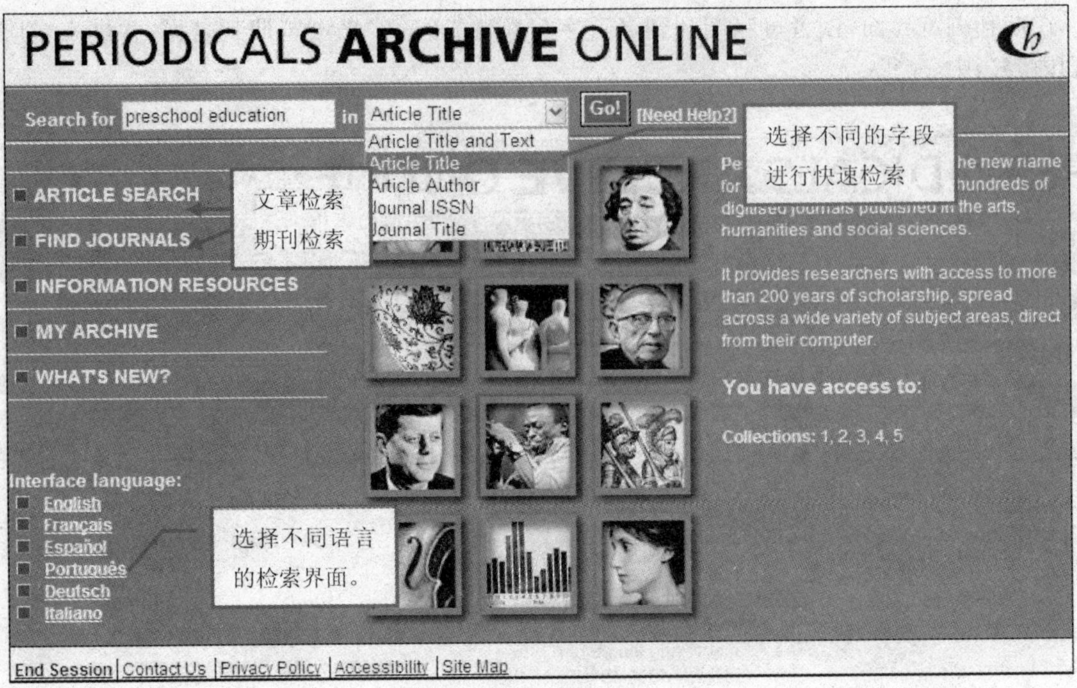

图 4-42　PAO 快速检索界面

(3)文章检索(Article Search)

进入 PAO 平台后,点击任何页面上方的“Article Search”按钮,即可进入文章检索界面(图 4-43)。检索步骤如下:

步骤①:可根据需要在不同检索项后输入检索词。可检索字段有:Keyword(s)(关键词)、Article Title Keyword(s)(文章题名关键词)、Author(作者)、Journal Title(刊名)、Language(语种)、Journal Subject(期刊主题)、Year of Publication(出版年)、ISSN。其中,刊名、语种、期刊主题都可通过列表进行选择(select from a list)。

步骤②:设置其他限定。

- 可进行内容限定,将检索限定在所有内容(All Content)、文章(Articles)、书评(Book Reviews)以及其他(Other)等范围。
- 排序方式设定,可设定检索结果按相关度(relevance)、期刊名称(alphabetically by journal title)、日期正序(oldest record first)、日期倒序(most recent record first)排序。
- 检索结果显示数量限定,可限定每页显示 20、50 或 100 条记录。

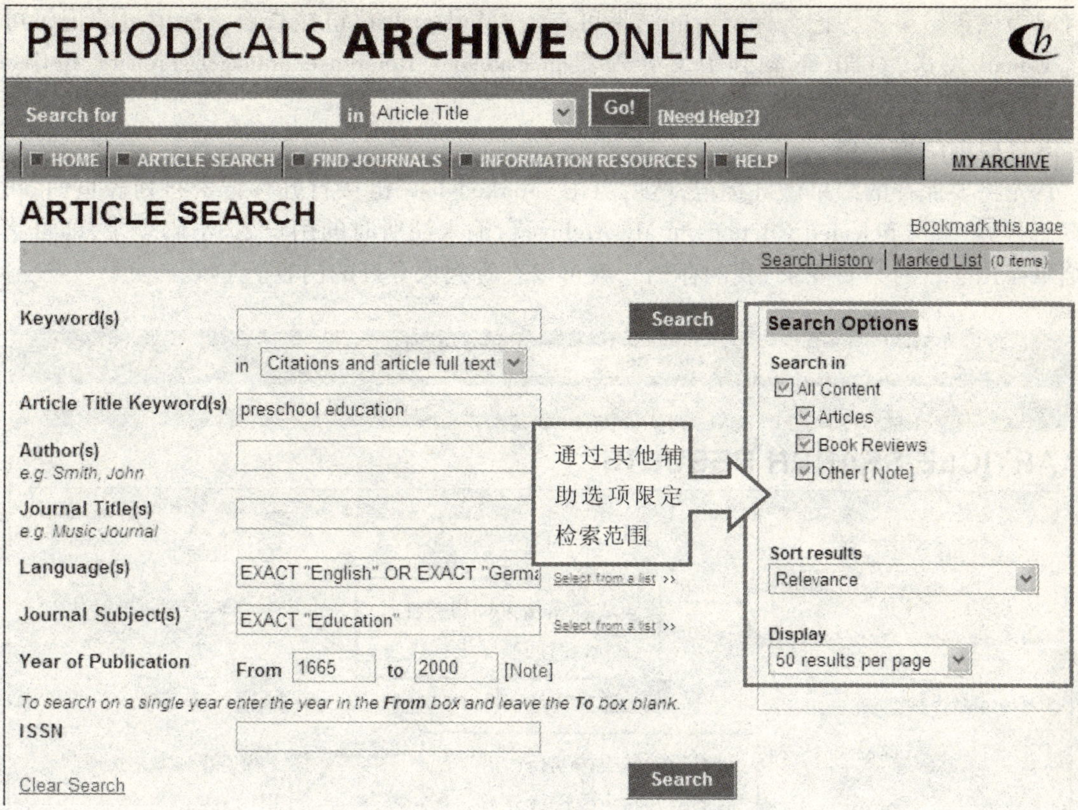

图 4－43　PAO 文章检索界面

（4）信息资源（Information Resources）

点击 PAO 平台页面上方的"Information Resources"按钮，可查看期刊详细信息列表、MARC 记录下载等，还可以了解 PAO 与 PIO、JSTOR、Project MUSE 等数据库相链接情况，还可以允许管理员查询机构用户的使用统计情况。

（5）检索结果处理

采用快速检索/文章检索方式执行检索后，检索结果页面（图 4－44）如下所示：

①结果浏览

在检索结果页面中，系统列出命中记录数，检索结果可按相关度、刊名字顺、出版日期进行排序，显示每条记录的题名、作者、刊名、卷、期、年月、页码等信息。页面中还有一些功能链接和入口，点击"Modify Search"，可对前面的检索式进行修改，执行新的检索。点击"Save search terms to My Archive"，将检索策略保存至 My Archive 中。还可在快速检索框内输入检索词，点击"Go"按钮执行快速检索功能。另外，还可以对检索结果按照期刊、语言、时间、学科主题进行分类（Filter by），以便于用户可以很方便找到最相关的内容。

点击题名或每条记录下"Article Image"链接可直接打开查看 TIFF 格式全文，点击"Article Image-PDF"可打开 PDF 格式全文。

②标记记录

对于符合预期的检索结果可以进行标记，每条记录后都有“Add to Marked List”复选框，可以打√为该条结果做标记。标记后的结果可点击“Marked list”链接查看。标记过的记录可以通过 E-mail 发送、打印、下载到引文管理器如 EndNote、Reference Manager、ProCite、RefWorks 中等。

③将检索结果存档

首先将要保存的结果做好标记，然后点击“Marked list”链接打开标记资料列表页面，再点击页面右侧“Save Selected Citations to My Archive”，输入注册时的用户名、密码登录，即可将检索结果存档。日后只要登录“我的存档”，就可以查看到保存好的内容。

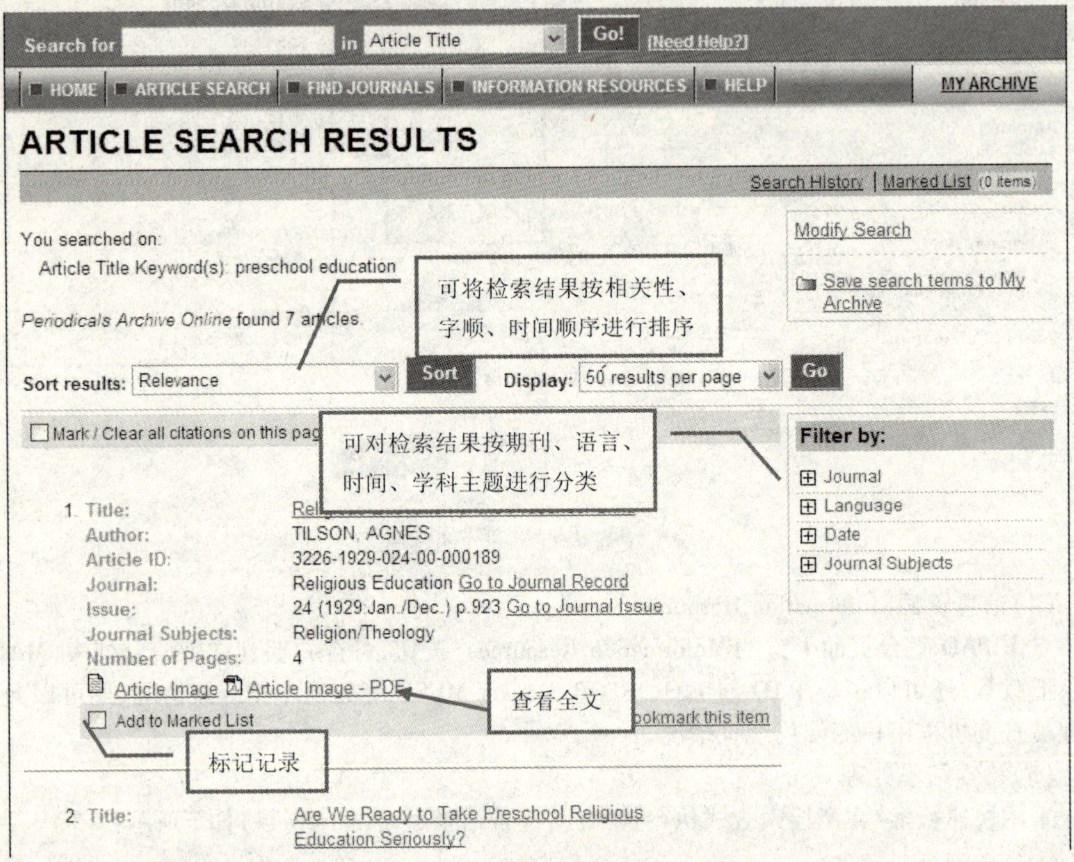

图 4－44　检索结果页面

（6）个性化服务 My archive

在使用 My archive（我的存档）前需先注册个人账户，用户在定制存档页面点击“create a profile”链接来定制一个个人文件夹，登录后，可对检索结果进行标记，将检索结果和检索策略保存起来，供日后参考。保存在 My archive 中的记录也可以 Email 发送或导出到引文管理软件。

“My Archive”（图 4－45）提供了如下功能菜单：

- 查看已保存的检索结果（View Saved Records）：管理用户在线保存的文章引文。用户可以在浏览文章时将引文添加至 My Archive 中。当用户重新访问 PAO 时，只要登录 My Archive 账户，即可找到这些已保存的引文。

• 查看已保存的检索策略(View Saved Searches):管理用户在线保存的检索列表。用户可以在检索结果页面中点击“Save search terms to My Archive”,将检索策略保存至 My Archive 中。当用户重新访问 PAO 时,只要登录 My Archive 账户,即可找到这些已保存的检索策略,并可进行修改等。

• 修改个人信息(Modify Profile):编辑、变更用户的个人信息。

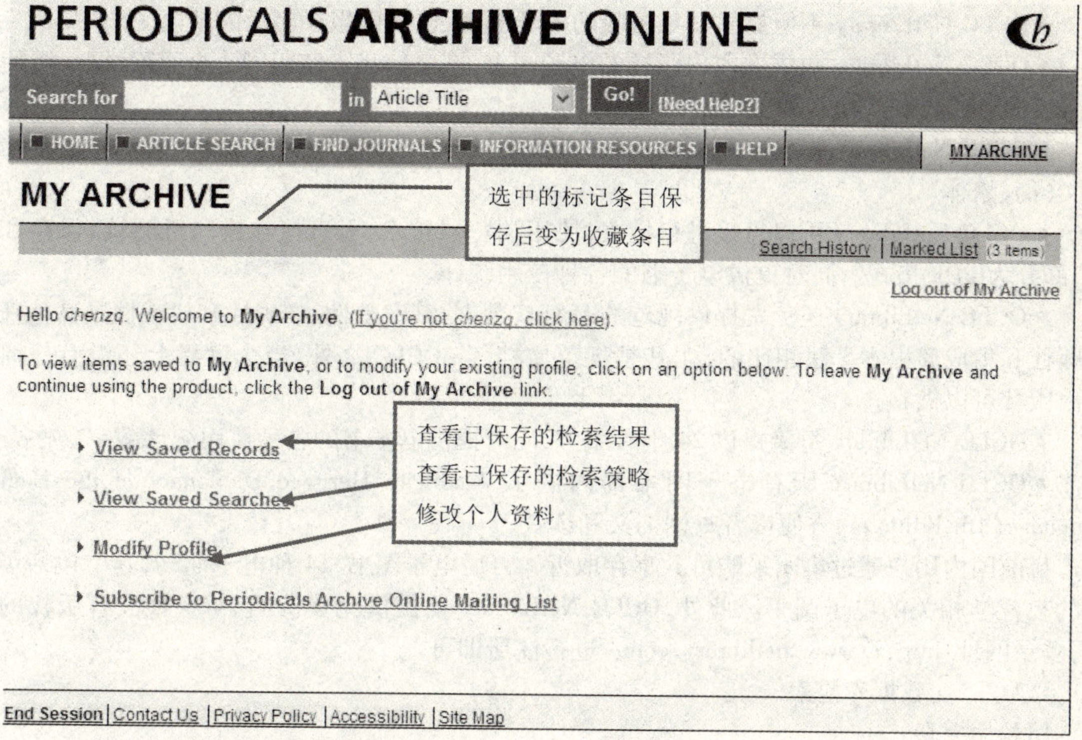

图 4-45　My Archive 界面

4.2　外文电子图书全文数据库

4.2.1　OCLC NetLibrary 电子图书

4.2.1.1　数据库简介

OCLC NetLibrary 于 1999 年成立,2002 年 1 月起隶属于 OCLC 联机计算机图书馆中心,是世界上最早的电子图书生产商,也是世界上最大最主要的电子图书提供者,先后有近 800 家出版社提供近 19 万种西文电子图书,涉及所有主题,涵盖自然科学和人文科学各个学科领域,并以每年 3 万多种的速度递增。除了英文电子书以外,还有中文、日文、法文、德文和西班牙文的电子书,大多数 NetLibrary 的电子图书内容新颖,近 90% 的电子图书是 1990 年后出版的。OCLC NetLibrary 电了书在多年的发展中始终都保持着其特点与优势:

• OCLC NetLibrary 拥有全球最多的图书馆用户,目前世界上 50 多个国家和地区近20 000 所图书馆都在使用 OCLC NetLibrary 电子图书。

• OCLC NetLibrary 提供全球最多的英文电子图书,无论在数量还是品种方面,其他任何电子图书提供商都无法与之相比。除提供全文的电子书外,还提供多种工具书、全文电子期刊和完整版的有声电子图书。

• OCLC 提供多种选购电子书方式,如:按不同类型的图书馆、不同学科、适合各类图书馆的专题集、参考资料中心(1600 多种题名的参考工具书)、IT 信息中心(3300 多题名的最新 IT 技术书)、60 天以内的最新图书等等。

• OCLC NetLibrary 不但提供往年出版的电子图书,也提供当年出版的新电子图书。

• OCLC NetLibrary 集中多家出版社的电子图书,图书馆只需使用同一个界面,同一个使用权协议即可进行统一使用和管理。

• OCLC NetLibrary 提供多种检索界面,有英文、法文、德文、西班牙文、日文、韩文、泰文和中文(简、繁体)。

• OCLC NetLibrary 可以直接进行检索,使用浏览器技术,可直接在线联机阅读、保存和打印,部分为 PDF 格式。同时提供电子书的各种使用统计。

• OCLC NetLibrary 还免费提供规范的 MARC 数据,其完整性、准确性和权威性是其他任何出版社和集成商根本无法相比的,尤其是规范文档,除 OCLC 之外,当今世界上还没有任何一家出版社可以做到。

• OCLC NetLibrary 每天提供 24 小时服务,同时提供电子书的各种使用统计数字。

• OCLC NetLibrary 所有电子图书都内嵌了 American Heritage Dictionary of the English Language(4th Edition),方便读者查询词义和读音。

目前国内用户通过集团采购可共享存取近 1 万册电子图书,14 种电子期刊,其中包括了大量的教育学相关的电子图书。此外,OCLC NetLibrary 还提供免费访问 3460 种没有版权的图书,登录网址:http://www.netlibrary.com/ 进行注册即可。

4.2.2.2 数据库检索

1)检索字段

系统提供 Title(书名)、Author(作者)、Full text(全文)、Keywords(关键词)、Subject(主题)、Publiser(出版商)、ISBN(国际标准书号)等 7 个字段。

注:Keywords 字段检索时,检索词可出现在书名、作者、出版商及全文任何部分。检索时,请输入一个词,如 programming,或者多个词,如 pride prejudice。

Title 字段检索时,可输入书名全称或部分书名,两词间顺序任意,不必输入书名中开头的冠词(the,a,an)。

Author 字段检索时,作者姓、名顺序可任意,可带也可不带标点符号,也不必大写,检索方式默认"姓 and 名"。如:Twain,Mark 或 mark twain 或 Twain Mark。

Subject 字段检索时,采用的是"美国国会图书馆主题词表",可以只输入一个检索词,如:computer,也可以输入多个检索词,如:civil war history。

Full text 字段检索时,所输入的检索词将在每本电子书内容中搜索,所得到的结果出现在书的全文中,但也有可能出现在题名中。应尽可能将检索词汇特定化。

Publihser 字段检索时,输入出版商的名称,可以不拘顺序、标点符号或大写,如:Kluwer、London Kluwer 或 Kluwer Boston。

(2)检索语言与检索技巧

1)布尔逻辑算符

AND:两个检索词必须同时出现,如 history AND european;

OR:两个检索词任一出现即可,如 History OR european;

NEAR:两个检索词的位置邻近,如 History NEAR European。

注:在查询时,输入的布尔逻辑算符必须全部大写。

2)词组检索(Phrase Search)

" ":表示引号内为词组,完全匹配,如检索"civil rights",只检索出 civil rights 这个词组,若无双引号,系统默认几个词是逻辑"与"关系,如检索 civil rights,系统默认检索 civil and rights。

3)截词符

＊ :无限截词符,代表 0—n 字符,检索与输入词起始部分一致的词,如 cook＊,可检索到 cook、cooks、cooking、cookery、cookbook。

＊ ＊ :词干检索,可以检索到一个词经过词形变化后的各种形式,如 drive＊＊,可检索到 drive、drove、driving、driven。

4)拼写检查(Spell Checker)

检索中有内建的拼写检查功能,能辨认拼错的字或模糊的检索词,如,输入"jurnel",系统会问是否想输入"journal"。用户可以点选另外的检索词以改进查询。

(3)检索方法

系统提供浏览、基本检索、高级检索等 3 种检索方式。

1)浏览(In Our Collection)

进入 OCLC NetLibrary 主页,即可在页面右上角看到"In Our Collection"(在我们的馆藏中)浏览功能区(图 4-46),系统列出了订购机构中所有的电子内容,包括电子图书、免费电子图书和电子期刊。点击链接就会看到清单,清单中有此格式的所有资料。可以按书名、作者、出版时间最新、出版时间最早等排序显示。还可对电子图书的语种、出版年份进行限定显示。

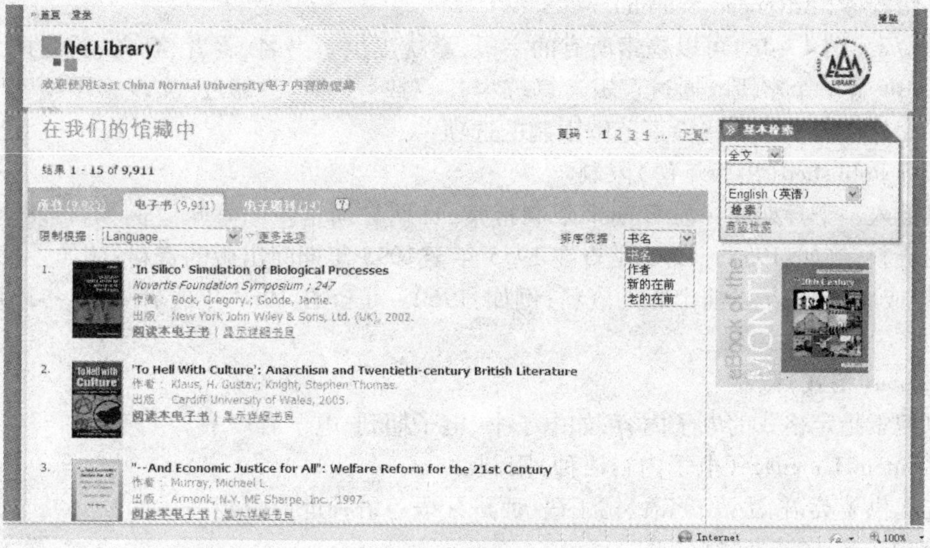

图 4-46 "在我们的馆藏中"浏览界面

2）基本检索（Basic Search）

基本检索（图 4－47）是系统默认的检索方式。首先，在检索框中输入检索词、词组或检索式，并可使用检索运算符，然后选择检索字段和电子图书语种进行检索。可选的字段有关键词、书名、作者、主题、全文等 5 个字段。基本检索不但位于首页，而且在每一个非检索页面的右侧也有。

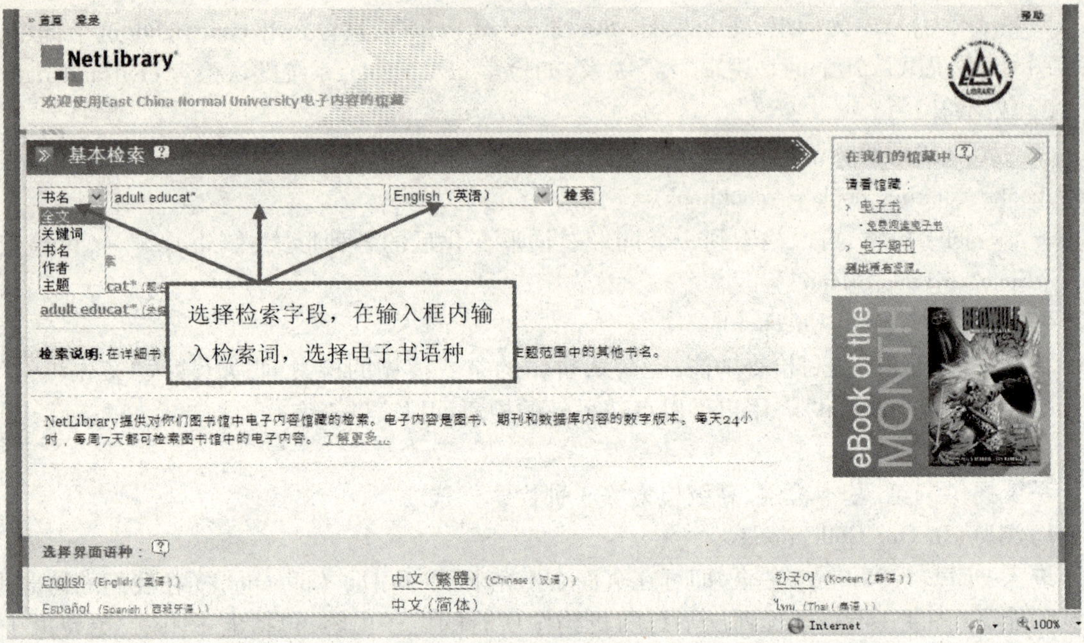

图 4－47　基本检索界面

3）高级检索（Advanced Search）

高级检索（图 4－48）可以检索所有的字段，系统提供了书名、著者、全文、关键词、主题词、出版社、ISBN 等 7 个字段。通过逻辑运算符“与”、“或”、“非”、“邻近”实现多个检索字段的复制组配。此外还提供了一些检索范围限制的选项：

①Year Published（出版年份）限制

可以输入一个日期或一段日期来限制检索，日期必须是一个整年。例如：1998 是查 1998 年出版的资料；例如：1955—1995 是查在 1955 年至 1995 年期间出版的资料；例如：－1960 是查在 1960 年或者 1960 年以前出版的资料；例如：1960－是查在 1960 年或者 1960 年以后出版的资料。

②Format（格式）限制

可以搜索指定格式的电子内容，如电子书、电子期刊、电子有声书。

③eContent Language（电子内容语种）限制

系统提供了英语、法语、德语、拉丁语、西班牙语等语种进行限制。

④Display Sort（选择排序方式）

可按相关性、书名、作者、出版时间最新、出版时间最早等对检索结果进行排序。

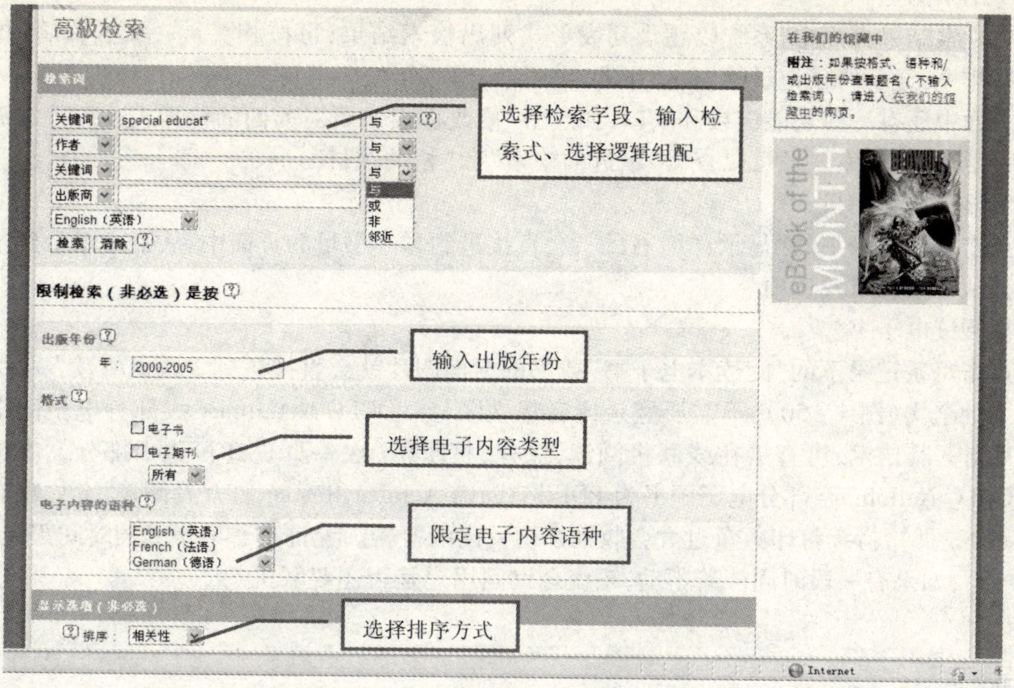

图 4-48　高级检索界面

4）检索结果处理

采用基本检索/高级检索方式执行检索后，检索结果页面（图 4-49）如下所示：

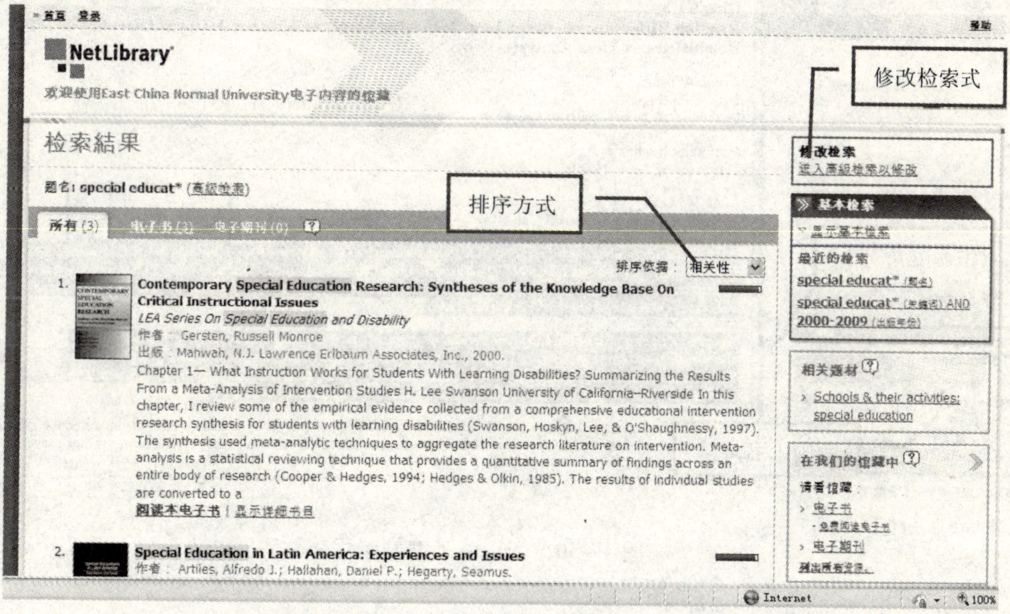

图 4-49　检索结果页面

①结果浏览

在检索结果页面中，系统以题录列表形式列出检索结果，可按相关性、书名、作者、出版时间进行排序，显示每条记录的书名、作者、出版社、出版年份等书目信息。

页面中还有一些功能链接和入口，如点击“修改检索”，可对前面的检索式进行重新编辑和输入，执行新的检索。还可以查看“最近的检索”和“相关题材”。

②显示详细书目

点击每条记录下的“显示详细书目”，会直接进到详细书目的页面中，从中可以看到这篇著作中其他的信息以及选项。

③阅读电子书

点击每条记录下的“阅读本电子书”或书的封面图片就会直接进到“联机阅读”中去阅览电子书的全文(图4-50)，不需要登录或者建立账号。OCLC NetLibrary 大部分电子图书使用 HTML 浏览器技术，可直接在线联机阅读、保存、打印(一次一页)，还可选中部分文本进行复制。OCLC NetLibrary 部分电子图书为 PDF 格式，需 Acrobat Reader 打开及阅读，允许保存和打印(一次一页)，持续打印数量过大会收到系统发出的警告。允许查看电子书的时间很短(大概10分钟)，如果有一段时间停着不动，系统会询问用户是否还要联机。

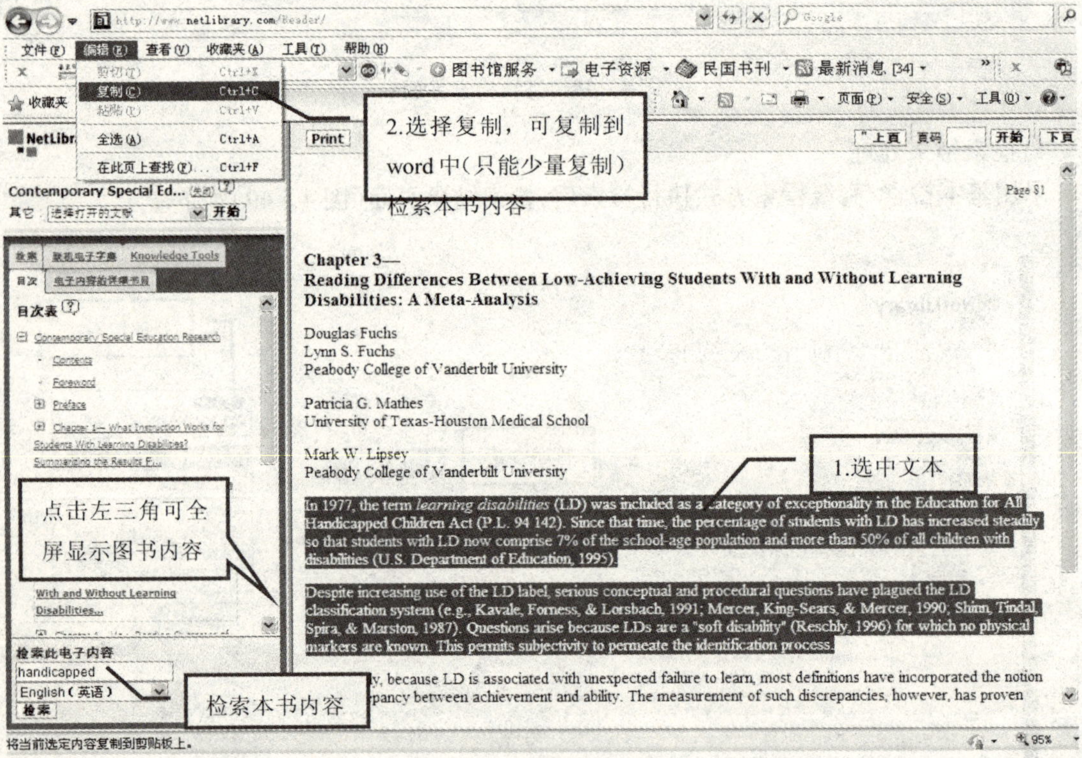

图4-50 阅读电子书界面

5)特色服务

可以通过 E-mail 将某电子图书的详细书目信息发送给用户。需要同时填写发信邮箱地址

(FROM)和收信邮箱地址(TO)。

6)本月电子书

“本月电子书”服务每月向读者提供一本可以免费阅读的电子图书。

4.2.2 Ebrary 电子图书数据库

4.2.2.1 数据库简介

Ebrary 公司于 1999 年 2 月正式成立，由 McGraw-Hill Companies、Pearson plc 和 Random House Ventures 三家出版公司共同投资组建，总部位于美国加利福尼亚州。Ebrary 电子图书数据库整合了来自 300 多家学术、商业和专业出版商的 17 万册权威图书和文献，覆盖了商业经济、计算机、技术工程、语言文学、社会科学、医学、历史、教育、哲学等主要科目的书籍种类，其综合学术类收藏(Academic Collection)截至 2008 年 12 月已包含了超过 4 万册的图书，其中教育类有 2800 册图书。2005 年以后出版的超过 8000 册，75% 以上是 2000 年之后出版的，一般每个月都新增几百种图书。目前与 Ebrary 合作的主要出版社包括 The McGraw-Hill Companies、Random House、Penguin Classics、Taylor & Francis、Yale University Press、John Wiley & Sons、Greenwood 等著名出版社。Ebrary 允许多用户同时访问，并具有特色高级检索工具与现有图书馆 OPAC 系统和数字资源整合；提供全部书籍的 MARC 记录。Ebrary 数据库网址为：http://www.ebrary.com/corp/。

Ebrary 具有方便快捷的检索和浏览功能：

- 图书分类浏览，多种检索方式组合；
- 复制，打印，阅读界面任意缩放；
- 建立个人书架，收藏感兴趣的图书；
- 添加书签和批注，高亮显示文本，这些内容会同时在个人书架中显示；
- 有强大的 InfoTools™ 优化阅读过程：可链接百科全书、传记资料、书目资料、地图、搜索引擎等外部网站；书中任意词句的法语、德语、意大利语、西班牙语和葡萄牙语翻译。

4.2.2.2 数据库检索

Ebrary 检索系统提供简单检索、高级检索和分类浏览三种方式。

(1)简单检索

用户点击 Search 面板中的“Simple”按钮，即可进入简单检索。可直接在检索框中输入检索词(支持自然语言)，然后点击“search”按钮开始检索。

(2)高级检索

如果用户需要更多的检索选择以获得更精确的检索结果，需要点击 Search 面板中的“Advanced”按钮，进入高级检索界面(图 4-51)。高级检索提供用户多个检索框，可根据需要指定不同的检索字段进行检索。

(3)分类浏览

用户也可点击“Browse”进行分类浏览，选择自己所需要的文献。

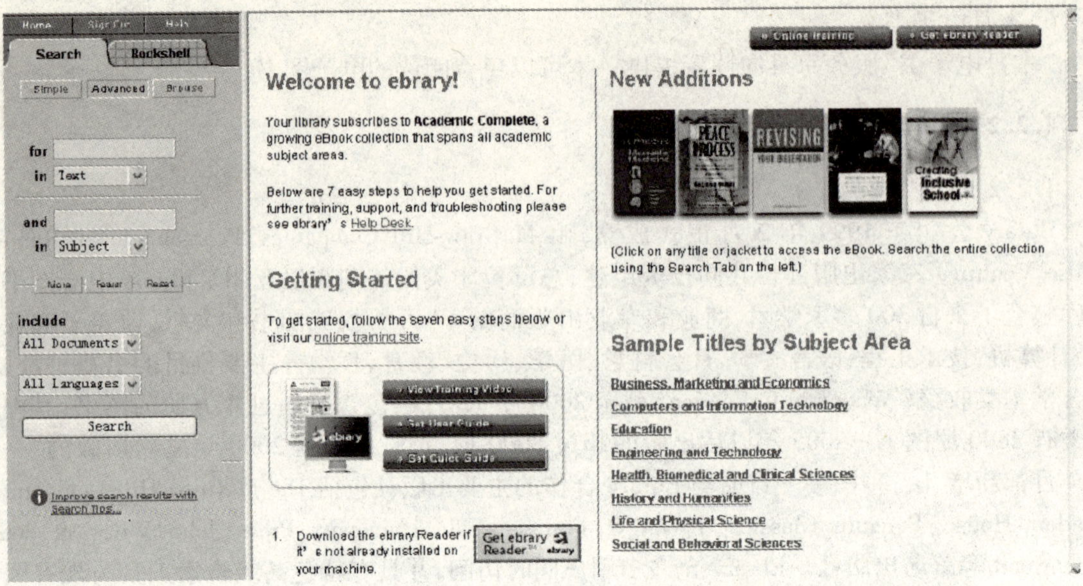

图 4－51　Ebrary 高级检索页面

（4）检索结果

检索结果页面（图 4－52）列出了命中记录条数，点击"1,2,3…"等链接，可查看当前页面容纳不下的书目信息，每条记录还提供了书名、作者、页数、出版社、出版日期、主题词、ISBN 等相关书目信息，检索结果还可以按相关度、书名、作者、出版社、出版日期重新排序。

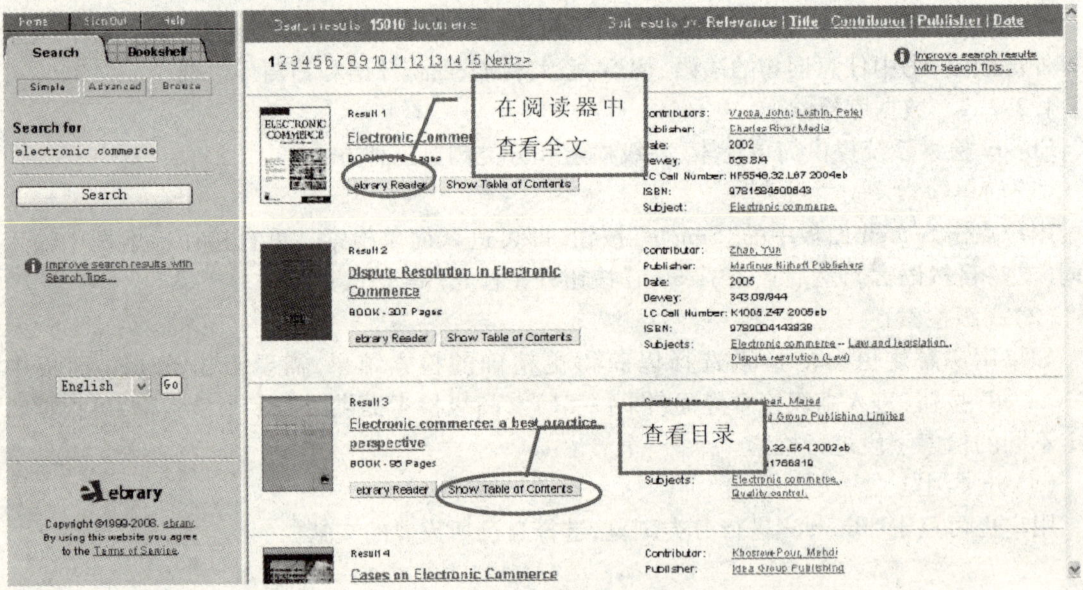

图 4－52　Ebrary 检索结果页面

点击每条记录下的“Show Table of Contents”，可查看详细目录信息。

点击每条记录下的“ebrary Reader”，即可在 Ebrary 阅读器中阅读电子书全文。

4.2.3 其他免费外文电子图书

4.2.3.1 NAP 免费电子图书

The National Academies Press（NAP）是美国国家科学院下属的学术出版机构，主要出版美国国家科学院、国家工程院，医学研究所和国家研究委员会的报告。从 1992 年开始，计划将印刷本图书逐渐转化成电子图书。NAP 每年出版约 200 本有关科学、工程、健康及其相关政策等方面的书籍。

目前通过其主站点可以免费在线浏览 3700 多种电子图书，图书内容覆盖环境科学、生物学、医学、计算机科学、地球科学、数学和统计学、物理、化学、教育等诸多领域，其中教育学主题又分为 Early Childhood Education、Education Research and Theory、Educational Technology、Engineering Education、Higher Education、K－12 Education、Math and Science Education、Medical Training and Workforce、Policy, Reviews and Evaluations、Teacher Preparation and Professional Development、Testing, Assessments and Standards 等 11 个主题，共提供 260 种电子图书。

NAP 电子图书采用 PDF 文档格式，保持了书的原貌，并提供网上免费浏览。还可以进行全文检索、打印（一次一页）。访问无需账号和口令，也无需下载电子图书专用阅读软件。登录 NAP 网址：http://www.nap.edu/，进入后可以按学科分类浏览，也可以输入检索词，在书名或全文中检索。在每一本书中可以像阅读印刷本图书一样按目次和章节阅读，也可输入检索词进行全文检索，然后直接点击进入有关的章节或页面。

4.2.3.2 Asiaing.com 免费外文电子图书

该网站提供免费外文电子图书 2300 余册，包括艺术、传记、计算机、经济贸易、金融、教育、历史、法律、文学、政治学、自然科学与技术等学术类图书；以及一些就业、家庭、健康、生活、体育、旅游等休闲类图书。另外有免费电子报告 460 余份，涉及各学科、行业及政府报告。还可以浏览到部分电子杂志、电子报纸、视频等资源。

电子图书多数提供 PDF 文档格式免费下载，保持了书的原貌，部分提供网上免费浏览。登录 Asiaing 网址：http://www.asiaing.com/，访问无需账号和口令，进入后可以按学科分类浏览，也可以输入检索词检索相关资料。

4.2.3.3 eScholarship Editions 免费电子图书

eScholarship Editions 是加利福尼亚数字图书馆（California Digital Library，简称 CDL）eScholarship 课题的子项目。作为加州大学的图书馆之一，CDL 为加州大学图书馆和一些社团提供全球的学识和相关的知识，并支持利用这些资源进行的汇集和创新工作。

eScholarship Editions 包含近 2000 种学术出版社的电子图书，图书内容覆盖艺术、科学、历史、音乐、宗教和小说等诸多领域。除提供加州大学师生利用外，eScholarship Editons 项目特别提供其中的 700 多种电子图书免费在线浏览（以“public”标识），其中有不少教育类的图书。电子图书采用 XML 和 Java 架构，无需下载电子图书专用阅读软件，可直接链接到脚注和引文。所有电子图书供加州大学师生访问，只有标注“public”的电子图书才可提供公众在线免费阅读，访问免费书时无需账号和口令，进入后可以按学科分类浏览，也可以输入检索词，在书名或全文中检索。打开一本书后，可在该书内进行全文检索，并按章节浏览图书。可用打印方式预览全书,并进行打印。

4.2.3.4 Google 电子图书

登录网址 http://books.google.com/,即可进入 Google 电子图书网站主页,用户可以输入单词或短语进行检索,检索结果显示相关图书的题名链接,每本书都包含"关于此书"页面,里面有基本目录数据(如标题、作者、出版日期、长度和主题)。某些图书,用户可能还会看到其他信息,如关键字词和短语、学术出版物或其他图书中引用该图书、章节标题以及相关图书的列表。每本书都有可将用户引向可以购买此书的书店的链接,以及用户可以借阅此书的图书馆的链接,因为 Google 已与全世界知名的图书馆合作以将其收藏的图书包括在图书搜索中。

Google 电子图书的检索方法跟普通的 Google 搜索引擎相似,分基本检索和高级检索两种方式。可直接输入检索词进行检索,也可输入逻辑组配检索式进行检索。

用户可以通过 4 种方式阅读 Google 图书:

• 全书视图

如果图书已不受版权保护,或者出版商或作者要求让全书都可浏览,用户就可以在全书视图中浏览该书。用户可以通过全书视图阅读图书的任何页面,如果此书属于公众领域,用户还可以下载、保存并打印 PDF 版本,以便随时阅读。

• 有限预览

如果 Google 获得了出版商或作者的授权,用户可以预览图书有限页数的内容。

• 摘录视图

摘录视图与卡片目录类似,可显示图书的相关信息并附有几小段内容(即含有他们的搜索字词的相关句子)。

• 无预览

像卡片目录一样,用户可以查看图书相关的基本信息。

4.3 外文学位论文数据库

4.3.1 PQDT 博硕士论文文摘数据库

4.3.1.1 数据库简介

ProQuest Dissertations & Theses (PQDT)数据库是由美国的 ProQuest Information and Learning 公司(原为 UMI 公司)出版。ProQuest 公司是美国国会图书馆指定的收藏全美国博硕士论文的机构,也是加拿大国家图书馆指定的收藏全加拿大博硕士论文的机构。1938 年,当时的 UMI 公司便开始收集博士论文并对如何访问这些重要的学术资源进行了创造性的改革,由此诞生了目前世界上最大和使用最广泛的国际性学位论文数据库。纸本和缩微形式的论文使用 UMI 这一出版品牌,数字形式的论文出版则使用 ProQuest 数据库平台。

PQDT 是基于原印刷本的相关检索刊物开发的综合性学位论文联机网络版,收录了从 1861 年以来所有北美地区及部分欧、亚、澳洲地区 1000 余所大学和著名研究机构的博硕士学位论文,内容覆盖人文社会科学、自然科学和工程等广泛领域,它是学术研究中十分重要的参考信息源,目前拥有题录和文摘信息超过 230 万条,其中有关教育学科的论文信息有近 50 万条。每年大约新增 8 万篇论文,全球 700 多所大学定期向 ProQuest 提交博士论文。PQDT 中除收录与每篇论文相关的题录外,1980 年以后出版的博士论文信息中包含了作者本人撰写的长达350个字的文摘。1988年以后出版的硕士论文信息中含有150个字的文摘。1997年以后出版的论文可免费浏览前24页PDF格式的全文。

数据更新频率:每周更新

4.3.1.2 数据库检索

(1)检索字段

系统提供引文和摘要、摘要、导师、作者、委员会成员、学位、教育机构中的系部、文档ID、文档语言、文档正文、文档标题、索引短语(关键词)、ISBN、出版物/订单编号、学校名/代码、学科名/代码、补充文件、卷/期等18个字段。

(2)检索语言与检索技巧

1)布尔逻辑算符

AND:检索结果中必须出现所有的检索词,如:education and college

OR:检索结果中出现任一个检索词,如:education or college

NOT,AND NOT:检索结果中不出现NOT后的检索词,如education not college

2)词组检索

使用引号" "来检索精确的短语。

默认情况下,2个单词的查询,如circus elephant,视为一个正确的短语进行检索。

默认情况下,3个单词的查询,如new york university,将检索这些单词彼此接近、但顺序不限的短语。

3)截词和通配符

* :右截词符,查找单词词尾变化的所有形式,例如,检索econom*,将查找"economy"、"economics"、"economical" 等。

?:通配符,用于替换单词内部或末尾的单个字符。?不能用于单词的开头。例如,检索"wom?n",将查找"woman"、"women";检索"t?re",将查找"tire"、"tyre"、"tore" 等。

4)位置算符

W/n:关键词之间可间隔0—n个单词,且关键词位置可换。当检索"引文和文档正文"或"文档正文"内的关键字时使用。例如:computer W/3 education。

NOT W/n:查找其中这些关键字出现但不是在n个单词内(前面或后面)的文档。当检索"引文和文档正文"或"文档正文"内的关键字时使用。例如:education NOT W/2 careers。

W/PARA :关键字处在同一段落内(大约1000个字符)的文档。当检索"文档正文"内的关键字时使用。例如:internet W/PARA education。

W/DOC:查找其中所有关键字在文档正文内出现的文档。当检索"引文和文档正文"或"文档正文"中的关键字时,使用W/DOC替换AND以检索更全面的结果。例如:Internet W/DOC education。

PRE/n :查找其中第一个关键字出现在第二个关键字前一定数量的单词内的文档。当检索"引文和文档正文"或"文档正文"内的关键字时使用。例如:world pre/3 web 。

5)禁用词

常见的冠词、介词、代词等为禁用词(the、of、to…),若检索式中出现禁用词,系统将自动忽略这些禁用词。

(3)检索方法

系统提供基本检索、高级检索以及主题指南、出版物浏览等4种检索方式。

1)基本检索

进入PQDT数据库主页,系统默认的检索方式为基本检索(图4-53),首先在下拉菜单中选择检索数据库为PQDT,在检索输入框中输入检索词或检索式,由于基本检索方式不提供字段限定功能,系统默认在“引文和摘要”中进行检索,再选择检索的日期范围等。点击页面下方的“更多检索选项”可弹出文档标题、作者、学校、学科等限定检索项,在限定栏目中输入相应的检索词,此外,还可选择文档语言、手稿类型、检索结果排序方式等,最后点击“检索”,得到检索结果。

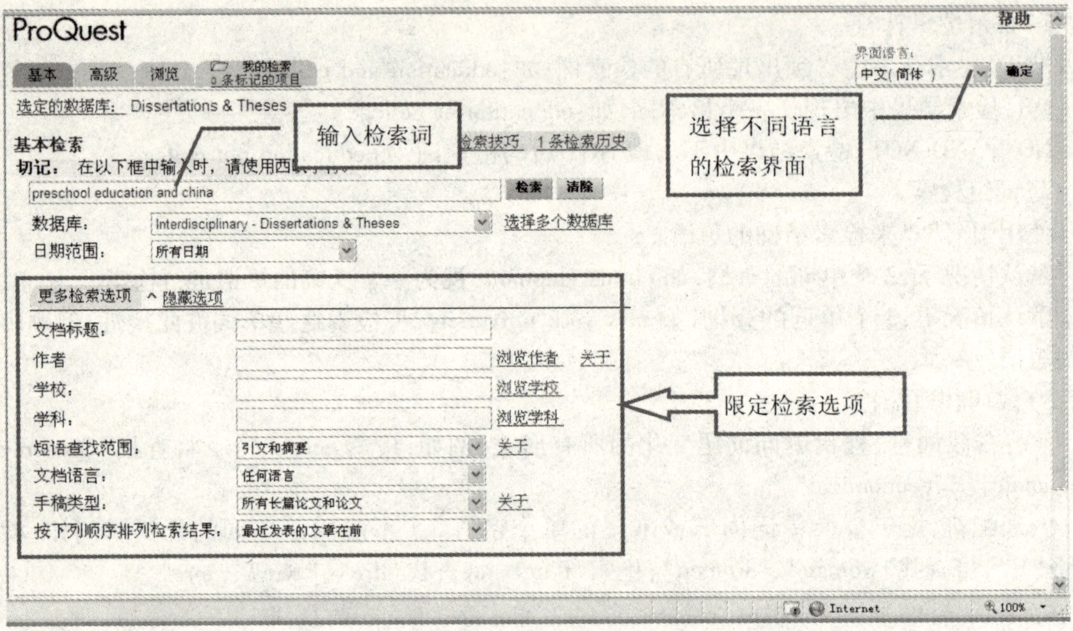

图4-53 PQDT基本检索界面

2)高级检索

进入PQDT数据库主页,点击“高级检索”按钮可进入高级检索界面(图4-54)。

高级检索为分栏式逻辑组配检索,首先选择检索字段,系统提供了引文和摘要、摘要、导师、作者等18个检索字段,然后在文本框中输入检索词或检索式,选择检索字段之间的逻辑组配关系:AND、OR、AND NOT以及位置关系WITHIN 3、PRE/1,还可根据需要点击“添加一行”以增加更多的检索项。最后点击“检索”,得到检索结果。

点击页面下方的“更多检索选项”可弹出一些检索范围限制的选项。

①导师

让用户检索在特定导师监督和指导下完成的论文,如果不能肯定某位导师姓名的正确拼写,可尝试使用部分拼写。可采用以下方式检索导师的姓名:导师(名字)、导师(姓氏)或导师(姓氏,名字)

②学校名/代码

检索特定学校认可的论文。输入学校名或四位数字的学校代码。用户可单击“浏览学校”

链接并从可用学校列表中选取一个学校，点击“添加至检索条”。

③学科名/代码

用户可输入一个学科名，或与各学科名相关联的由四位数字表示的学科代码。也可单击“浏览学科”链接并从可用学科列表中选取学科，点击“添加至检索条”。

④索引短语（关键字）

用户可输入相关的短语，或单击“浏览关键词”，在弹出的页面中用户可浏览短语列表，或输入短语并单击“查找短语”以查找它。当已找到想要的短语时，选择添加短语时要使用的运算符 AND、OR、AND NOT，并单击“添加至检索条”。

⑤文档语言

此字段包含文件出版的最初语言，用户可从下拉菜单中选择要限定的语言。

⑥手稿类型

默认情况下，系统将检索所有长篇论文和论文。若要将检索限定到仅包含博士论文硕士论文，可从下拉菜单中选择相应的手稿类型。

⑦检索结果排序

可按“最近发表的文章在前”或“关联度高的文章在前”对检索结果进行排序。

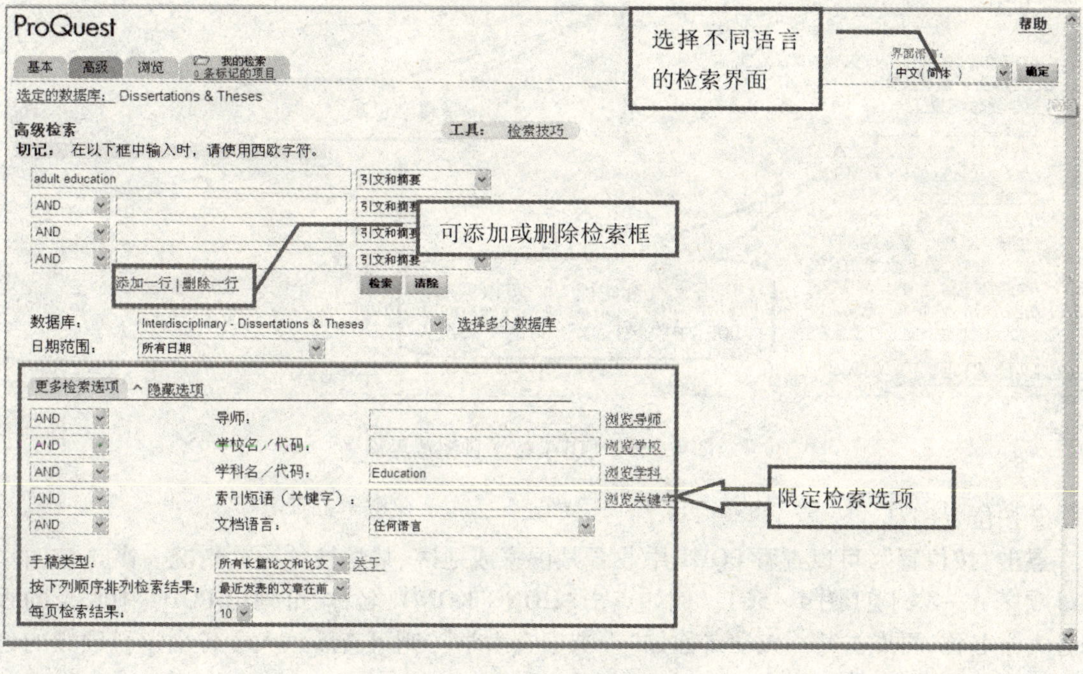

图 4－54 PQDT 高级检索界面

3）浏览

进入 PQDT 数据库主页，点击“浏览”即可看到浏览功能区，系统提供了按学科、按位置两种辅助检索工具。

①按学科浏览

PQDT 将学位论文细分为 375 个学科，默认按学科字母顺序 A—Z 浏览（图 4－55）。点击学科名称，可以查看世界各地、各学校在该学科领域的论文出版情况。如果用户想了解教育学科领域有哪些论文信息，就可选择此浏览方式。教育学科的论文分成 Adult education（成人教育）、Higher education（高等教育）、Continuing education（继续教育）、Preschool education（学前教育）、Secondary education（中等教育）、Special education（特殊教育）、Teacher education（教师教育）、Vocational education（职业教育）、Education finance（教育金融）、Education history（教育历史）、Education philosophy（教育哲学）、Educational evaluation（教育评价）、Educational psychology（教育心理学）、Educational sociology（教育社会学）、Educational technology（教育技术）、Educational tests & measurements?（教育测试与测量）、Educational theory（教育理论）等 35 个学科类目，共计近 50 万条论文信息。点击每个学科名后的"查看文档"，可以查看 PQDT 中收录该学科的论文情况。

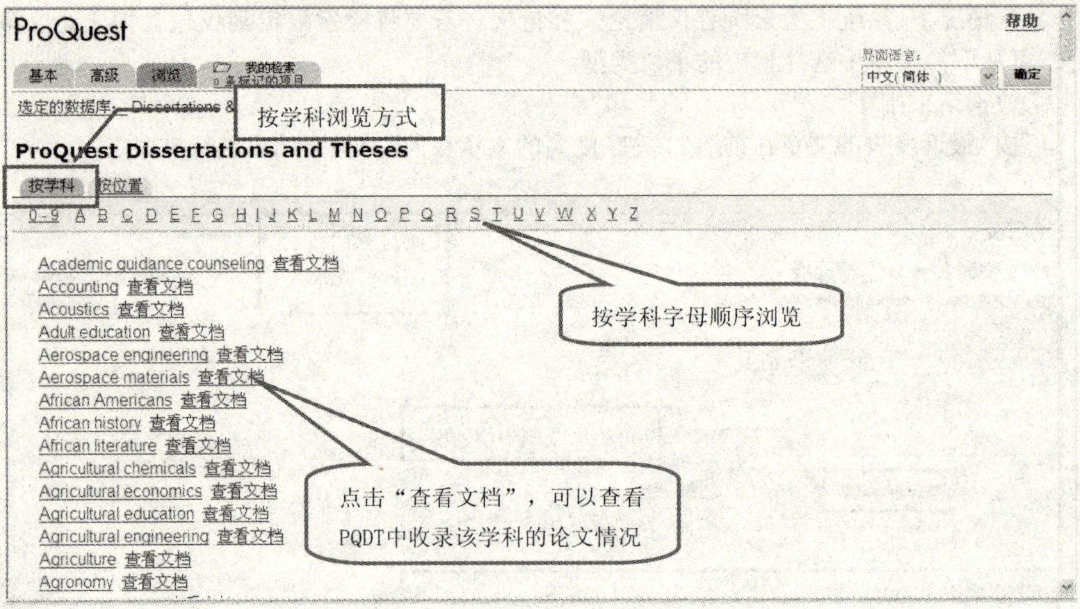

图 4-55　PQDT 按学科浏览界面

②按位置浏览

点击"按位置"，可以查看 PQDT 中收录某国家或地区、某学校的论文情况。默认按国家名字母顺序 A—Z 浏览（图 4-56）。例如点击"HONG KONG"名称，可列出 PQDT 中收录的香港的各大学名称，再点击某一大学名称如"香港中文大学"，则可查看该大学各个学科领域的论文收录情况。

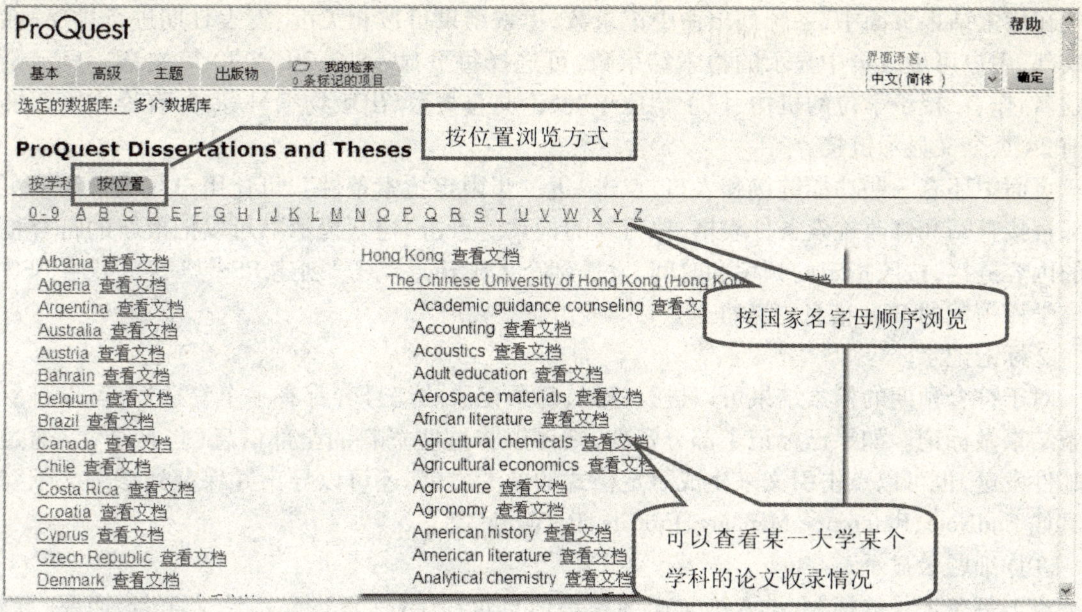

图 4－56　PQDT 按位置浏览界面

4）检索结果处理

采用基本检索/高级检索方式执行检索后，检索结果页面（图 4－57）如下所示：

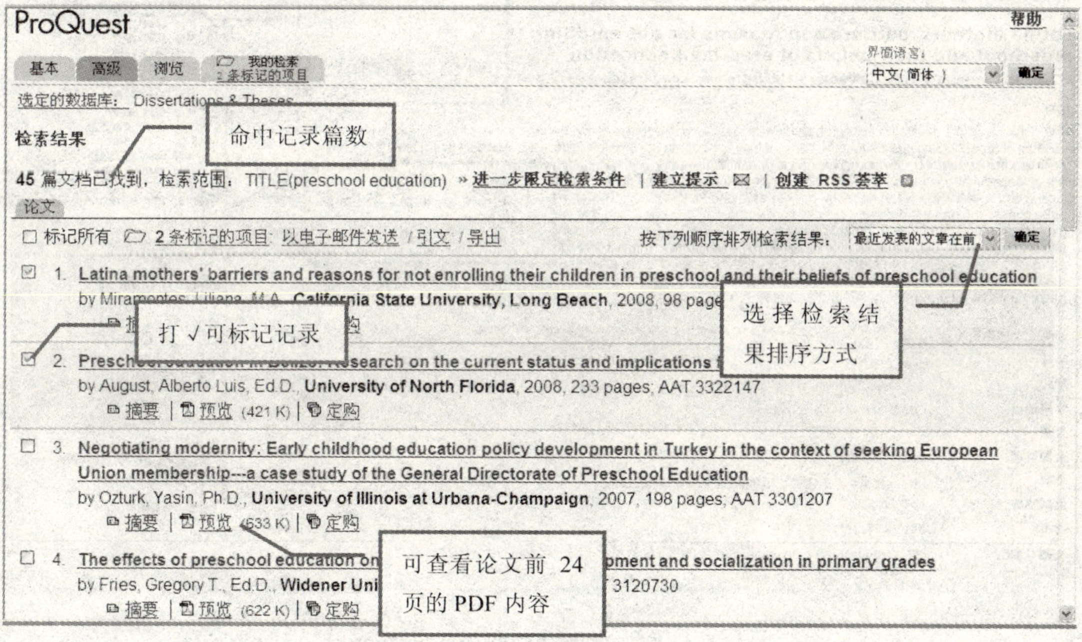

图 4－57　检索结果页面

①结果浏览

在检索结果页面中,系统列出命中记录数,检索结果可按相关度、发表日期进行排序,在页面底部,用户可更改页中显示的检索结果数,可选择每页显示 10、20 或 30 篇文章。显示论文的题名、作者、授予学位的机构、授予学位年度、论文总页数、出版物编号等,并有论文摘要链接和前 24 页全文显示链接。

页面中还有一些功能链接和入口,点击“进一步限定检索条件”,可让用户在检索结果页的底部直接查阅和修改检索条件表格,执行新的检索。点击“建立提示”,可以把最新的符合检索式的内容链接,按照指定的频率和时间,发送到个人邮箱。点击“创建 RSS 荟萃”,可用 RSS 建立该学科领域的 RSS 信息更新推送。

②标记记录

对于符合预期的检索结果可以进行标记,每条记录的编号旁都有一个复选框,可以打√为该条结果做标记。如果已标记了部分资料,则可以将这些资料的全部信息(包括全文)通过电子邮件发送,也可以点击引文来生成一定格式的参考文献,还可以导出并保存到参考文献管理工具如 EndNote、Reference Manager、ProCite、RefWorks 等。

③详细题录显示

点击每条记录的标题,进入论文详细题录信息页(图 4－58),显示论文题名、摘要、导师、学校、学校地点、来源、学科、出版物编号、文档 URL 等。页面中还有一些功能链接和入口,如可选择按学科、作者、导师、学校等查找更多同类文章。如还可选择不同语言进行机器翻译摘要,如果文字内容不超过 7000 字,则可以使用机器翻译,以供参考。

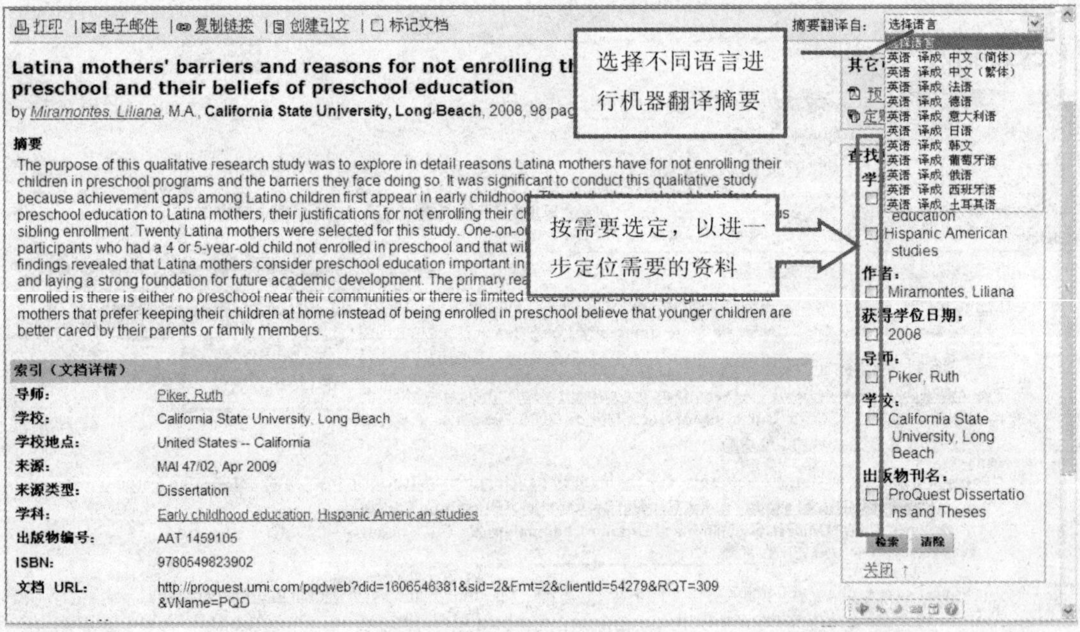

图 4－58　文章详细题录显示页面

5）特色服务

PQDT提供“我的检索”（My Research）特色服务（图4－59）。“我的检索”让用户保存找到的有用文章，并在ProQuest会话期间从用户的检索中查看检索详情。用户可一次性打印一份参考书目，并通过电子邮件发送或导出多个文档。用户可使用指向文档和出版物的链接及已运行的检索来创建网页。由于ProQuest必须验证所有用户，所以创建一周后，用户可能无法在家里使用这些链接。

1）标记的文档：可保存你认为有用的文档。一旦用户已标记文档，便可进行如下操作：

- 创建您的书目以便发送电子邮件、打印或下载。
- 用电子邮件发送标记过的文档和参考书目。
- 导出引文至EndNote、ProCite、RefWorks或Reference Manager。
- 创建网页，其中包含指向您的文章、检索和出版物的链接。

2）检索历史：显示你在会话期间已执行的检索。

3）阅读过的出版物：显示你在会话期间已查看过的出版物。

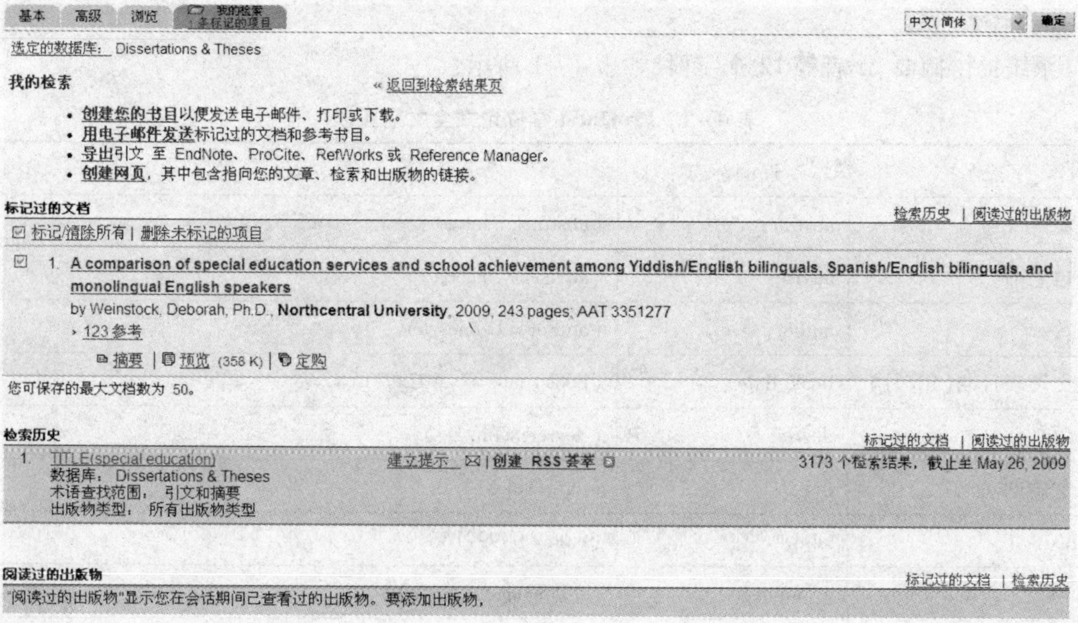

图4－59 “我的检索”特色服务

4.3.2 ProQuest学位论文全文数据库

4.3.2.1 数据库简介

ProQuest公司是世界上最早、最大的博硕士论文收藏和供应商，该公司的ProQuest Dissertations and Theses（PQDT）数据库收录有230多万篇国外高校博硕士论文的文摘索引，从2001年开始，在文摘库的基础上，ProQuest公司开发了电子版的论文全文服务方式。2002年开始，为满足国内对博士论文全文的广泛需求，由国内高校、科研机构等单位联合组成的“ProQuest博硕士论文中国集团”每年联合购买一定数量的ProQuest学位论文全文，提供网络共享。由北京中科进出口公司独家代理,亚洲信息服务有限公司开发检索平台,凡参加联合订购成员馆均可共享整个集团订购的全部学位论文资源。中科－亚信负责查重工作,尽可能做到各成员馆所订购的资源不会重复。一馆订购,全国收益,并且随着时间推移,加盟馆的增多,共享资源数量也在不断增长,目前,该数据库中的博硕士论文全文有 20 多万篇(其中教育学科领域有 2 万多篇全文),每年新增论文 1 万多篇。

目前"ProQuest 学位论文全文中国集团"在高校已建立了三个镜像站,北京大学 CALIS 镜像网站、上海交通大学镜像网站和中信所镜像网站,订购机构用户可登录其中任一个网址检索该数据库,可下载博硕士论文的 PDF 全文。

学科范围:包括生物科学、地球与环境科学、医学卫生、数理化与统计、计算机科学、塑料、纺织、应用力学、工程学等、心理学、传播与艺术、教育、语言文学、哲学宗教、经济、工商管理、人类学、历史、政治等。

中国集团收录年限最早的论文:1987 年。

全文阅读: PDF 格式全文,需 Acrobat Reader 打开及阅读。

4.3.2.2　数据库检索

(1)检索字段

系统提供摘要、作者等 12 个字段,如表 4－1 所示:

表 4－1　ProQuest 学位论文全文字段表

字段名称	查询标志	举例
摘要	abstract	(abstract = Iowa)
指导老师	adviser	(adviser = Jagoda)
作者	author	(author = Leonessa)
论文发表日期(年/月)	book_date	(book_date = '2002/7')
学位	degree	(degree = Ph. D.)
论文卷期次	dvi	(dvi = vol 61)
ISBN	isbn	(isbn = 0599716649)
语种	t_language	(t_language = english)
论文号	pub_number	(pub_number = AAI9969238)
学校代码、名称	school	(school = Stanford) or (school_code = 0212)
学科代码、名称	subject	(subject = Environmental) or (subject = 0543)
论文名称	t_ title	(t_title = Tnonlinear finite)

(2)检索语言与检索技巧

1)布尔逻辑算符

AND:两个检索词必须同时出现。

OR:两个检索词中的任一个出现即可。

NOT:前一个检索词必须出现,后一个检索词必须不出现。

2)截词符

只有右截断,截词符为?,?只代表一个字符而且必须代表一个字符,如输入 educat?,只检索到 educate。

(3)检索方法

系统提供基本检索、高级检索以及论文分类浏览等 3 种检索方式。

1)基本检索

进入 ProQuest 学位论文全文检索系统主页,系统默认的检索方式为基本检索(图 4-60)。选择字段,输入检索词,选定布尔逻辑运算符,确定年代范围后,点击查询按钮,即可进行检索。可检字段有摘要、作者、论文名称等 11 个字段。最多可同时在 3 个字段中进行检索。基本检索界面不能在一个检索式输入框中输入逻辑组配检索式,只能在不同的框中输入检索词,然后选择逻辑组配符进行检索。复杂检索式可以通过二次检索实现。

注意:作者、指导教师检索输入姓或名,或“姓,名”的格式都可;学科、学校名称可输入名称也可输入代码。

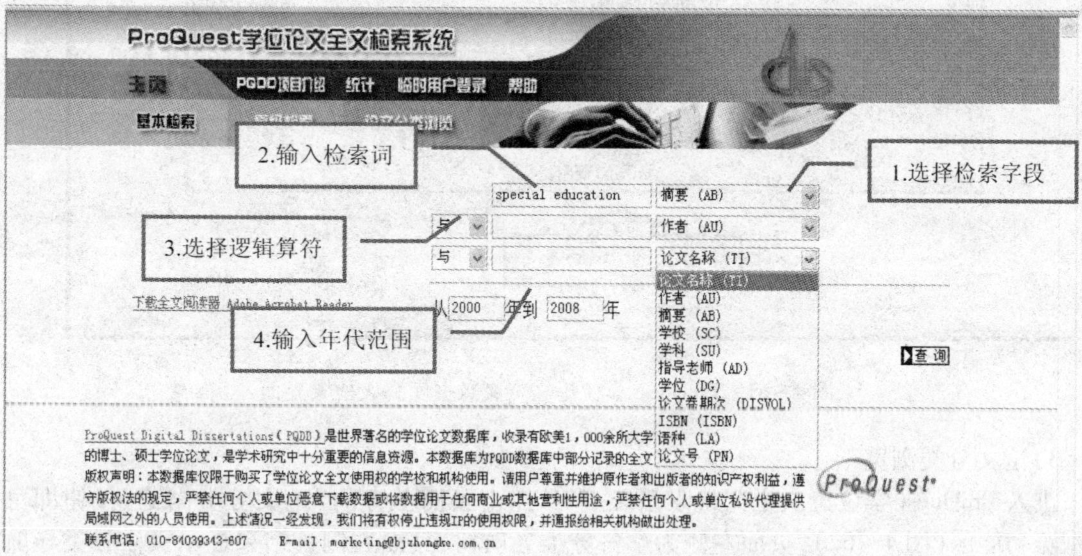

图 4-60 ProQuest 学位论文全文数据库基本检索界面

2)高级检索

点击 ProQuest 学位论文全文检索系统主页上方的“高级检索”按钮,即可进入高级检索界面(图 4-61)。高级检索提供强大的检索功能,分为上下两部分:检索式输入框和检索式构造辅助表。

检索式输入框:熟练掌握检索字段代码和检索技术的用户,可直接在检索输入框中构造检索表达式,但需要合理地使用检索字段和检索运算符(字段名与代码对照见表 4-1)。如输入:(t_title = special education) AND (adviser = Dagley),此处 t_title,adviser 均为字段名称,分别代表论文名称字段、指导老师字段,AND 为布尔逻辑运算符,各字段组配后点击查询按钮。

检索式构造辅助表:可在检索词输入框中输入检索词,并选择好逻辑关系与、或、非,然后点击“增加”将输入框中输入的检索词、选择的检索字段、逻辑组配方式添加到输入框进行检索。

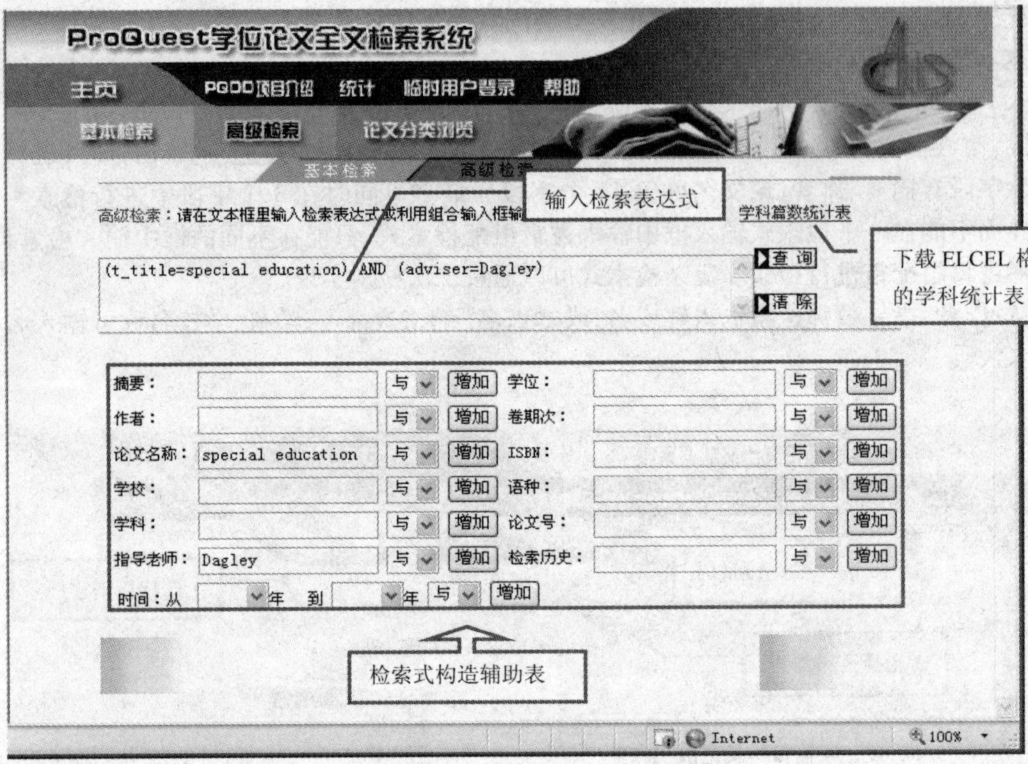

图 4-61　ProQuest 学位论文全文数据库高级检索界面

3)论文分类浏览

进入 ProQuest 学位论文全文检索系统主页,点击页面上方的“论文分类浏览”按钮即可看到浏览功能区(图 4-62),页面左侧为学科分类导航树,页面右侧为结果显示页。分类导航树共分三级,可逐级打开,点击三级目录名称,则在页面右侧显示该类目下的所有记录。通过显示区上方的二次检索输入框,可在该类目范围内做进一步的检索。如果用户想了解教育学科领域有哪些论文,就可选择此浏览方式,该库共收录了有关教育学的 2.7 万多篇全文。

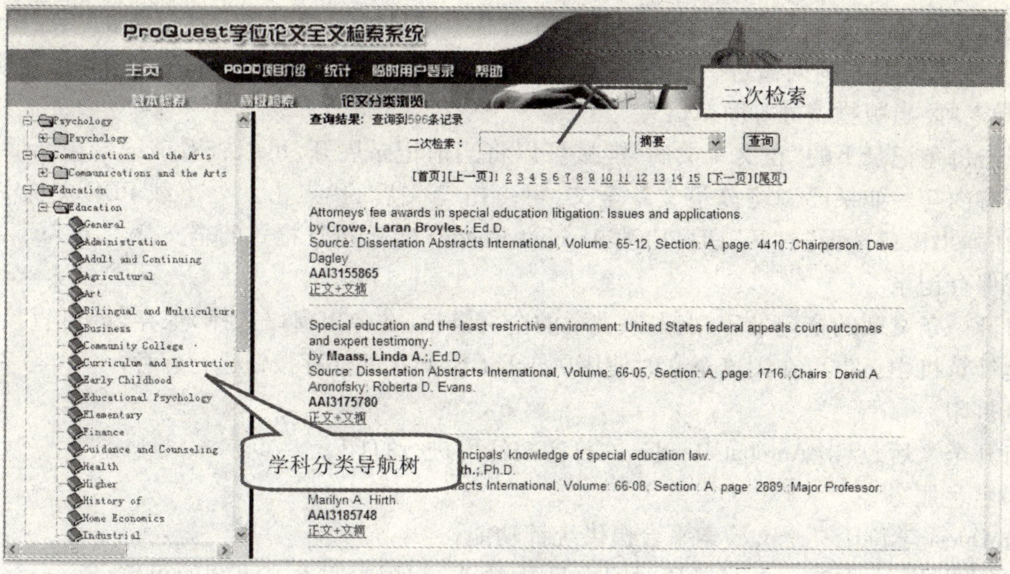

图 4－62　ProQuest 学位论文全文数据库学科分类浏览界面

4）检索结果处理

采用基本检索/高级检索方式执行检索后，检索结果页面（图 4－63）如下所示：

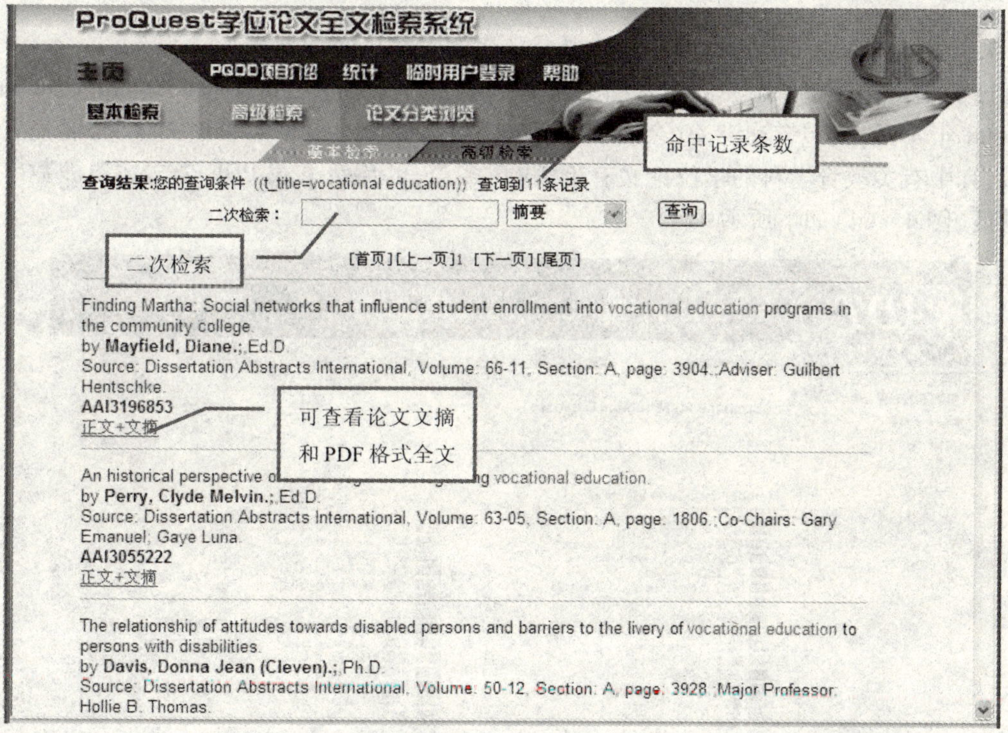

图 4－63　检索结果页面

①结果浏览

在检索结果页面中,系统列出了检索策略和命中记录数。通过显示区上方的二次检索输入框,可在该结果范围内做进一步的检索。显示命中论文的题名、作者、学位、来源、卷期、页码、指导老师、出版物编号等简单信息。

点击每条记录下的“正文 + 文摘”链接可以将当前记录展开,可以查看该记录包括摘要在内的所有内容。如果要浏览该篇文章全文,可点击全文后的“点击此处下载 PDF 文件”的链接,并在弹出窗口选择“打开”即可启动 Acrobat Reader 浏览 PFD 格式的全文。

②保存记录

打开一条文章的全记录后,点击该文章的全文链接,在弹出窗口选择“保存”即可直接保存至本地计算机中。也可在浏览全文时使用 Acrobat Reader 的保存按钮进行保存。

③打印

打开全文后,点击 Acrobat Reader 的打印按钮可进行打印。

5)特色服务

ProQuest 学位论文全文检索平台提供统计功能:

- 用户访问统计——统计某段时间内目录浏览、文摘浏览、全文下载的篇数。
- 用户 IP 访问统计——提供各个 IP 地址的目录、文摘、全文使用情况。
- 集团论文访问统计——按学科列全文下载排行榜。
- 集团学科访问统计——反映各学科文摘、全文使用情况。

4.3.3 其他免费国外学位论文全文数据库

4.3.3.1 Australian Digital Theses Program(澳洲数字论文计划)

澳洲数字论文计划是由澳洲大学图书馆员协会发起,网址为:http://adt.caul.edu.au。截止到 2008 年 4 月,共包含澳洲 40 余所大学的23 634篇硕博士电子学位论文全文,涵盖各个学科领域,其中有关教育学科的学位论文有近 1300 多篇,可免费下载 PDF 全文。澳洲数字论文计划首页(图 4-64)如下所示:

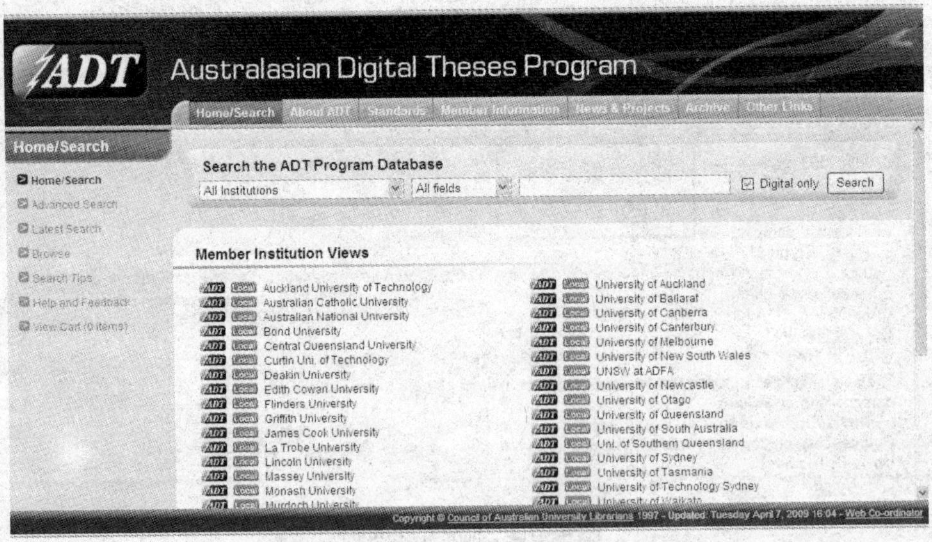

图 4-64 澳洲数字论文计划首页

4.3.3.2　Theses Canada Portal(加拿大论文门户网站)

加拿大论文门户网站网址:http://www. collectionscanada. gc. ca/thesescanada/index - e. html,检索界面(图4-65)如下所示。可在线检索1965年至今的加拿大60余所大学的5万多篇电子学位论文,1998年之后的学位论文部分免费提供PDF全文下载,其中有不少有关教育学的免费学位论文。

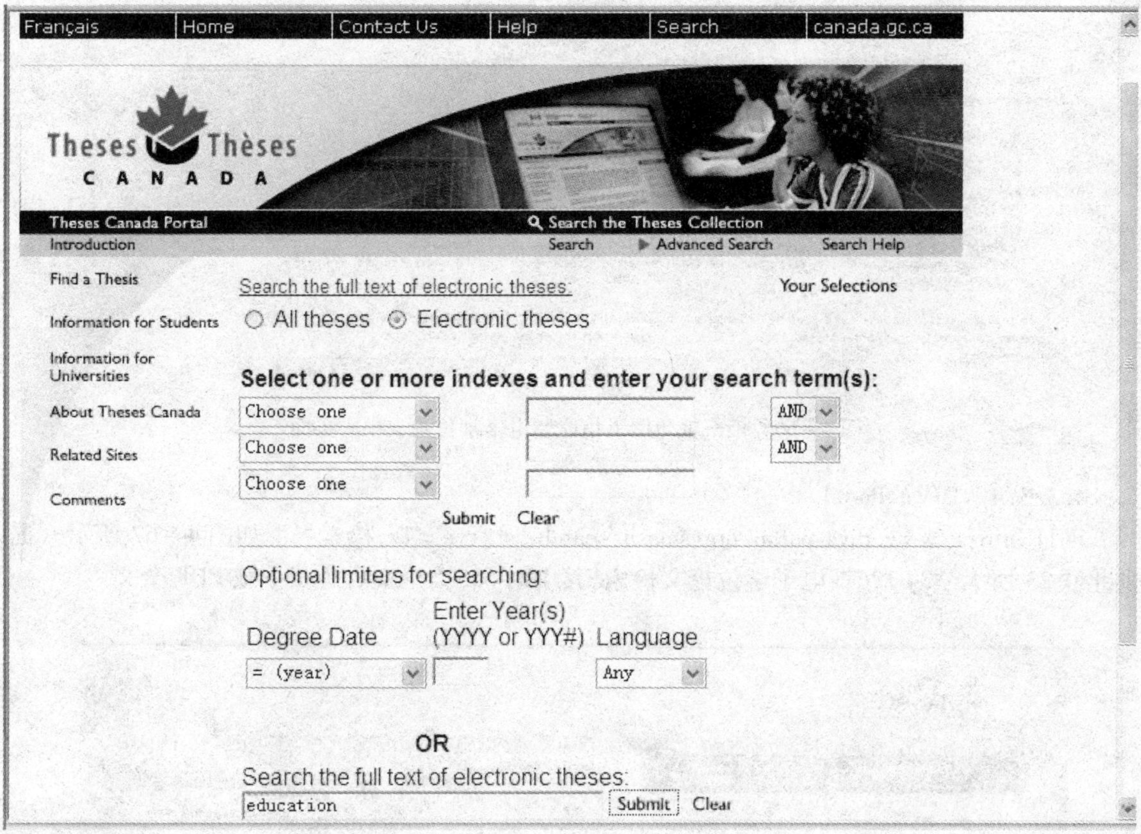

图4-65　加拿大论文门户网站检索页面

4.3.3.3　OhioLINK Electronic Theses and Dissertations Center(俄亥俄州图书馆联盟电子学位论文中心)

网址 http://www. ohiolink. edu/etd/,检索界面如图4-66所示。共收录了俄亥俄州18所大学的13 500篇学位论文,可免费获取,2007年被下载100万次。另外还可在线翻译成中文,内容涵盖机械、电子、管理、教育、哲学、化学、环境学、材料、数学、物理等学科。

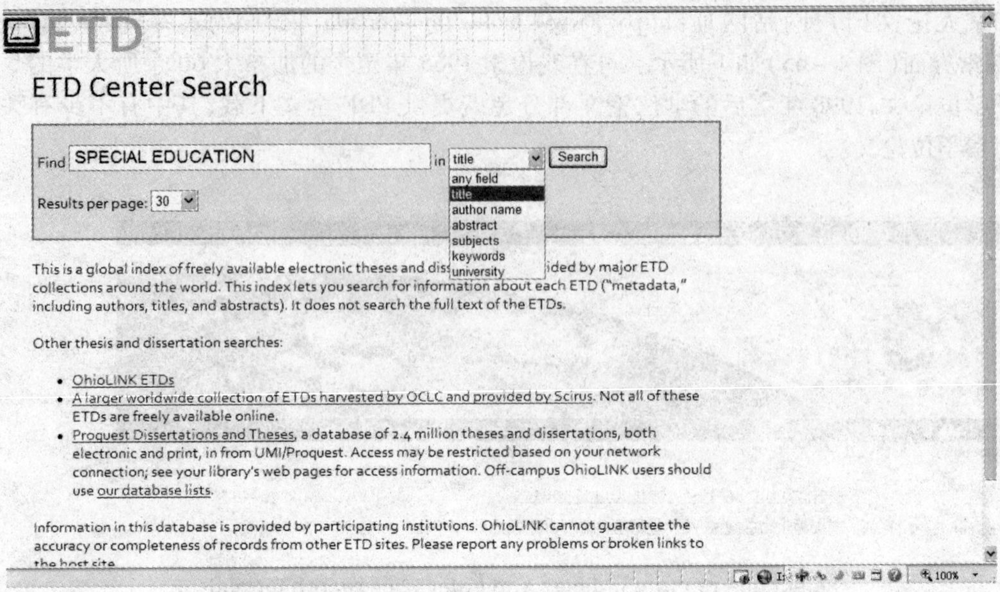
ETD
ETD Center Search
Find SPECIAL EDUCATION in title Search
any field
title
author name
abstract
subjects
keywords
university
Results per page: 30
This is a global index of freely available electronic theses and diss[…]ided by major ETD collections around the world. This index lets you search for information about each ETD ("metadata," including authors, titles, and abstracts). It does not search the full text of the ETDs.
Other thesis and dissertation searches:
OhioLINK ETDs
A larger worldwide collection of ETDs harvested by OCLC and provided by Scirus. Not all of these ETDs are freely available online.
Proquest Dissertations and Theses, a database of 2.4 million theses and dissertations, both electronic and print, in from UMI/Proquest. Access may be restricted based on your network connection; see your library's web pages for access information. Off-campus OhioLINK users should use our database lists.
Information in this database is provided by participating institutions. OhioLINK cannot guarantee the accuracy or completeness of records from other ETD sites. Please report any problems or broken links to

图 4－66　俄亥俄州图书馆联盟电子学位论文中心页面

4.3.3.4　DIVA Portal

网址 http://www.diva-portal.org/smash/search.jsf?rvn=1z，检索界面如图 4－67 所示。提供北欧 23 所大学34 126篇电子学位论文检索，其中24 685篇论文可免费下载 PDF 全文。

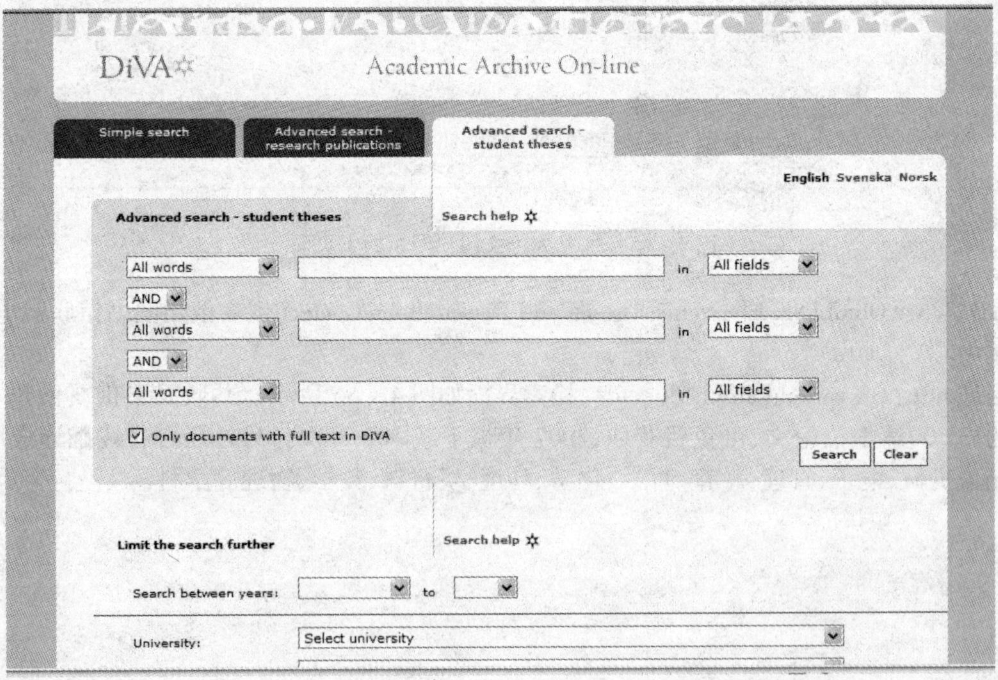
DiVA
Academic Archive On-line
Simple search
Advanced search - research publications
Advanced search - student theses
English Svenska Norsk
Advanced search - student theses
Search help
All words
AND
All fields
in
Only documents with full text in DiVA
Search
Clear
Limit the search further
Search help
Search between years:
to
University:
Select university

图 4－67　DIVA Portal 检索界面

5　教育学网络信息资源检索

5.1　网络信息资源检索

5.1.1　概念

人们在网上全方位的浏览与交流,使网络信息资源应运而生。虽然网络信息资源一词已被越来越多的人所接受,但至今仍没有一个统一的定义。较为流行的两种表述方式是:其一,“网络信息资源就是通过计算机网络可以利用的各种信息资源的总和”;其二,“网络信息资源是指以数字形式记录的,以多媒体形式表达的,存储在网络和计算机磁介质、光介质以及各类通信介质上的,借助于计算机网络进行传播和利用的信息产品和信息系统的集合体”。

5.1.2　特点

(1)信息源丰富

Internet 是个开放的信息传播平台,任何机构、任何人都可以将自己拥有的且愿意让他人共享的信息上网。在这个庞大的信息供应源中,起主导作用的主要有:公共图书馆、网络信息服务商、传统媒体、传统联机服务商、高等院校、科研机构、各类商业公司等。

(2)信息内容多样性

网络是信息的载体,信息是网络的灵魂。没有信息,网络就没有使用价值。Internet 是信息的海洋,信息内容几乎无所不包。有科学技术领域的各种行业信息,也有与大众日常生活息息相关的信息;有严肃主题信息,也有体育、娱乐、旅游、消遣和奇闻趣事;有历史档案信息,也有显示现实世界的信息;有知识性和教育性的信息,也有消息和新闻的传媒信息;有学术、教育、产业和文化方面的信息,也有经济、金融和商业信息。

(3)信息表现形式多样化

Internet 是一个集声音、图像、文字、照片、图形、动画、电影、音乐为一体的包罗万象的综合性信息系统。你可以伴着优雅的音乐,循着链路随意在网上漫游,看看精美的网页、阅读精彩的文件,使学习成为一种浪漫、愉快的旅程。

(4)信息时效性

利用 Internet 信息制作技术,能很快地将信息传播到世界各地。由于几乎在事件发生的同时,就能将信息快速制作、上网,因此,网上信息的更新周期短、内容新颖。

(5)信息交互性

Internet 是交互性的,不仅可以从中获取信息,也可以向网上发布信息。Internet 提供讨论、交流的渠道,在 Internet 上可以找到提供各种信息的人:科学家、工程技术专家、医生、律师、教育家、明星以及具备各种专长和爱好的人们;也可以找到一些专题讨论小组,通过交流、咨询获得专家和其他用户的帮助,同时也可发表个人的见解。

(6)信息关联性

Internet 的信息组织是基于超文本的,因此,有关联的信息之间通过链接形成一个相互联系的信息渠道，人们可以由此及彼、由远而近、顺藤摸瓜、找到想要的信息。

(7)信息的开放性

由于 Internet 是一个全球性分布的结构，大量信息分别存储在世界各地的服务器与主机上，随着时间的推移和知识的更新，在不断补充新的信息同时也不断淘汰旧的信息，以保证其信息的整体数量和使用价值及网络灵活性。

(8)信息使用成本低

Internet 上的大部分信息资源是免费的，低费用的网络信息资源有效地刺激了用户的信息需要，从信息需要的角度也拉动了网络信息资源的有效、合理的配置。

(9)信息组织的局部有序性与整体无序性

各搜索引擎和站点目录都收集大量 Internet 的站点，并按照专业和文献信息类型分类，实现了信息组织的局部有序化。但是，由于 Internet 急遽膨胀，仍有大量信息被淹没在信息的海洋里，这种无序性必将影响信息检索的系统性、完整性和准确性。

5.1.3 类型

网络信息资源可按照信息来源、信息交流方式来分类。

5.1.3.1 按信息来源划分

网络信息资源按信息来源可划分为政府、公众、商用、学校和科研机构等信息资源。

(1)政府信息资源

指各国政府在 Internet 上发布有关该国家与政府的各种公开信息，进行国家与政府的形象展示。政府信息主要包括各种新闻、统计信息、政策法规文件、政府档案、政府部门介绍、政府取得成就等。这类站点一般以所属主管部门为域名注册。

(2)公众信息资源

即为社会公众服务的机构所拥有信息资源，包括：公共图书资源、科技信息资源、新闻出版资源、广播电视信息资源等。这类站点一般以行政区域为一级或二级域名注册。

(3)商用信息资源

商用信息资源，即商情咨询机构或商业性公司为生产经营者或消费者提供的有偿或无偿的商用信息，包括产品、商情、咨询等类型的信息。

(4)学校和科研机构信息资源

主要介绍学校和科研机构的总体概括、教学体系、学术信息资源、学术动态、科研活动以及相关的教师和科研人员的信息资源等内容。

5.1.3.2 按信息交流方式划分

网络信息资源按信息交流方式可划分为正式出版信息、半正式出版信息、非正式出版信息。

(1)正式出版信息

指受到一定的产权保护、信息质量可靠、利用率较高的知识性、分析性信息，又称“白色”信息。如通过万维网，用户可以查询到的各种数据库、联机杂志和电子杂志、电子工具书、报纸、专利信息等。

(2)半正式出版信息

指受到一定产权保护但没有纳入正式出版信息系统中的信息，又称“灰色”信息。如从各种学术团体和教育机构、企业和商业部门、国际组织和政府机构、行业协会等单位的网页上，我们可以查询到从正式的出版物系统中无法得到的各种内部电子期刊、会议文集和各类报告，企业和商业机构发布的关于产品、商品的介绍等。

(3)非正式出版信息

指流动性、随意性较强的，数量大，信息质量难以保证和控制的动态性信息，又称“黑色”信息。如电子邮件、电子会议、网络论坛、新闻组、博客、电子公告版等。这种类型的信息最能反映新颖和前沿的研究现状，但存在着很大的不稳定性，很有可能随时会消失。

5.1.4 网络信息资源检索方法

要想在网络上获得自己所需要的信息，就必须知道这些信息存储在那里，也就是说要知道提供这些信息的服务器在网络上的地址，然后通过该地址去访问服务器提供的信息。

在 Internet 上，网络信息资源的一般查询方法有：基于超文本的信息查询、基于目录的信息查询和基于搜索引擎的信息查询。

(1)基于超文本的信息查询

通过超文本链接逐步遍历庞大的 Internet，从一个 WWW 服务器到另一个 WWW 服务器，从一个目录到另一个目录，从一篇文章到另一篇文章，浏览查找所需信息的方法称为浏览，也称基于超文本的信息查询方法。

基于超文本的浏览模式是一种有别于传统信息检索技术的新型检索方式，它已成为 Internet 上最基本的查询模式。利用这种浏览模式进行检索时，用户只需以一个节点作为入口，根据节点中文本的内容了解嵌入其中的热链指向的主题，然后选择自己感兴趣的节点进一步搜索。在搜索过程中，用户会发现许多相关的节点内容根本没被自己所预想到，而是在浏览过程中不断蹦出来，提醒用户注意它。

随着 WWW 服务器的急剧增加，通过一步步浏览来查找所需信息已非常困难。为帮助用户快速方便地搜寻所需信息，各种 WWW 信息查询工具便应运而生，其中最有代表性的是基于目录和基于搜索引擎的信息查询工具，而利用这些工具来查找信息的方法就被称为基于目录和基于搜索引擎的信息查询方法。

(2)基于目录的信息查询

为了帮助 Internet 上用户方便地查询到所需要的信息，人们按照图书馆管理书目的方法设置了目录。网上目录一般以主题方式来组织，大主题下又包括若干小主题，这样一层一层地查下去，直到比较具体的信息标题。目录存放在 WWW 服务器里，各个主题通过超文本的方式组织在一起，用户通过目录最终可得到所需信息的网址，即可到相应的地方查找信息，

这种通过目录帮助的方法获得所需信息的网址继而查找信息的方法称为基于目录的信息查询方法。有许多机构专门收集 Internet 上的信息地址，并编制成目录提供给网上用户。Yahoo 就是一个非常著名的基于目录帮助的网站。

(3)基于搜索引擎的信息查询

搜索引擎又称 WWW 检索工具，是 WWW 上的一种信息检索软件。WWW 检索工具的工作原理与传统的信息检索系统类似，都是对信息集合和用户信息需求集合的匹配和选择。

基于搜索工具的检索方法接近于我们通常所熟悉的检索方式，即输入检索词以及各检索词之间的逻辑关系，然后检索软件根据输入信息在索引库中搜索，获得检索结果(在 Internet 上

是一系列节点地址)并输出给用户。

搜索引擎实际上是 Internet 的服务站点,有免费为公众提供服务的,也有进行收费服务的。不同的检索服务可能会有不同界面,不同的侧重内容,但有一点是共同的,就是都有一个庞大的索引数据库。这个索引库是向用户提供检索结果的依据,其中收集了网络上数百万甚至数千万页面信息,包括该页面的主题、地址,包含于其中的被链接文档主题,以及每个文档中出现的单词的频率、位置等。

5.1.5 影响网络信息资源检索的因素

影响网络信息资源检索的因素很多,如信息资源质量、检索软件、用户水平等。

5.1.5.1 信息资源质量对信息检索的影响

丰富的信息资源为网络信息检索系统提供了庞大的信息源,但由于其收集、加工、存储的非标准化,给信息检索带来难题。

(1)信息资源收集不完整、不系统、不科学,导致信息检索必须多次进行,造成人力、物力和时间上的浪费。

(2)信息资源加工处理不规范、不标准,使信息检索的查全率、查准率下降。

(3)信息资源分散、无序、更换、消亡无法预测,因此用户无法判断网上有多少信息同自己需求有关,检索评价标准无法确定。

(4)信息资源由于版权和知识产权问题,也给信息检索带来麻烦。由于 Internet 是一个非控制网络,所有网上公用信息均可以自由使用,共同分享,网上电子形式的文件极易被复制使用,这样就容易引起知识产权、版权及信息真伪等问题。

(5)信息的语言障碍问题。目前 Internet 上大部分信息是以英语形式发布,英语水平低和不懂英语的人很难利用 Internet 上庞大的信息资源。对中国用户来说,虽然网上中文信息剧增,但还是需要查询西方国家先进科技信息,由于缺乏汉化软件、自动翻译系统尚未成熟,因此,语言障碍也影响了广大用户对网上信息资源的开发与应用。

5.1.5.2 检索软件对信息检索的影响

Internet 将世界上大大小小、成千上万的计算机网络连在一起,成为一个没有统一管理、分散但可以相互交流的巨大信息库,这意味着人们必须掌握各种网络信息检索工具才能检索到自己所需要的网络信息资源。但是由于网络信息组织的特殊性和目前检索工具自身存在的一些问题,给信息检索带来一些问题。

(1)网络上的信息存放地址会频繁转换和更名,根据检索工具检索的结果并不一定就能获得相应的内容。

(2)基于一个较广定义的检索项,往往会获得数以千万计的检索结果,而使用户难于选择真正所需的信息。

(3)每种检索工具虽然仅收集各自范围内的信息资源,但也难免使各种检索工具的信息资源出现交叉重复现象。

5.1.5.3 用户水平对信息检索的影响

在 Internet 这个开放式的信息检索系统中,用户不仅要自己检索信息资源,同时还进行信息资源的收集、整理、存储工作。因此,网络用户的信息获取与检索能力对信息检索有着直接的影响。

(1)用户对信息检索需求的理解和检索策略的制定关系到信息检索的质量。

(2)用户的计算机操作能力及网络相关知识的掌握程度影响着信息检索的效率。

(3)用户对网络信息检索工具的应用熟练程度影响着信息检索的效果。

(4)用户的外语水平影响着信息检索的广度与深度。

5.2 搜索引擎概述

5.2.1 搜索引擎的概念

搜索引擎就是采用信息自动跟踪标引等技术、建立在因特网上专门提供网络信息资源导航服务的检索工具。它能够通过 Internet 接受用户的查询指令,并向用户提供符合其查询要求的信息资源网址。它是一些在 Web 中主动搜索信息(网页上的单词和特定的描述内容)并将其自动索引的 Web 网站,其索引内容存储在可供检索的大型数据库中,建立索引和目录服务。一些搜索引擎搜索网页的每一个单词,而另一些搜索引擎则只搜索网页的前二百至五百个单词。当用户输入关键词(Keyword)查询时,该搜索引擎会告诉用户包含该关键词信息的所有网址,并提供通向该网络的链接。搜索引擎既是用于检索的软件又是提供查询、检索的网站。所以,搜索引擎也可称为 Internet 上具有检索功能的网页。

5.2.2 搜索引擎的工作原理

搜索引擎由网上机器人(Spider 或 Robots)自动在网页上按某种策略进行远程数据的搜索与获取,并生成本地索引。

Spider 或 Robots 是一种软件,它沿着 WWW 文件的链接在网上漫游,记录 URL、文件的简明摘要、关键字或索引,形成一个很大的数据库,这种数据库包括标题、摘要、关键词和 URL、文件的大小、语种以及词出现的频率。

5.2.3 搜索引擎的主要任务

(1)信息搜集

各个搜索引擎都派出绰号为蜘蛛(Spider)或机器人(Robots)的"网页搜索软件",在各网页中爬行,访问网络中公开区域的每一个站点并记录其网址,将它们带回搜索引擎,从而创建出一个详尽的网络目录。由于网络文档的不断变化,机器人也不断地把以前已经分类组织的目录更新。

(2)信息处理。

将"网页搜索软件"带回的信息进行分类整理,建立搜索引擎数据库,并定时更新数据库内容。在进行信息分类整理阶段,不同的搜索引擎会在搜索结果的数量和质量上产生明显的差异。有的搜索引擎把"网页搜索软件"发往每一个站点,记录下每一页的所有文本内容,并收入到数据库中从而形成全文搜索引擎;而另一些搜索引擎只记录网页的地址、篇名、特定的段落和重要的词。故有的搜索引擎数据库很大,而有的则较小。当然,最重要的是数据库的内容必须经常更新、重建,以保持与信息世界的同步发展。

(3)信息查询。

每个搜索引擎都必须向用户提供一个良好的信息查询界面,一般包括分类目录及关键词两种信息查询途径。

分类目录查询是以资源结构为线索,将网上的信息资源按内容进行层次分类,使用户能依线性结构逐层逐类检索信息。

关键词查询是利用建立的网络资源索引数据库向网上用户提供查询"引擎"。用户只要把想要查找的关键词或短语输入查询框中,并按"Search"按钮,搜索引擎就会根据输入的提问,在索引数据库中查找相应的词语,并进行必要的逻辑运算,最后给出查询的命中结果(均为超文本链接形式)。用户只要通过搜索引擎提供的链接,就可以立刻访问到相关信息。

5.2.4 搜索引擎的种类

检索型搜索引擎:它使用自动索引软件来发现、收集并标引网页,建立数据库,并以 Web 形式让用户找到所需信息资源。比较著名的有:AltaVista、Google、天网、百度、悠游等。

目录型搜索引擎:这类引擎将信息系统地分门归类,经过人工整理后形成庞大而有序的分类目录体系,用户可以在目录体系的导引下通过逐级浏览,发现、检索到有关的信息。YAHOO 就是以卓越的分类目录型导航服务而称誉全球。

混合型搜索引擎:它兼有检索型和目录型两种方式。如:新浪、搜狐、网易、中华等门户网站。

元搜索引擎:也称为集合型搜索引擎。它是将多个搜索引擎集成在一起,通过统一的检索界面进行网络信息多元搜索的检索工具。由于元搜索引擎能对检索结果实行简单合并、去重并进行相关度排序后再显示给用户,从而使用户在获得全面的检索结果时,省去了要记忆并操作多个搜索引擎的不便,提高了检索效率。比较著名的有:Dogpile、Mamma 等。

5.2.5 搜索引擎的一般查询规则

利用搜索引擎既可以检索出 Internet 上的文献信息,还可以查找到公司和个人的信息;既可以通过输入单词、词组或短语进行检索,还可以使用逻辑算符及位置算符等对多个词进行组合检索;既可以以词语查询有关主题的页面信息,也可以以特定的域名、主机名、URL 等查找有关的网站信息。

搜索引擎是基于一些基本的查询规则来实现这些查询条件的,但各个搜索引擎所采用的查询规则又不尽相同。下面介绍的是常用的一般查询规则:

(1)布尔逻辑算符

1)逻辑"与"

逻辑"与"一般用"AND"表示,有的搜索引擎还可以用"&"表示。使用逻辑"与"是为了要求检索结果的 Web 页面中同时出现所有输入的检索词,提高查准率。

2)逻辑"或"

逻辑"或"一般用"OR"表示,有的搜索引擎还可以用"|"表示。使用逻辑"或"是为了允许检索结果的 Web 页面中出现输入检索词的任何一个,提高查全率。

3)逻辑"非"

逻辑"非"一般用"NOT"表示,有的搜索引擎还可用"!"表示。使用逻辑"非"是为了要求检索结果的 Web 页面中出现 NOT 前的检索词,但排除含有 NOT 后的检索词的页面信息,以缩小检索范围。

(2)连接符

连接符有加号(+)和减号(-)。

1)在检索词前使用"+"时,表示所有检索结果的页面中都必须包含该词。

例如:检索式"+A+B",表示查得的页面中应出现"A"和"B"方面的信息;而检索式"A+B",则表示在检索结果页面中一定含有"B",但不一定有"A"的信息。

2)检索词前使用"-"时,表示任何检索结果的页面中都不能包含该词。

例如:检索式"microwave-ceramic",则表示查找关于 microwave 的页面,但排除那些和 ceramic 有关的页面。

(3)截词符

截词符一般用星号(*)表示。当"*"置于一个词的末尾时,表示将相同词干的词全部检索出来。例如;检索式"compu*",则表示可以检索到 computer、computing、compulsion 等词。有一些搜索引擎支持自动截词,用户不需要专门输入截词符,系统自动将相同词干的词全部找出来。注意:"*"不能用在检索词的开始和中间。

(4)邻近符

邻近符(NEAR)用于检索在一定区域范围内同时出现的检索词的文献,它指定了检索词之间的距离。用 NEAR/n(n 为 1,2,3…)精确控制检索词之间的距离,表示检索词的间距最大不超过 n 个单词。例如:检索式"Computer near/10 Network",可查找出 Computer 和 Network 两词之间插入不大于 10 个单词的文献,检索结果输出时,间隔越小的排列位置越靠前。

(5)空格、逗号、括号、引号的作用

1)空格

空格的作用与逻辑"与"(AND)相同。例如:检索式"aircraft engine",表示可查出含有"aircraft"及"engine"的页面。

在汉字作为关键词输入时,切记不要在构成关键词的两个字之间插入空格,否则,就会发生两个字之间进行逻辑"与"的检索错误。

例如:用户要查找"飞机"这个关键词,但却输入了"飞　机",由于"飞"和"机"两字之间插入了空格,而被处理为"与"的关系,查出所有同时含有"飞"和"机"两个字的页面。这个检索结果的范围要比"飞机"作关键词的结果扩大了很多,许多结果中已不含有与"飞机"相关的信息。

2)逗号

逗号,的作用类似于逻辑"或"(OR),也是查找那些至少含有一个指定关键词的页面,区别是,检索结果输出时,包含指定关键词越多的页面,其排列的位置越靠前。例如,检索式"计算机,网络,多媒体",可查出包含三个关键词中的任何一个或几个的页面,而同时含有"计算机"、"网络"和"多媒体"的页面输出时排在前面。

3)括号

括号( )的作用是使括在其中的运算符优先执行,用于改变复杂检索式中固有逻辑运算符优先级的次序。例如,检索式"多媒体 and (计算机 or 网络)",表示要求先执行括号中的"OR"运算,再执行括号外的"AND"运算。

4)引号

引号" "的作用是,括在其中的多个词被当作一个短语来检索。绝大部分主要搜索引擎都支持短语检索,找到含有与短语词序和意义完全相同的页面。

例如,检索式"special education",表示把 special education 当作一个短语来搜索。如果不加引号,搜索引擎就会把两词之间的空格按"与"处理,查出包含 special 和 education 的页面,结果应与用户要求的主题内容相去甚远。

5.3 常用学术搜索引擎

随着信息技术的迅速发展,网络资源浩如烟海,要想获取所需的学术信息,更似大海捞针,而综合性的搜索引擎,在满足用户的学术搜索时,却显得力不从心,检索出的查询信息数量太大,而且重复过多,相关性较差。近几年出现了一些学术搜索引擎,其中,Google Scholar 与 Scirus 是两个比较出色的范例,大大方便了使用数据库不便的用户对网络学术信息的检索要求。

5.3.1 Google Scholar 学术搜索引擎

5.3.1.1 Google Scholar 概况

2004 年 11 月,Google 针对科学家和研究人员推出了一个专门搜索网上学术信息资源的学术搜索引擎——Google Scholar(中文名为 Google 学术搜索),网址 http://scholar.google.com/。Google Scholar 不仅仅从 Google 收集的上百亿个网页中筛选出具有学术价值的内容,而且最主要的是通过与传统学术出版商的合作来获取足够的有学术价值的商业文献资源。目前,Google 公司已与许多国际著名的学术出版商进行合作,如 John & Wiely,IEEE,Nature,ACM,Ingenta,JSTOR,SAGE,SpringerLink 等,另外,Google Scholar 也与国内大型数据库商进行了合作,如"万方数据资源系统"、重庆维普资讯公司的"中文科技期刊数据库"等,这样,Google Scholar 在某种程度上已成为了全球学术信息的统一搜索平台,用户通过 Google Scholar 就可直接从学术出版商、专业学会、预印本库、大学和其他学术组织以及从网络上开放获取资源查询到学术信息,包括经同行评论的文章、学位论文、图书、预印本、文摘及技术报告等信息。

Google Scholar 还推出了两套与图书馆的合作方案,一是将合作图书馆的馆藏书目数据或电子资源通过链接机制与 Google Schloar 相连,这样在校外的用户能够通过 Google Scholar 进行检索,如果是图书馆订购的资源则可以通过身份认证后直接获得原文,如斯坦福大学图书馆,清华大学图书馆等。另一个则是 OCLC 与 Google Scholar 达成了合作,将来自世界各国图书馆的图书联合目录产品 WorldCat 整合进后者的检索结果中,如果是图书信息则有一个链接到 WorldCat,对于国外的用户有更实际的作用,即可以通过"find a library"找到距离自己最近的图书馆,以获得图书。

用户通过 Google Scholar 检索后的结果中,其文摘信息是公开的,而多数全文信息则通过一定方式(如 IP 限定)控制访问,只有授权用户才能利用。因此,目前 Google Scholar 更多的是作为一个资源发现工具,而不是全文获取的工具。但随着网络信息资源的数量和质量的提升,随着互联网从向个人信息发布平台的转移,更多高质量的学术信息资源将会越来越多,Google Scholar 将为用户的学术和研究的资料收集带来极大的便利。

Google Scholar 学科范围:生物学、生命科学与环境科学;商业、管理、金融与经济学;化学与材料科学;工程、计算机科学与数学;医学、药理学与兽医学;物理学、天文学与行星科学;社会科学、艺术与人文科学等7个大类。

5.3.1.2 Google Scholar 检索方法

Google Scholar 提供了简单检索、高级检索两种检索方法。

(1)简单检索

Google Scholar 的主页面即为简单检索页面。检索框内可直接输入关键词,也可输入用布尔逻辑算符和字段限定语句组成的复杂检索式,系统默认以空格间隔的各检索词进行逻辑与(AND)运算。例如输入检索式:(special education) and china,可命中159万条记录。

特定操作符:"+",确保搜索结果中包括 Google 学术搜索技术通常忽略的普通字词、字母或数字,如[+de knuth];

"-",排除所有包括搜索字词的结果,如[Flowers -作者:Flowers];

“ ”,精确搜索,只返回包括这一确切短语的结果,如["随你便"];

"OR",返回包括搜索字词之一的结果,如[教师评价 OR 教师评估];

"标题:",如[标题:mars]得到的结果只包括文件名中的搜索字词。

字段限定:author:限定检索作者;

intitle:限定检索网页或文档的标题,例如,intitle:学前儿童行为;

inurl:限定检索 url 中含有这些文字的网页,例如,教育 inurl:ecnu. edu. cn;

site:只检索某个具体网站或网站频道,例如,学前教育 site:edu. sina. com. cn;

(2)高级检索

在 Google Scholar 的主页上,点击检索框右侧的“学术高级搜索”,即可进入高级检索页面(图5-1)。

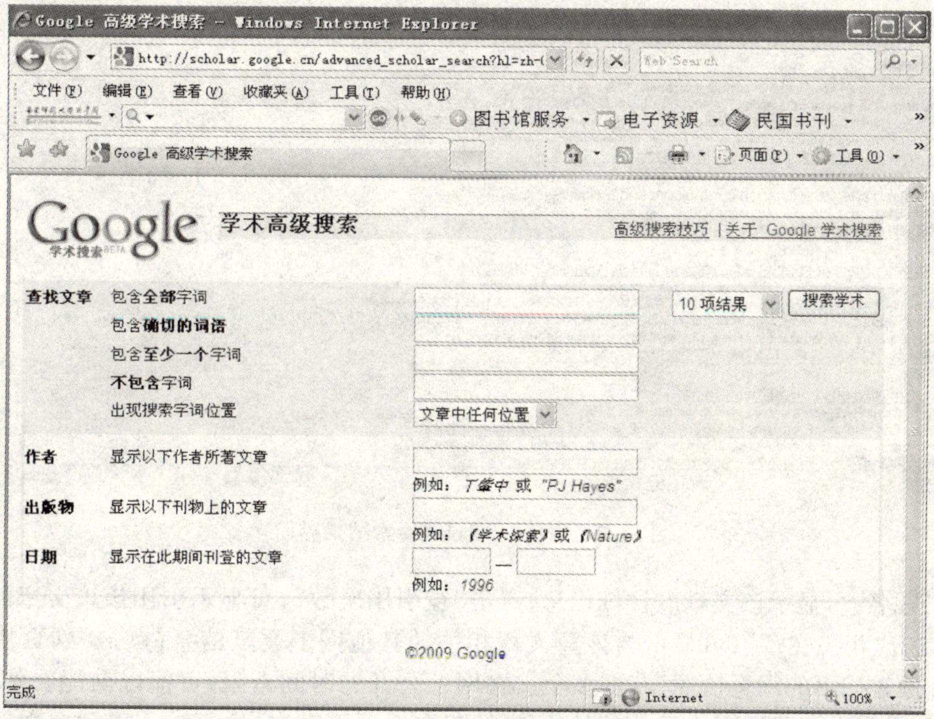

图5-1 Google Scholar 高级检索界面

Google Scholar 学术高级检索提供以下限定查找文章的检索功能。

1)包含全部字词:直接输入需要检索的词语,默认检索词之间为“逻辑与”组配关系。

2)包含确切的词语:将输入的检索词作为词组检索。

3)包含至少一个字词:系统默认输入的检索词之间为“逻辑或”组配关系。

4)不包含字词:系统默认输入的检索词之间为“逻辑非”组配关系。

5)搜索字词位置限定:可选择“文章中任何位置”或“位于文章标题”。

此外,Google Scholar 学术高级检索还可以对作者、出版物和文章发表时间进行限定。

(3)结果显示

Google Scholar 学术搜索是按相关性对搜索结果进行排序,跟 Google Web 搜索一样,最有价值的参考信息会显示在页面顶部。Google 排名技术会考虑到每篇文章的完整文本、作者、刊登文章的出版物以及文章被其他学术文献引用的频率。检索结果页面(图 5-2)显示了命中文献的题名、作者、出处、摘要、文献被引用次数、相关文章、网页快照、网页搜索、图书馆搜索、所有 n 个版本等链接。

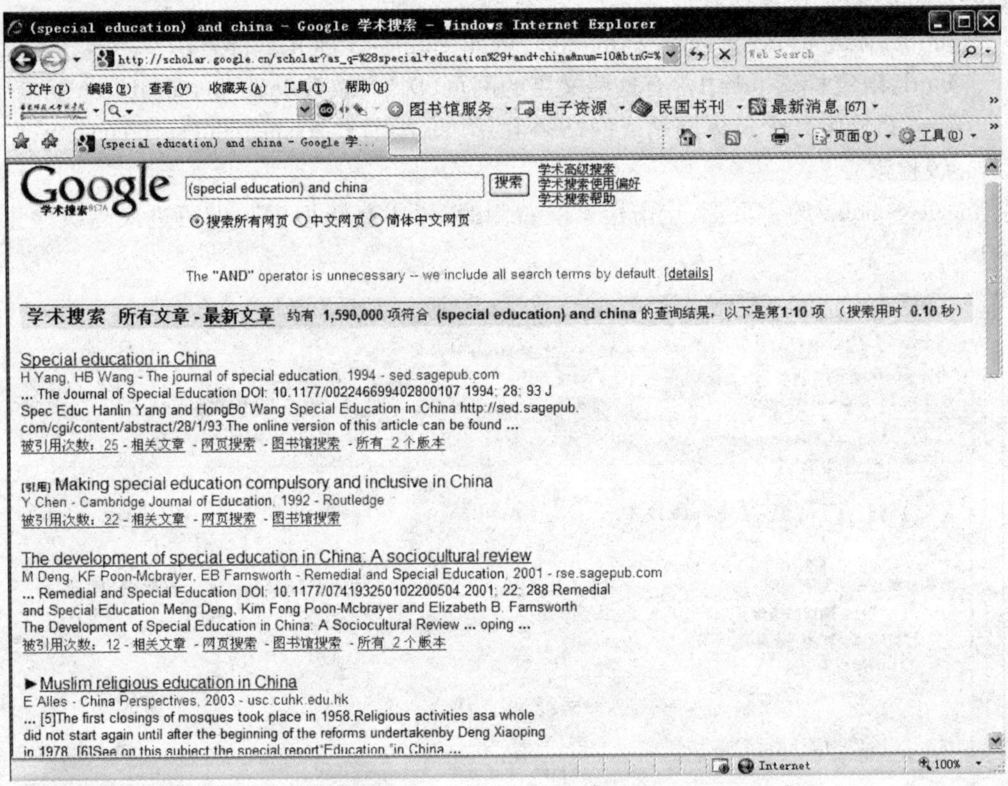

图 5-2 Google Scholar 检索结果界面

点击题名,可显示该文献的详细信息;点击“被引用次数”,可显示引用该篇文章的其他文献信息;点击“相关文章”,可显示与该篇文章相关的其他网上文献信息;点击“网页快照”,显示 Google 预先拍下的网页快照,有许多全文在网上公开的时间有限,可能以前能看到,现在没有了,若 Google 进行了网页快照,则即使原来的获取地址不存在,也仍然能看到全文;点击“网页搜索”,可启动执行 Google 的网页搜索,从 Google Scholar 返回 Google 搜索,所得到的检索结果比直接在 Google 中查询的专指度高,主要为与在 Google Scholar 中想要的文章相关的一些 PDF 格式的文件;点击“图书馆搜索”,系统会自动匹配与用户 IP 地址范围最适合的图书馆馆藏目录的相关条目,方便用户就近获取原文;点击“所有 n 个版本”,可显示该篇文章的多个来源,并首先选择可能是机构网站的来源进行尝试获取全文。

5.3.2 Scirus 科学搜索引擎

(1)Scirus 概况

Scirus 是目前互联网上最全面、综合性最强的科技专用搜索引擎,2001 年 4 月由 Elsevier 公司和挪威的一个搜索引擎公司 FAST 合作开发并投入使用,网址为:http://www.scirus.com/。

Scirus 的由来:Scirus 是一位古希腊的先知。因为科学是一门有想象力的学科,通过人们创新的思想和努力来推动其健康发展,Scirus 将为科学探索先行铺路,帮助科研人员成为科学的先知。

Scirus 目前能搜索超过 4.5 亿个科学类的网页,在 2001 和 2002 年,Scirus 被《搜索引擎观察》(Search Engine Watch)评选为“最佳专业搜索引擎”。在 2004 和 2005 年 Scirus 又被网络营销协会(Web Marketing Association)评选“最佳搜索引擎网站”。

Scirus 以自身拥有的资源为主体,经过对网上具有科学价值的资源进行整合,汇聚了同行评论文章、专利信息、期刊论文、学位论文、会议文献、图书、预印本、文摘、技术报告等学术文献,为科研工作者等用户在网络上和专有数据库中快速查找所需的信息打开了一道便捷之门,此外,还可以对网络中所搜索到的结果进行过滤,然后只列出包含有科学信息的成分。Scirus 的信息来源主要是两部分:经过严格选择的科学资源网页和数据库。

网页。目前 Scirus 可以检索超过 4.5 亿与科学有关的网页,包括:学术出版商、大学、专业学会、研究机构、政府机构、公司主页、科学家个人主页等。

数据库。Scirus 收录了超过 46,00 万篇全文文献及文摘,收录范围广泛,文献种类齐全。Scirus 以出版高品位期刊而著称的 ScienceDirect 数据库资源为主体,与很多专业数据库商、机构仓储、预印本服务器等进行了深入的合作,如:SAGE Online、Beilstein on ChemWeb、MEDLINE on BioMedNet、PubMed Central、BioMed Central、NASA 技术报告、NDLTD 学位论文、USPTO 美国专利、LexisNexis 专利信息、ArXiv. org 预印本库、Mathematics Preprint Server 预印本服务器、Organic Eprints 预印本服务、美国麻省理工学院开放课件、香港科技大学等的机构仓储。

Scirus 学科范围 :农业与生物学,天文学,生物科学,化学与化工,计算机科学,地球与行星科学,经济、金融与管理科学,工程、能源与技术,环境科学,语言学,法学,生命科学,材料科学,数学,医学,神经系统科学,药理学,物理学,心理学,社会与行为科学,社会学等 20 个大类。

(2)Scirus 的特色

Scirus 搜寻引擎是专为科研人员所设计的,既提高信息检索的相关度和专深性,也能满足用户的个性化要求,它与一般搜索引擎(如 Yahoo、baidu 等)不同的是它主要涵盖专门科学方面的信息,更能搜索到深层次的有价值信息,并具有如下特色:

- 过滤非科学方面的信息。
- 收录同行评审(peer-reviewed)的文章,这在一般搜索引擎中大部分是被忽略掉的。

• 可以搜索特定作者、期刊、出版年等缩小查询范围。

• 可同时查询学科相关的会议、摘要、及专利资料。

• 可输入中文、日文等进行检索。

• 可保存检索结果。

(3)Scirus 检索方法

Scirus 提供了基本检索和高级检索两个检索方法。

1)基本检索(Basic search)

Scirus 主页面即为基本检索页面(图 5-3),基本检索非常简单,在检索框内可直接输入多个关键词或短语进行检索。例如输入检索式:(continuing education OR continuous education) AND japan,可命中 60 万条记录。

逻辑算符:AND(逻辑与)、OR(逻辑或)、ANDNOT(逻辑非)。

特定算符:+ :表示检索结果中必须包含该检索词。

- :表示检索结果中一定不出现该检索词。

“ ”:精确搜索,只返回包括这一确切短语的结果。

* :无限截词符,用于替代一个或连续的多个字符,如 parasit *,可检索到 parasite、parasitic、parasitology、parasitemia 等。

?:有限截词符,用于替代检索词当中的一个字符,如 te?t,可检索到 test 和 text。

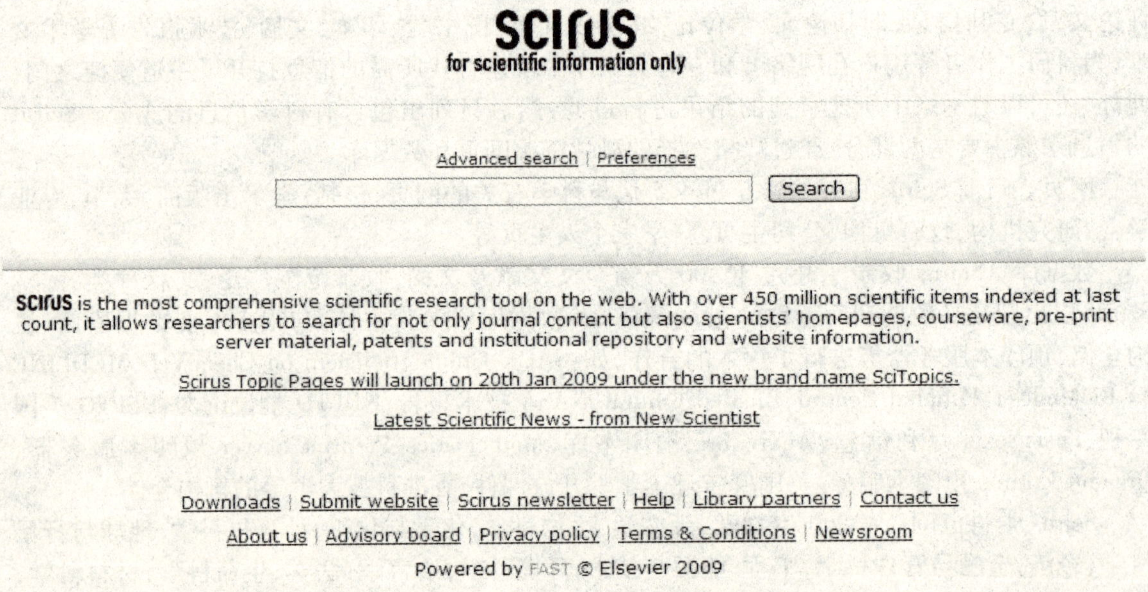
SCIRUS
for scientific information only
Advanced search | Preferences
Search
SCIRUS is the most comprehensive scientific research tool on the web. With over 450 million scientific items indexed at last count, it allows researchers to search for not only journal content but also scientists' homepages, courseware, pre-print server material, patents and institutional repository and website information.
Scirus Topic Pages will launch on 20th Jan 2009 under the new brand name SciTopics.
Latest Scientific News - from New Scientist
Downloads | Submit website | Scirus newsletter | Help | Library partners | Contact us
About us | Advisory board | Privacy policy | Terms & Conditions | Newsroom
Powered by FAST © Elsevier 2009

图 5-3 Scirus 基本检索界面

(2)高级检索(Advanced search)

在 Scirus 主页中点击“Advanced search”,即可进入 Scirus 高级检索界面(图 5-4)。

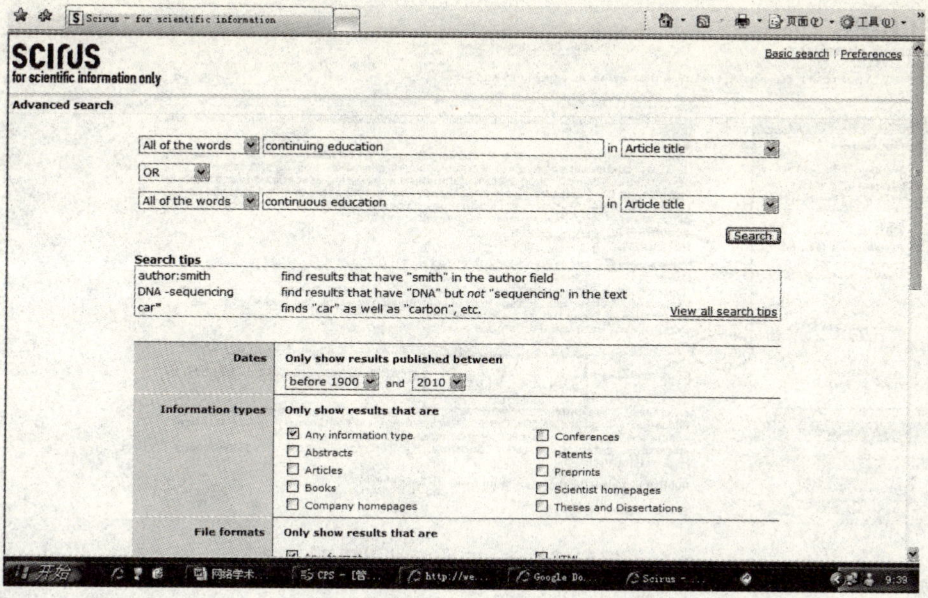

图 5-4　Scirus 高级检索界面

在高级检索中，系统提供了两个检索输入框，并在检索框前后都提供了下拉菜单选项供选择对检索条件进行限制。检索框前的下拉菜单选项主要用于限定检索词之间的关系，主要有：

(1) All of the words：检索结果中必须包含该检索框中输入的每一个检索词，相当“and”；

(2) Any of the words：检索结果中可包含该检索框中输入的一个或多个检索词，相当“or”；

(3) Exact phrase：检索结果与该检索框中输入的短语/词组精确匹配。

检索框后的下拉菜单选项主要用于限定检索的字段，主要有：The complete document(全文字段)、Article title(文章题名)、Journal title(期刊名)、Author(s) name(作者名)、Author affiliation(s)(作者机构)、Keyword(s)(关键词)、ISSN(国际连续出版物号)、(Part of a) URL(URL 地址或部分 URL)。

另外，高级检索还提供了时间范围(Dates)、信息类型(Information types)、文件格式(File formats)、内容来源(Content sources)、主题范围(Subject areas)等选项供用户选择，以对检索结果进行限定。这些功能为用户提高检索的针对性提供了很大的便利。

3) 检索结果显示

执行基本检索和高级检索后，Scirus 检索结果界面(图 5-5)上方列出了命中记录的总数，Scirus 默认的结果显示是按相关度(Relevance)进行排序，也可以选择按时间(Date)进行排序显示。此外，还列出了在期刊中检索到的结果数、在设定的网页中检索到的结果数、在其他一般网页中检索到的结果数等，点击相应链接后可以进一步精炼检索结果。

对于检索结果的显示，Scirus 主要显示文献题名、文件大小、发布时间、包含检索词的摘要简介、来源网址等，同时也提供相关结果(similar results)链接。

此外，Scirus 还可以对检索结果进行选择并输出，在符合预期的记录前的复选框中打√进行标记，标记过的记录可以进行保存、Email 发送和输出。这一点也是其他大多数搜索引擎所没有的功能。

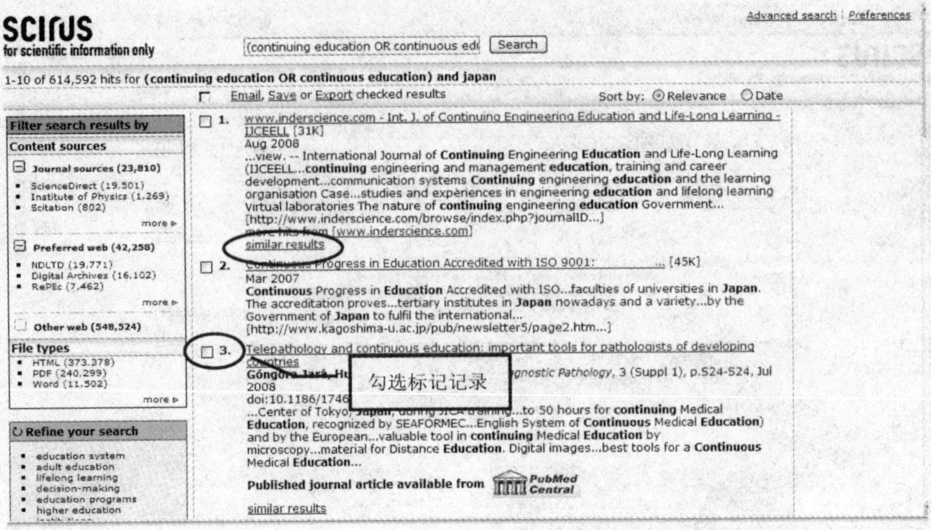

图 5－5　Scirus 检索结果界面

5.4　OAIster——开放存取搜索引擎

OAIster 是世界上最知名的开放存取搜索引擎，是由密歇根大学图书馆开发维护，网站地址：http://www.oaister.org/。OAIster 提供了各种学术数字资源的一站式检索（图 5－6）。

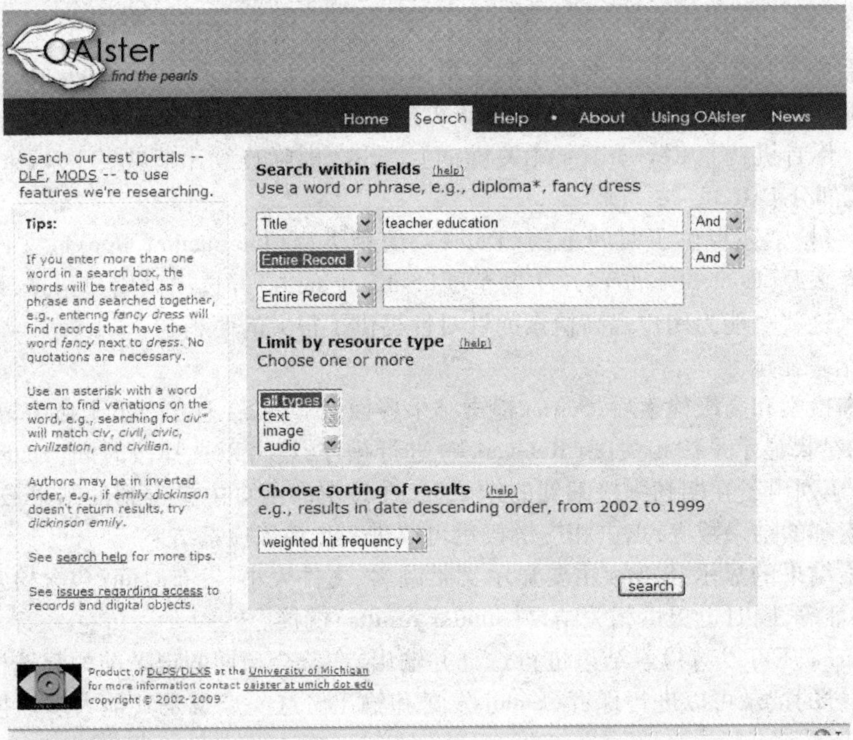

图 5－6　OAIster 检索页面

截止到2009年6月,OAIster共收集了来自1139家学术机构的22 009 018条数字资源,包括图书、期刊、会议论文、学位论文、音频、图像、电影、数据集等资源。这些资源通常是其他搜索引擎无法找到的隐性资源,OAIster依靠OAI-PMH(the Open Archives Initiative Protocol for Metadata Harvesting)来搜索这些资源,并被美国图书馆协会评为2003年度最佳免费参考网站。

OAIster的标引对象包括国会图书馆美国记忆计划、各类预印本及电子本文献服务器、电子学位论文等。2009年1月,密歇根大学与OCLC达成合作伙伴关系,将共同努力确保通过OAIster数据库继续维护开放文献馆藏的公共存取,并将藉由OCLC的服务向成百上千万的信息寻求者推广这些馆藏的知名度。

OAIster可按作者、题名、主题、语言、资源类型等进行检索,支持布尔逻辑检索。检索结果可选择不同的排序方式显示,检索结果中包含了对该资源的描述和资源链接(图5-7)。

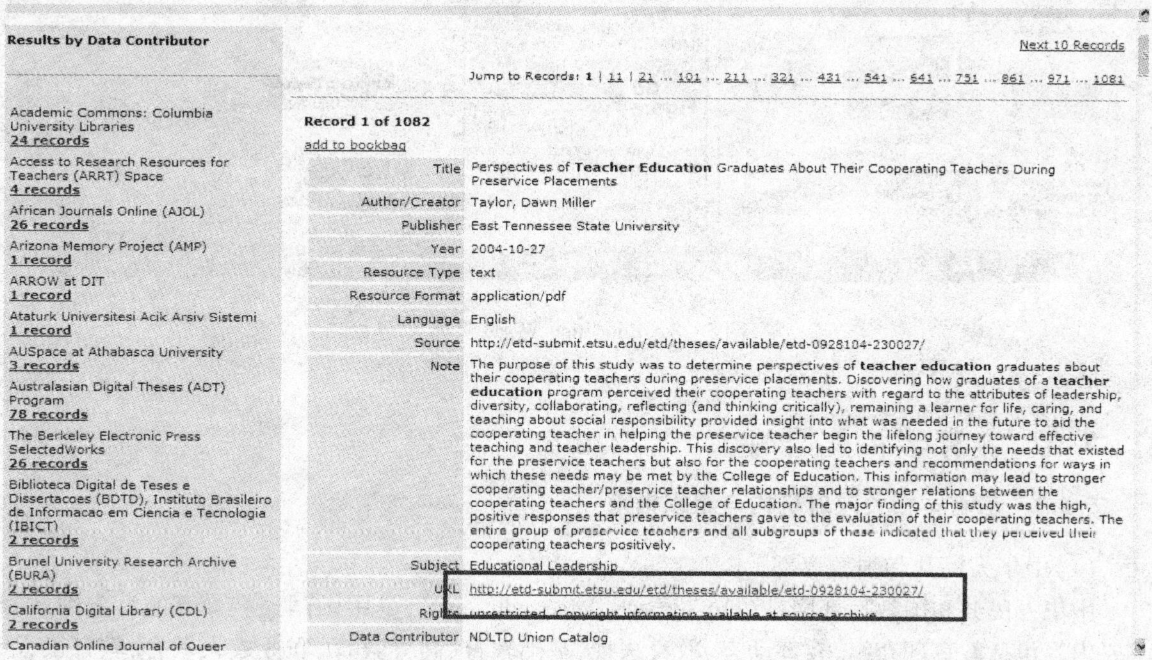
Results by Data Contributor
Academic Commons: Columbia University Libraries
24 records
Access to Research Resources for Teachers (ARRT) Space
4 records
African Journals Online (AJOL)
26 records
Arizona Memory Project (AMP)
1 record
ARROW at DIT
1 record
Ataturk Universitesi Acik Arsiv Sistemi
1 record
AUSpace at Athabasca University
3 records
Australasian Digital Theses (ADT) Program
78 records
The Berkeley Electronic Press SelectedWorks
26 records
Biblioteca Digital de Teses e Dissertacoes (BDTD), Instituto Brasileiro de Informacao em Ciencia e Tecnologia (IBICT)
2 records
Brunel University Research Archive (BURA)
2 records
California Digital Library (CDL)
2 records
Canadian Online Journal of Queer
Next 10 Records
Jump to Records: 1 | 11 | 21 ... 101 ... 211 ... 321 ... 431 ... 541 ... 641 ... 751 ... 861 ... 971 ... 1081
Record 1 of 1082
add to bookbag
Title Perspectives of Teacher Education Graduates About Their Cooperating Teachers During Preservice Placements
Author/Creator Taylor, Dawn Miller
Publisher East Tennessee State University
Year 2004-10-27
Resource Type text
Resource Format application/pdf
Language English
Source http://etd-submit.etsu.edu/etd/theses/available/etd-0928104-230027/
Note The purpose of this study was to determine perspectives of teacher education graduates about their cooperating teachers during preservice placements. Discovering how graduates of a teacher education program perceived their cooperating teachers with regard to the attributes of leadership, diversity, collaborating, reflecting (and thinking critically), remaining a learner for life, caring, and teaching about social responsibility provided insight into what was needed in the future to aid the cooperating teacher in helping the preservice teacher begin the lifelong journey toward effective teaching and teacher leadership. This discovery also led to identifying not only the needs that existed for the preservice teachers but also for the cooperating teachers and recommendations for ways in which these needs may be met by the College of Education. This information may lead to stronger cooperating teacher/preservice teacher relationships and to stronger relations between the cooperating teachers and the College of Education. The major finding of this study was the high, positive responses that preservice teachers gave to the evaluation of their cooperating teachers. The entire group of preservice teachers and all subgroups of these indicated that they perceived their cooperating teachers positively.
Subject Educational Leadership
URL http://etd-submit.etsu.edu/etd/theses/available/etd-0928104-230027/
Rights unrestricted. Copyright information available at source archive.
Data Contributor NDLTD Union Catalog

图5-7 OAIster检索结果页面

5.5 Education World——专业搜索引擎

Education World(教育世界)http://www.education-world.com,成立于1996年,是个专业的搜索引擎(图5-8),只搜索与教育有关的Web站点,帮助学生、教师和家长了解更多的教育信息。它是一个聚集教育资源、教育站点评价、课程计划、世界教育资源中心、全球学校目录、就业机会列表、教育活动目录的专业搜索工具,其浏览结构由多层级菜单构成,有简单检索、高级检索、浏览等三种检索方式。

图 5－8　Education World 页面

5.6　教育学相关网站

5.6.1　教育学相关政府机构与组织指南

(1)中华人民共和国教育部

中华人民共和国教育部网站(http://www.moe.edu.cn/),是中国国家教育部的官方网站,主要内容包括教育部介绍、教育动态、教育法规、基础教育、高等教育、职业成人教育、教育工程与基金、教育统计、招生考试、文献资料等。最有特色的是关于教育方面的政策文件、有关专家的讨论以及教育部对一些行业的权威评审资料等。

(2)美国教育部

美国教育部(Department of Education,缩写为 ED)(http://www.ed.gov/)成立于 1867 年,1979 年由卡特总统签署生效升格为内阁层级的联邦教育部。不同于其他国家的教育部,美国教育部不太干涉课程标准的设置,地方及州政府掌管教育权并决定大部分课程。教育部主要的职权在于编列联邦补助方案以及执行联邦关于民权及隐私的教育法案。

(3)日本文部科学省

日本文部科学省(Ministry of Education,Culture,Sports,Science and Technology,简称 MEXT)(http://www.mext.go.jp/)是日本中央省厅之一,负责统筹日本国内教育、科学技术、学术、文化及体育等事务。2001 年 1 月 6 日起由原文部省及科学技术厅合并而成。

(4)联合国教科文组织

联合国教科文组织(http://www.unesco.org)是各国政府间讨论关于教育、科学和文化问题的国际组织,其主要机构有大会、执行局和秘书处。大会为该组织最高权力机构,每两年开会一次,决定该组织的政策、计划和预算。执行局为大会闭幕期间的管理和监督机构;秘书处负责执行日常工作,由执行局建议,经大会任命总干事领导秘书处的工作。出版包括《教育展望》(季刊)等多种刊物。

(5)中国联合国教科文组织全国委员会

中国联合国教科文组织全国委员会(http://www.unesco.org.cn/index.jsp)是由教育部牵头领导的跨部门政府机构,归口负责中国与联合国教科文组织之间的合作事务。目前由28个国务院职能部门、国家级公共机构和全国性非政府组织和机构组成。每年召开一次全体会议,听取并审议全委会关于过去一年的工作总结和新一年的工作计划要点,并就全委会重大方针政策问题发表意见与提出建议。

(6)国际教育局

国际教育局(http://www.ibe.unesco.org/ch.html)是联合国教科文组织属下活跃于教育内容、方法及组织结构领域的专门机构。它一方面建立工作网络以促进世界各地课程开发经验的共享,另一方面致力于将现代理念引入课程的设计与施行,改良有关实践技能并推动世界各大区内部及全球范围的信息交流和对话。

(7)美国教育统计中心

美国教育统计中心(NCES)(http://nces.ed.gov/)是提供国家级教育信息的权威部门,每年进行各种教育基本情况统计和专题调研,为用户提供技术服务,并编辑出版大量的教育统计资料。NCES的工作宗旨是收集、分析和发行有关美国和其他国家的教育统计数据。目前该中心由四个部门组成:统计标准与方法、数据发展、教育调查、教育测量。

5.6.2 教育学相关学协会指南

(1)中国教育学会

中国教育学会(http://www.cse.edu.cn)成立于1979年4月,是全国群众性学术团体。学会的业务有:开展群众性教育科学研究,教育教学改革实验和学术交流活动;为教育决策提供科学分析、信息反馈和咨询意见;研究、编写教材,出版学术性书刊;开展业务咨询、政策咨询和法律咨询;组织教育评价活动;开展对香港、澳门和台湾地区及对外教育学术交流与合作等。学会主办综合性教育学术刊物《中国教育学刊》。

(2)中国高等教育学会

中国高等教育学会(http://www.hie.edu.cn/)成立于1983年5月30日,是高等教育工作者及高等教育机构自愿组成的全国性研究高等教育科学的学术团体,现有单位会员118个。中国高等教育学会已形成遍及全国、联系各高等学校、覆盖众多学科和管理领域的组织网络。《中国高教研究》为学会的会刊。

(3)中国学位与研究生教育学会

中国学位与研究生教育学会(http://www.csadge.edu.cn/)于1994年7月成立。学会开展学位与研究生教育理论和实际问题的研究,组织学术交流,加强与社会各界的联系与合作,开展咨询、培训等活动,以促进工作,推动改革,为建设和完善有中国特色的学位制度和研究生教育体系作出贡献。会刊是《学位与研究生教育》杂志。

(4)中国学前教育研究会

中国学前教育研究会(http://www.cnsece.com/)成立于1979年11月,是由民政部批准并注册的国家一级学会,也是世界学前组织的会员单位。研究会由高等师范院校、教育科研单位、幼儿师范学校、学前儿童集体教养机构、教育行政部门、报刊杂志和出版社等从事学前教育工作的单位和个人组成。会刊是《学前教育研究》杂志。

(5)中国职业技术教育学会

中国职业技术教育学会成立于1990年12月,是全国群众性职业技术教育团体和职业技术教育工作者自愿组成的群众性、学术性社会团体,学会设学术、教学、培训交流以及职教师资、职教管理、职业指导、中专教育、职业高中教育、高等职业教育、农业和农村职业教育、城市职业教育、少数民族职业教育、轻工和商业职业教育、旅游职业教育、期刊编辑等多个专业研究组织。会刊是《中国职业技术教育》杂志。

(6)中国教育家协会

中国教育家协会(http://www.chinaeducationalist.org/)是经香港注册登记的中国教育工作者/专家的国际性联谊、交流的机构。中国教育家协会及其中华教育研究交流中心、中国国际教育出版社与世界文化艺术研究中心、中国国际交流出版社等单位合作,于1995年出版了《中国教育专家名典》《中国高等教育专家名典》等国际性教育人物辞书。出版《中国教育研究》杂志。

(7)中国教育国际交流协会

中国教育国际交流协会(http://chn.ceaie.edu.cn/)于1981年7月成立,是中国教育界开展民间对外教育合作与交流的全国性组织。

(8)中国成人教育协会

中国成人教育协会(http://www.caea.org.cn/)是全国各类成人教育团体和成人教育工作者自愿组成的群众性、学术性社会团体,1981年4月成立。协会的业务有:宣传成人教育的意义和作用;推广成人教育研究的成果和经验;为教育行政部门对成人教育的决策提供咨询服务;加强与国际成人教育组织的联系和合作,开展学术交流活动;开展对成人的多种形式的继续教育和岗位培训等,出版《中国成人教育》杂志。

(9)中国民办教育协会

中国民办教育协会(http://www.cange.org.cn/)是于2008年5月正式成立的国家一级社团法人单位,是由全国各级各类民办教育机构和民办教育工作者自愿结成的、行业性的、全国性的非营利性的社会组织。

(10)中国开放教育资源协会

中国开放教育资源协会(http://www.core.org.cn/)成立于2003年10月,系非营利机构,是一个以部分中国大学及全国省级广播电视大学为成员的联合体。协会大力推崇资源共享的理念,为中外学习者提供高质量、免费的教育资源,让更多的学习者享有平等的学习机会。

(11)中国教育发展基金会

中国教育发展基金会(http://www.cedf.org.cn/)是由教育部、财政部支持发起的全国性公募基金会,开展经常性的全国助学、助教、改善办学条件及其他有关活动,促进教育及其他有关事业的健康发展。

(12)中国教师发展基金会

中国教师发展基金会（http://www.jsjjh.org.cn/）1986 年成立，主管单位为教育部。基金会秘书处作为教育部直属的司局级机构在理事会领导下负责基金会日常事务。

（13）美国教育研究协会

美国教育研究协会（http://www.aera.net/）成立于 1916 年，致力于改善教育过程，进行与教育有关的调查和评价，并促进传播研究成果。协会首要目标是推动教育研究和实际应用，其超过 2.5 万成员是教育工作者、管理员、辅导员、评估者、研究生、行为科学家等。

（14）全美教育测量学会

全美教育测量学会（http://www.ncme.org/）是一个有关教育测量科学、教育及培训工作的组织。特别是每年春天举行的年会，大量的实证研究和分析性报告是年会的一大特色，其中关于信度和效度的研究报告占很大比重。

（15）美国道德教育协会

美国道德教育协会（http://www.amenetwork.org/）是个非营利性组织，成立于 1976 年，协会致力于促进沟通、合作、提高技能、课程发展，以及增进道德理论与教育实务连结等研究。协会期刊是 *Journal of Moral Education*。

（16）美国幼儿教育协会

美国幼儿教育协会（http://www.naeyc.org/）是当今美国最具权威性的集教育、培训、管理、科研等为一体的综合性机构，会员遍布全国各地。协会每年都要举行一次全国性的学术研讨会。协会还出版双月刊《幼儿教育》（*Young Children*），并定期发行各类培训教材（包括多媒体教材）。

5.6.3 教育学相关科研机构及大学院系

（1）中央教育科学研究所

中央教育科学研究所（http://www.cnier.ac.cn/）是教育部直属的国家级综合性教育科学研究机构。研究所以科学研究为主体，以知识服务和产业创新为翼，努力建设成为综合实力最强的国家教育研究所，为我国教育改革发展提供智力支撑和理论支持。

（2）国家教育发展研究中心

国家教育发展研究中心（http://www.ncedr.edu.cn/）是于 1986 年经国务院批准建立的国家教育宏观决策咨询研究机构，隶属于教育部。设有教育发展战略研究室、教育体制改革研究室、比较教育研究室、教育政策评估研究室、基础教育研究室、高等教育研究室、终身教育研究室等机构。

（3）教育部职业技术教育中心研究所

教育部职业技术教育中心研究所（http://www.civte.edu.cn/）是教育部直属事业单位，成立于 1990 年，是一所国家级职业教育研究及开发机构。主要任务是研究职业技术教育改革和发展，为教育部管理和决策提供服务，并向全国各级各类职教机构提供信息及咨询，收集和整理国内外有关职业教育信息和相关资料并发布、出版、开展与国际职教研究机构的交流和合作。

（4）北京师范大学比较教育研究中心

北京师范大学比较教育研究中心（http://www.compe.cn/），原为外国教育研究所，创立于 1965 年，是中国建立最早、规模和影响最大的比较教育研究机构之一，是国家教育部重点资助的全国12个哲学社会科学研究机构之一，也是国家重点学科点。本所主要从事国际教育与较教育研究，目前已发展成为一个语种齐全、学科领域广泛、以研究国际与比较教育为重点的教育科研基地。设有高等教育、普通教育、教育理论、教育经济、成人和职业技术教育研究室，另有教育信息中心、《比较教育研究》编辑部和资料室等机构。

(5)北京师范大学教师教育研究中心

北京师范大学教师教育研究中心(http://www.bnu.edu.cn/cter/homepage.htm)，成立于2002年12月，该中心主要研究中外教师史，教师角色和道德发展，教师的性别、分层，教师教育的知识基础，反思性教师教育，多元文化中的教师教育等基本理论问题，并致力于建立教师教育的研究方法论和建设教师教育学科体系。该中心将在原有的研究基础上对教师专业成长、教师专业知识、教师专业技能进行深入的探索，并把已有的研究成果运用到语文、数学、外语、科学等各科的教师教育实践中，并就实践中的效能、效果进行研究，为教师质量的控制，如教师资格考试、教师评估等提供理论基础。

(6)北京大学教育经济研究所

北京大学教育经济研究所(http://iee.gse.pku.edu.cn/)，成立于1999年，是国家教育经济和教育财政问题的重要研究和咨询机构。研究所以宏观教育投资和管理体制为研究重心，以完善学科建设为学术追求，充分发挥研究人员的学术专长，逐步形成了规范实证研究，定量方法与定性方法结合，多学科综合研究的特色。研究所依托的教育经济与管理学科是国内第一个该学科博士点；2000年，该研究所被评为教育部普通高等学校人文社会科学重点研究基地；2002年，教育经济与管理学科被国务院学位委员会评为全国重点学科。

(7)东北师范大学农村教育研究所

东北师范大学农村教育研究所(http://ire.nenu.edu.cn/)于1999年8月成立，2001年被批准为教育部普通高校人文社会科学重点研究基地。该研究所以“研究农村教育，服务农村教育，促进农村发展”为宗旨，经过多年的探索与实践，初步形成了研究中国教育现代化进程中重大的农村教育理论和实践问题，注重大规模实证调查，为教育部和各省农村教育改革与发展提供咨询报告的研究风格与特色。该所下设农村教育政策研究室、农村教育实验研究室和国际农村教育研究室。

(8)华东师范大学课程与教学研究所

华东师范大学课程与教学研究所(http://www.kcs.ecnu.edu.cn/)成立于1999年11月，是首批批准的教育部人文社会科学重点研究基地，是中国唯一的课程与教学领域的“国家队”。该研究所依托华东师范大学教育科学研究的优势，集中了国内外相关专业的研究人员，下设若干研究中心和研究室。近年来研究所直接参与中国基础教育课程改革各项方针、政策、规划的制定，并承接教育部有关基础教育课程改革的重大课题，还承担了大量国家级课程改革的培训任务，充分显示了基地作为我国基础教育课程研究“国家队”的角色和地位。

(9)华东师范大学基础教育改革与发展研究所

华东师范大学基础教育改革与发展研究所(http://www.dedu.ecnu.edu.cn/)为教育部人文社会科学重点研究基地，由“学校综合改革”、“教育政策理论”、“教育与学生发展”和“教师教育”4个研究室构成，所依托的教育学原理和教育史学科都是我国第一批博士学位授予点、国家重点学科、华东师大教育学学科博士后流动站站点和“211工程”建设重点学科。研究所以“学校教育改革与发展综合研究”和“推进素质教育的政策支持系统研究”为方向，开展多角度、多层面和多学科的综合研究。

(10)厦门大学高等教育发展研究中心

厦门大学高等教育发展研究中心(http://che.xmu.edu.cn/)于2000年1月组建成立,并成为教育部人文社科重点科研基地之一,下设三个研究室:高等教育理论与政策研究室、高等教育管理研究室、高等教育考试研究室。中心的主要任务是研究中国和世界高等教育的理论与发展动态,研究中国高等教育管理问题,研究青年心理,建立与发展高等教育学科和青年心理学科;培养高等教育、高等教育管理、青年心理的理论工作者和实际工作者;积极促进教育学、心理学领域的国内外学术交流,积极推动和组织全国高等教育研究活动,为中国和世界的高等教育发展和学科建设作出贡献。

(11)清华大学高校德育研究中心

清华大学高校德育研究中心(http://moral.tsinghua.edu.cn/docinfo/index.jsp)成立于1999年12月。2000年9月被确定为教育部人文社会科学百所重点研究基地之一。中心下设机构有:思想政治教育研究室、社会思潮研究室、大学生心理素质研究室。研究方向包括:社会思潮与青年教育研究、新时期大学生思想政治教育研究、大学生全面素质教育研究、思想政治理论课教育教学研究等。其中,社会思潮与青年教育的研究以及思想政治教育理论与方法的研究,是基地取得突出成果的方面。

(12)南京师范大学道德教育研究所

南京师范大学道德教育研究所(http://www.nsddys.cn/)成立于1994年8月,2000年9月成为教育部人文社会学科百所重点研究基地之一。研究所下设综合办公室和三个研究室:基本理论研究室、德育心理研究室、德育课程与德育模式研究室。研究所的目标是成为中国道德教育理论思想的原创地;成为道德教育研究专门人才的培养地;搭建世界道德教育研究与交流的平台;推进中国道德教育实践的改革与进步;建立具有国际影响的开放型科研机构。研究所出版有《道德教育论丛》(年刊),《中国道德教育评论》(季刊),《道德教育研究》(季刊)等刊物。

(13)西南大学西南民族教育与心理研究中心

西南大学西南民族教育与心理研究中心(http://epc.swu.edu.cn/)成立于1984年3月,2004年11月成为教育部人文社会学科百所重点研究基地之一。中心下设民族跨文化比较研究所、民族基础教育研究所、民族科技与教育研究所、民族心理研究所。中心立足西南,内合外联,对西南民族教育、心理及其背后之民族文化、社会发展进行全方位、多角度的深入研究,并以西南民族独特的自然人文资源为基础,构建绿色教育系统,促进西南民族地区的可持续性发展。研究方向:西南民族文化变迁中的教育发展;民族科技教育与现代课程的改革;西南民族心理研究;西南民族基础教育发展研究。

(14)西北少数民族教育发展研究中心

西北少数民族教育发展研究中心(http://202.201.48.18/mzjy/)是西北师范大学在原"少数民族教育研究所"的基础上于1999年5月成立。2004年11月,被确定为教育部人文社会科学重点研究基地。中心正在发展成为国内研究少数民族教育理论、开展民族教育政策咨询的重要机构之　。中心现有1个博士后流动站、2个博士学位授予点、10个硕士学位授予点。在教育学原理博士学位点下开设了教育人类学方向,在课程与教学论博士学位点下开设了多元文化课程与教学方向,在课程与教学论、教育学原理等硕士点上相继开设了与少数民族教育相关的方向。

(15)上海教育科学研究院

上海市教育科学研究院(http://202.121.15.145/)是专业研究和决策咨询机构,受政府资助,从事教育科学、人力资源开发和社会发展的研究。在人力资源与教育规划、教育财政、教育管理、教育政策法规、教学论、课程论、教育心理、教育评价以及高等教育、职业与成人教育、民办教育等学科领域有较强的研究力量和较高的研究水平。在全国和上海市教育与人力资源信息收集及整理方面有多年的积累,目前已建有逐年滚动的中国教育事业发展信息库、中国教育经费发展信息库和分析系统,主要研究部门有普通教育研究所、高等教育研究所、智力开发研究所、职业与成人教育研究所和民办教育研究所。公开出版《教育发展研究》《思想·理论·教育》《上海教育科研》等期刊。

(16)华东师范大学教育科学学院

华东师范大学教育科学学院(http://www.ses.ecnu.edu.cn/)于1980年成立。目前学院设有4个系和4个系级研究所和中心:教育学系、课程与教学系、教育信息技术学系、心理学系、职业教育与成人教育研究所、高等教育研究所、教育信息网络中心、国外考试中心。另依托系所设有5个研究所:国际与比较教育研究所、教师教育研究所、教育史研究所、心理科学研究所、现代教育技术研究所;7个中心:华东师大心理健康辅导中心、上海市心理健康教育骨干师资培训中心、管理与经济心理学研究中心、社区教育研究中心、职业技术教育研究中心、成人教育研究中心、人力资源研究中心。

(17)华东师范大学学前教育与特殊教育学院

华东师范大学学前教育与特殊教育学院(http://www.pese.ecnu.edu.cn/)成立于1997年,是我国学前教育和特殊教育人才培养与科学研究的重要基地。学院下设2系3部:学前教育学系、特殊教育学系、公共教育部、基础部、培训部;5个研究中心:学前教育与特殊教育学院暨人才培养和科学研究中心、心理测量中心、儿童发展与教育研究中心及ESEC儿童语言研究中心、言语听觉康复科学研究院;2个研究所:学前教育研究所、特殊教育研究所。

(18)北京师范大学教育学院

北京师范大学教育学院(http://soe.bnu.edu.cn/cn/index.php)是中国教育科学研究的重要基地,是国家高级教育专门人才培养的最高学府。学院现有教育学系、教育经济与管理系、学前教育系、特殊教育系四个系,国际与比较教育研究所、教育科学研究所、教育历史与文化研究所、教育法与教育政策研究所、高等教育研究所、教师教育研究所和学校咨询研究所共7个所和特殊教育研究中心等12个研究中心及全国最早设立的教育学博士后流动站。学院拥有教育学原理、比较教育学、教育史3个国家级重点学科,比较教育研究中心、教师教育研究中心2个国家人文社会科学重点研究基地。出版有《教育学报》《比较教育研究》《教师教育研究》《中国教师》4个刊物。

(19)东北师大教育科学学院

东北师大教育科学学院(http://edu.nenu.edu.cn/),前身为教育系,创建于1951年,1994年撤系建院。现设有教育学系、心理学系、教育管理系、学前教育系、课程与教学系,以及国家基础教育实验中心、农村教育研究所、国际与比较教育研究所、高等教育研究所、特殊教育研究所、儿童发展研究所、教育信息中心、全国现代教育技术培训中心、教育部东北师范大学基础教育课程研究中心等单位。教育学原理为国家级重点学科。学院现有5个本科专业,9个硕士专业,4 个博士专业。

(20)陕西师范大学教育科学学院

陕西师范大学教育科学学院(http://jkx.snnu.0edu.cn/),是由原教育系、心理学系、教育研究所于 1997 年组建而成的。现下设有教育系、心理系、学前教育系、教育研究所、高等教育研究所、陕西师大西北基础教育与教师教育研究中心、大学生心理咨询中心和诱思探究教学法研究所。教育学、心理学专业为陕西省名牌专业,外国教育史、公共心理学课为陕西省精品课程。

(21)华中师范大学教育学院

华中师范大学教育学院(http://edu.ccnu.edu.cn/)成立于 2005 年 5 月,学院设有教育学系、课程与教学论系、教育经济与管理系、学前与特殊教育系、教育史与比较教育研究所、高等教育研究所、师资培训中心、普通话培训测试中心、教育评估中心、课程研究中心、考试研究中心、基础教育研究中心、教师教育研究中心等教学科研机构,其中基础教育研究中心是湖北省人文社会科学重点研究基地;教育学原理是国家重点学科。主办《教育研究与实验》和《教育与经济》两种教育类核心期刊。

(22)西南大学教育学院

西南大学(原西南师范大学)教育学院(http://jyxy.swu.edu.cn/index.php)始建于 1950 年,设有教育学系、课程与教学系、学前教育系、特殊教育系、教育与经济管理系等 5 个系科,拥有教育学博士后科研流动站、教育学一级学科博士学位授权点,涵盖了 14 个二级学科博士授权点、15 个二级学科硕士授权点和 5 个本科专业;有课程与教学论国家重点学科。教育学专业为国家教育部和财政部联合确定的第一批特色专业点。拥有课程与教学论、比较教育学 2 门国家级精品课程。

(23)北京大学教育学院

北京大学教育学院(http://www.gse.pku.edu.cn/)由高等教育科学研究所、教育经济研究所与电化教育中心部分机构于 2000 年合并成立。目前设有教育与人类发展系、教育经济与管理系、教育技术系三个系,高等教育科学研究所、教育经济研究所(教育部人文社会科学重点研究基地)两个研究所,基础教育与教师教育中心、中国教育与人力资源研究中心、教育领导与政策研究中心、数字化学习发展研究中心、企业与教育研究中心五个研究中心。学院承办全国中文核心期刊《北京大学教育评论》(季刊)。

(24)香港教育学院

香港教育学院(http://www.ied.edu.hk/)是香港八所大学当中唯一的师范大学。历史可追溯至 1939 年罗富国师范学院的成立。其后,葛量洪师范学院、柏立基师范学院、香港工商师范学院及语文教育学院相继成立,为香港提供正规的师资培训。1994 年,合并四所师训机构和语文教育学院,成立香港教育学院,授予提升师资教育和专业培训课程的专职。1996 年 12 月纳入大学教育资助委员会的资助范围。学院下设文理学院、教育研究学院、语文学院,其中教育研究学院下设课程与教学系、幼儿教育学系、教育政策与行政学系、教育心理与学习支援学系。

5.6.4 教育学门户网站

(1)CALIS 重点学科网络资源导航库(教育学)

CALIS 重点学科网络资源导航库(教育学)(http://202.117.24.168/cm/classifymain.jsp?subject=04&subjectname=教育学),是 CALIS 为了将因特网中相关重点学科的最优秀的网站信息提供给读者而在“九五”期间启动的“重点学科网络资源导航库”项目之一,该门户的内容可以分类浏览也可以直接检索,按学科门类分为哲学、法学、教育学、理学等十一个大类,其中教育学大类又分为教育学、心理学和体育学三个二级类目。

(2)中国教育和科研计算机网(CERNET)

CERNET(http://www.edu.cn)是由国家投资建设,教育部负责管理,清华大学等高等学校承担建设和管理运行的全国性学术计算机互联网络,学术科研气氛较重,教育资源,学术研究,学术期刊等是其特色。

(3)中国教育信息网

中国教育信息网(http://www.chinaedu.edu.cn)是由教育部教育管理信息中心承建的教育门户网站,内容有国内外教育方面的最新动态、教学案例、教学课件、试卷题库、教学研究、基础教育、高等教育、家庭教育等栏目,为学生、教师、家庭、学校、企业提供全方位的服务,提升全民素质,引导教育产业走向世界,参与国际竞争。

(4)中国基础教育网、

中国基础教育网(http://www.cbe21.com)是由教育部基础教育课程教材发展中心与北京师范大学共同创建的,面向全国基础教育工作者、学生、家长的专业服务平台,是中国基础教育领域的综合性网站。现已完成语文、数学、物理、化学、英语、政治、生物、历史、地理等 12 个学科频道和教育新闻、教育动态、专家视点、特色学校、区域教育、教坛之声等栏目。

(5)国家基础教育资源网

国家基础教育资源网(http:// www.cbern.gov.cn),该平台免费为所有农村教师服务。采用实名制注册。只有注册用户才可以下载网站资源。按照“课标”、“教材”、“年级”、“学科”、“媒体”、“专题”等不同标准浏览资源并可下载,还提供检索功能查询资源。

(6)中国教育资源网

中国教育资源网(http://www.cern.net.cn/)由教育部教育管理信息中心开发处创建的网站,收录了全国优秀课件,设有新闻中心、资源中心、图片中心、课件大赛、学习论坛、雁过留声等栏目。

(7)中国教育新闻网

中国教育新闻网(http://www.jyb.cn/)是全国唯一一家教育日报《中国教育报》建设的以新闻为主的教育网上信息发布平台。目前设有“新闻”、“招生”、“考试”、“就业”、“留学”、“校园”、“传媒”、“图片”等 10 余个频道,近 20 种分类新闻,并提供教育资料、在线调查等多种信息服务。

(8)中国教育统计网

中国教育统计网(http://www.stats.edu.cn/)是中国最权威的统计教育网站,网站提供统计公报、统计动态、统计标准、下载中心等板块,并提供高等学校实验室信息统计、基础教育技术装备统计和全国教育基建统计系统的软件更新。

(9)中国教育在线

中国教育在线(http://www.eol.cn/)是中国最大的综合教育门户网站,由赛尔网络有限公司承建,中国教育在线以满足各类教育需求为主,发布各类权威的招考、就业、辅导信息,已经成为当代学生和家长获取教育信息、了解校园动态的最佳途径。

(10)中国教育网

中国教育网(http://www.chinaedunet.com/)创建于1999年,由中国教育家协会主办,中国经贸集团资建,并获世界华人交流协会(香港)全球推荐的中国教育门户网站。该网站在新闻传递、信息发布、教育资源各方面均具有极高的权威性,资讯内容及时、全面、针对性强、目标集中、效益明显。

(11)中国教育信息化网

中国教育信息化网(http://www.e-chinaedu.cn/)由教育部教育管理信息中心和中国教育信息化杂志社共同制作维护。该网站是全国日点击数最高的教育信息化网站,设有教育采购、信息化案例、教育产品、教育商机、企业专栏、理事之窗等栏目。

(12)中国高等教育网

中国高等教育网(http://www.h-edu.com)始建于1999年11月,目前,已经成为中国高等教育聚合门户。现已拥有高校天地、留学、自考、考研、民办大学、成人教育、招生、高教研究、考试认证、精英系统等21个精彩频道,拥有289个栏目的3000多个版块及最新、最全的高校资料和第一手的教育资讯。

(13)中国教师研修网

中国教师研修网(www.teacherclub.com.cn)由全国教师教育学会主办,为全国中小学教师搭建研训一体的专业发展平台,创建资源共建、可持续发展的网上学习共同体。2007年,该网站成为教育部推荐的中小学教师培训优秀网站。2008年,成为教育部教育干部远程网络培训基地。

(14)新思考网

新思考网(http://www.cersp.com/)是由今日园丁科技文化有限公司和教育部基础教育课程教材发展中心共同开发,目前已成为中国教育网站中拥有最丰富的新课程教育资源、最先进的流媒体制作技术和设备,并为全国中小学教师和学生提供个性化工作和学习的互动平台的中国教育第一门户网站。

(15)义务教育课程网

义务教育课程网(http://www.kecheng.net/)由北京教育科学研究院基础教育科学研究所主办,设有课改动态、学术活动、工作文档、学校发展、国内外信息、综合素质评价、课改专项、课程理论、管理评价、案例选载、区域学校规划、课改简报等栏目。

(16)中国职业教育与成人教育网

中国职业教育与成人教育网(http://www.cvae.edu.cn/)由教育部职业技术教育中心研究所主办。充分发挥现代信息技术整合、创新和跨时空共享优秀教育信息资源的优势,为全国职业学校、成人教育学校及其他有关教育机构提供高质量的教育信息服务。

(17)中国职业技术教育网

中国职业技术教育网(http://www.chinazy.org/)是教育部中国职业技术教育学会官方网站,是国家级职业教育门户网站,于2008年11月开通。网站已成为宣传职业技术教育政策方针的阵地,展示职业技术教育改革和发展成果的窗口,剖析职业技术教育重点难点问题的论坛,搭建职业技术教育沟通与交流的桥梁。

(18)中国高职高专教育网

中国高职高专教育网(http://www.tech.net.cn/)由教育部全国高职高专人才培养工作委员会指导,宁波职业技术学院承办,设有新闻动态、理论探索、教学改革、学生频道、师资培训、课程建设、校企合作、专业建设等栏目。

(19)中国学前教育网

中国学前教育网(www.preschool.net.cn)是学前教育领域的专业门户网站,2002 年成立。网站利用现代互联网技术,使国内外最新的幼教动态、幼教理念、幼教课程等资源得到最大程度的共享,使广大幼教工作者和幼儿家长能利用这个平台进行便捷的交流和互动。

(20)101 远程教育网

101 远程教育网(http://www.chinaedu.com)是国内领先的中小学远程教育网,涉及的教育领域包括中小学远程教育、英语教育、幼儿教育及远程教育理论研究等。101 网提供全国各地主要教材版本的教学:人教版(六三制)、人教版(五四制)、北京版、首师大版、浙江版、河北版、湘教版、江苏版、鲁教版、上海科技版、华东师大版、鄂教版等三十多种版本,基本满足全国用户的需要。101 网上不仅提供每周更新的同步课堂、名师面授等同步教学内容,还开设有超前班课程、疑难提问、疑难共享、专题辅导、学法指导、英语听力、中、高考专栏、语文月刊、英语月刊实验演示、课外生活等众多内容。

(21)中小学教育教学网(简称 K12 教育网)

中小学教育教学网(http://www.k12.com.cn/)于 1999 年开通,目前已成为全国最大的网上教育资源集散地和全国最大的基础教育门户网站。K12 的名字,来源于国际上对基础教育的统称(K-12),K 是幼儿园 Kindergarten 的简称,12 代表从小学到高中的 12 年中小学教育。网站提供教育新闻、教师频道、学生频道、家长频道、教学资源交流平台、学科论坛、教师个人专辑、杂志网上空间等大量服务。在"网上课件交流中心"中,各地教师自发上传的课件、教案等已近 100 万条。

(22)中国校长协会网

中国校长协会网(http://www.cupa.com.cn/)依托国家教育行政学院、中央电大、中国老教授协会教育专业委员会及中国教育电视台、《中国教育报》、《中小学管理》、《中小学校长》、《高教领导参考》、《基础教育改革动态》等教育机构与媒体,为校长们打造教育资源共享平台,创造国际国内交流机会,提供终生学习培训的网络服务体系与空间。

(23)中国教育新闻网

中国教育新闻网(http://www.jyb.cn/)是全国唯一一家教育日报《中国教育报》建设的以新闻为主的教育网上信息发布平台。目前设有"新闻"、"招生"、"考试"、"就业"、"留学"、"校园"、"传媒"、"图片"等 10 余个频道,近 20 种分类新闻,并提供教育资料、在线调查等多种信息服务。

(24)远程教育信息中心

Distance Education Clearinghouse(远程教育信息中心,网址:http://www.uwex.edu/disted/)由威斯康星大学函授部制作和管理。远程教育信息中心是全面的,被广泛承认的远程教育网站,1995 年在网络上发起,该网提供了大量的远程教育资源及关于远程教育的网站链接。

5.6.5 教育学免费专业资源指南

(1)中国高等教育研究性数据库

中国高等教育研究性数据库(http://www.hedb.xmu.edu.cn/das.asp)是由厦门大学高等教育发展研究中心负责组织建立的有关中国高等教育调查与统计资料的全国性数据库,也是厦门大学“985工程”二期——“中国特色高等教育体系”建设项目的重要内容之一。该数据库包括全国高等院校基本状况、各科系在校学生基本状况、各专业毕业生、课程、教职员工、高教经费以及校园环境设备等多方面数据,旨在为高等教育科学研究、管理决策及其他相关人员提供正确、完整、可靠的数据服务。

这些数据以及分析所得的教育指标、研究报告和统计数字等,将存放在该网站内,全国各大学师生和学者均可享用该数据库及其网络资源,同时,该数据库及学术网络资源将与国际、国内著名大学的图书馆、数据库建立交互享用的管道,以达到资源共享的目的。

该数据库主要包括三大类:

①以院校为本位的资料(institution-based data),如财政、人事编制、校园软硬件设备、课程及活动等;

②以学生为本位的资料(student-based data),包括家庭与父母的资料、学生意愿、态度、能力、学习状况、课程参与程度、身心状况、家庭环境、学习成果等;

③以教职员为本位的资料(faculty and administrative and support staff),如教课时数、薪资福利、研究成果、学校及学生相关的服务项目、论著以及专业成长等。

(2)台湾高等教育资料库

台湾高等教育资料库(http://www.cher.ed.ntnu.edu.tw/index.php)由台湾师范大学教学评鉴与发展研究中心负责执行。该计划的主要任务是建立完整和全面性的台湾高等教育资讯系统,为求资料的完整性,该资料库将涵括各大学院校状况/经费/校园环境设备、课程、校园文化、教职员素质、各科系在校学生素质和学习行为与表现、各学校毕业生及毕业后的发展等。

(3)EdD-Online 教育论文在线数据库

教育论文在线数据库(http://140.122.127.251/edd/edd.htm)由台湾师范大学图书馆和各师范院校图书馆合作建立。部分文章可免费获得全文。

台湾师范大学图书馆为便于读者查检教育文献,自1962年起编制教育论文索引,1978年起增加摘要内容继续发行,1991年建立电子资料库,进而发展为教育论文摘要检索系统。1998年起将近年来收录的全文资料建立影像档,连接于摘要系统,提供线上查阅。2000年获台湾教育部补助,与其他师范院校图书馆合作,将系统扩充为“教育论文线上资料库”(Educational Documents Online,简称 EdD Online)。资料内容涵盖1957年至今登载于中文期刊、学报、报纸、论文集等教育性论文,并整合馆藏资料查询系统、教育文献传送服务、中文教育词库查询等子系统,以更便捷的方式提供读者查阅利用。

(4)职业教育特色数据库

职业教育特色数据库(http://library.tute.edu.cn/career/teshe/index.asp)是由天津工程师范学院和天津职业大学图书馆建立的。目前共建立了12个数据库,可免费下载资料:职业教育类专业专著与教材数据库;职业教育技能培训与考核数据库;职业教育期刊论文数据库;高职教育期刊全文数据库;职业教育报纸全文数据库;职业教育类专业学位论文数据库;职业教育网络公众信息数据库;职业教育名词术语数据库;国内外职业教育与培训网站导航数据库;高职教育重要会议与信息数据库;高职教育政策改革法规条例全文数据库;高职教育教学改革数据库。

（5）国家精品课程资源网

国家精品课程资源网（http://www.jingpinke.com/）由国家精品课程资源中心负责运营，它的成立旨在弥补精品课程建设"重评审，轻共享"、"重建设，轻服务"的情况，使广大教师和学生能够方便、快捷地享用优质教育资源，促进高等教育教学质量不断提高。网站集中展示了4000多门国家级精品课程和2400门国外OpenCourseWare课程，具备信息发布、课程展示、课程检索、课程评价等基本功能，网站也提供诸如教学资源、教材、教育软件等内容的展示。

（6）全国高等学校精品课程建设

全国高等学校精品课程建设（http://www.jpkcnet.com/）。精品课程是具有特色和一流教学水平的优秀课程。精品课程建设是根据人才培养目标，体现现代教育思想，符合科学性和教育教学的普遍规律，具有鲜明特色，并能恰当运用现代教育技术与方法，教学效果显著，具有示范和辐射推广作用。目前国家精品课程资源库共收集了217门精品课程。

（7）中国开放教育资源

中国开放教育资源（http://www.core.org.cn/core/default.aspx/）是由中国开放教育资源协会主办，协会引进以美国麻省理工学院为代表的国外大学的优秀课件、先进教学技术、教学手段等资源，应用于中国的教学中。同时将中国高校的优秀课件与文化精品推向世界，搭建一个国际教育资源交流与共享的平台，为中外学习者提供高质量、免费的教育资源，让更多的学习者享有平等的学习机会。协会网站是提供优质免费教育资源的双语网站，为广大的学习者提供了方便和机会，受到了中国大学师生及社会学习者的欢迎，目前网站年点击率达1000万次。

（8）Educator's Reference Desk（教育工作者参考书桌）

Educator's Reference Desk（http://www.eduref.org）由美国Syracuse大学情报所受美国教育部委托来开发维护。网站分四个栏目："资源指南"（Resource Guides），收录3000多个教育类资源，包括教育管理、教育技术、教育评价、特殊教育等；"课程教案"（lesson plans），收录2000多个美国各地教师完成并提交的新颖的独特的教学备课材料；"检索GEM和Eric"（Search GEM/Eric），用户可以免费检索ERIC和GEM中的信息；"提问档案"（Questions Archive），分12个大类收录200多个档案集保存了由教育专家、学者、教师等对公众提出的各类教育理论、实践方面的答复，这是服务了十多年的著名的AskEric网站的档案材料，是参考书桌中的重要组成部分。AskEric除了同目前参考书桌一样收录教育资源、课程教案、提问档案外，更重要的是其与用户的互动功能。AskEric创建于1992年11月，在其服务的十多年当中，AskEric的专家回答了335 000个用户关于教育方面的提问，这个网站每年服务于4亿多访问者，被誉为最好的教育网站之一。2003年12月19日，AskEric网站关闭，其所存的提问资源都保存在目前这个参考书桌中了，但停止了在线提问的模块。

（9）The Gateway to Educational Materials（简称GEM）

GEM（http://www.thegateway.org/）是一个由美国教育部资助的一个信息门户，由700多个成员机构组织的集团来开发维护，主要用来简单快速地检索和获取政府、大学、非营利机构、商业或者其他网站上的40 000多个教育资源。其用户为教师、家长和学校的管理人员。目前用户可以在搜索大量的教育资料，还能收集到其中数百个成员单位的大量高质量的教学资源，包括教学大纲、课程教案、活动安排、课题设计等。该网站既可以浏览，也可以根据标题、关键词、全文等来进行特定检索。

(10)不列颠教育索引(British Education Index,BEI)

不列颠教育索引(http://www.leeds.ac.uk/bei/index.html),该系统是由英国的University of Leeds(利兹大学)接受英国政府的资助负责建立的,主要以在欧洲出版的教育杂志为基础(也包括世界其他地区的部分教育期刊)建立的教育文章索引系统。

5.6.6 开放存取资源

(1)中国科技论文在线

中国科技论文在线(http://www.paper.edu.cn/)是经教育部批准,由教育部科技发展中心主办,针对科研人员普遍反映的论文发表困难,学术交流渠道窄,不利于科研成果快速、高效地转化为现实生产力而创建的科技论文网站。中国科技论文在线利用现代信息技术手段,打破传统出版物的概念,免去传统的评审、修改、编辑、印刷等程序,给科研人员提供一个方便、快捷的交流平台,提供及时发表成果和新观点的有效渠道,从而使新成果得到及时推广,科研创新思想得到及时交流。根据文责自负的原则,只要作者所投论文遵守国家相关法律,为学术范围内的讨论,有一定学术水平,且符合中国科技论文在线的基本投稿要求,可在一周内发表。中国科技论文在线所发表论文的版权归作者本人所有,并允许作者同时向其他专业学术刊物投稿,以使科研人员新颖的学术观点、创新思想和技术成果能够尽快对外发布,并保护原创作者的知识产权。

中国科技论文在线收录了数学、信息科学、物理学、化学、天文学、地球科学、生物学、医学、管理学、经济学、教育学、图书馆学等43个学科论文26万多篇,其中包括了不少有关教育学的论文。

(2)中国学术会议在线

中国学术会议在线(http://www.meeting.edu.cn/)是经教育部批准,由教育部科技发展中心主办,面向广大科技人员的科学研究与学术交流信息服务平台。中国学术会议在线针对当前我国学术会议资源分散、信息封闭、交流面窄的现状,通过实现学术会议资源的网络共享,为高校广大师生创造良好的学术交流环境,以利于开阔视野,拓宽学术交流渠道,促进跨学科融合,为国家培养创新型、高层次专业学术人才,创建世界一流大学做出积极贡献。

中国学术会议在线利用现代信息技术手段,将分阶段实施学术会议网上预报及在线服务、学术会议交互式直播/多路广播和会议资料点播三大功能。为用户提供学术会议信息预报、会议分类搜索、会议在线报名、会议论文征集、会议资料发布、会议视频点播、会议同步直播等服务。中国学术会议在线还将组织高校定期开办"名家大师学术系列讲座",并利用网络及视频等条件,组织高校师生与知名学者进行在线交流。截止到2009年7月,共收录了有关教育学的各类会议信息189条。

(3)奇迹文库:开放的知识库

奇迹文库(http://www.qiji.cn/)是国内第一个提供中文预印本(E-print)服务的网站,它的主要目的是通过提供中文预印本服务促进我国科学家的学术交流,为中国研究者提供免费、方便、稳定的E-print平台,宣传开放存取(Open Access,简称OA)理念,促进科学在中国的发展。奇迹文库主要收录中文原创科研文章、综述、学位论文、讲义及专著(或其章节)的电子预印本,同时也收录以英文及其他语言写作的资料。其中在人文与社会科学下列有教育学和心理学两个专题。

(4)厦门大学学术典藏库

厦门大学学术典藏库(http://dspace. xmu. edu. cn/dspace/)中所有内容是由厦门大学师生整理提交而成,目前共有38个院系提交了3886条数据,其中有关教育类的数据有80条左右,可下载查看全文。

(5)Directory of open access journals(DOAJ)(开放存取期刊目录)

DOAJ(Directory of OAJ)(:http://www. doaj. org/)是由瑞典Lund大学图书馆与SPARC(The Scholarly Publishing and Academic Resources Coalition)于2003年5月联合创建。最初仅收录350种期刊,截至2009年7月收录的开放存取期刊有4250种、其中1574种期刊可以检索到文章289 810篇。该系统收录的均为学术性、研究性期刊,一般都是经过同行评审,或者有编辑作质量控制的期刊,具有免费、全文、高质量的特点,对学术研究有很高的参考价值。

收录主题包括:农业及食品科学、美学及建筑学、生物及生命科学、经济学、化学、地球及环境科学、一般主题、健康科学、历史及考古学、语言及文学、法律及政治学、数学及统计学、哲学及宗教学、物理及天文学、一般科学、社会科学、工程学等17种主题,其中社会科学主题下的教育学科共收录了299种期刊。

(6)Socolar—OA资源一站式检索服务平台

网址:http://www. socolar. com/ ,由中国教育图书进出口公司建立。

随着网络技术的发展,Open Access(以下简称"OA")资源得到了空前的发展。但是,许多OA资源是分散存放在世界各地不同的服务器和网站上的,因此用户很难直接全面地检索到这些资源。目前在OA资源揭示方面,主要有DOAJ和OpenDOAR两个项目,分别在进行OA期刊和OA仓储的整理工作。基于用户的信息需求和信息检索角度考虑,中国教育图书进出口公司认为一方面有必要对世界上重要的OA期刊和OA仓储资源进行全面的收集和整理,另一方面也有必要支持对重要OA期刊和OA仓贮资源进行统一检索,所以启动了Socolar项目,旨在为用户提供OA资源的一站式检索服务,并力求最终实现以下功能:

OA资源的检索和全文链接服务功能:全面系统收录重要的OA资源,包括重要的OA期刊和OA仓储,为用户提供题名层次(title-level)和文章层次(article-level)的浏览、检索及全文链接服务。

用户个性化的增值服务功能:根据用户的个性化需求,为用户提供OA资源各种形式的定制服务和特别服务。

OA知识的宣传和交流功能:建立权威的OA知识宣传平台和活跃的OA知识交流阵地。用户可以通过该平台,了解OA的基本知识和发展动态,也可以与他人进行互动交流。

OA期刊的发表和仓储服务功能:为学者提供学术文章和预印本的OA出版和仓储服务。

截止到2009年7月,平台共收录OA期刊9917种,OA仓储1023个,文章总计18 042 368篇。

(7)High Wire Press开放获取外文期刊

网址为:http://highwire. stanford. edu/。High Wire Press是斯坦福大学著名的学术出版商,由美国斯坦福大学图书馆创立于1995年,目前已成为全世界三个最大的、能够联机提供免费学术论文全文的出版商之一,目前已收录电子期刊1263种。High Wire Press出版的期刊中,占据了世界高被引用率前200名中的71个,主要包括物理、生物、医学、人文和社会学领域的核心期刊。到目前为止,该出版商共出版了6 016 613篇文章,其中提供免费的论文全文已达

1 901 262篇，被称为全球最大的免费全文学术论文数据库。检索时可以按主题（by topic）、按刊名（by alphabet）、按出版商（by publisher）浏览期刊，也可在所有期刊中进行复杂检索。High Wire Press 中也包含了大量的教育类的免费学术论文。

（8）Open J-Gate 开放获取期刊

网址为：http://www.openj-gate.com/。Open J-Gate 提供基于开放获取期刊的免费检索和全文链接。它由 Informatics（India）Ltd 公司于 2006 年创建并开始提供服务。其主要目的是保障读者免费和不受限制地获取学术及研究领域的期刊和相关文献。Open J-Gate 系统地收集了全球约 5595 种开放存取期刊，包含学校、研究机构和行业期刊，其中超过 3250 种学术期刊经过同行评议（Peer-Reviewed），截止到 2009 年 7 月，共收录了超过 100 万篇免费全文。

Open J-Gate 更新及时，每日更新，每年有超过 30 万篇新发表的文章被收录，并提供全文检索。Open J-Gate 检索功能强大，使用便捷，提供三种检索方式，分别是快速检索（Quick Search）、高级检索（Advanced Search）和期刊浏览（Browse by journals）。在不同的检索方式下，用户可通过刊名、作者、摘要、关键字、地址/机构等进行检索。检索结果按相关度排列。

6 信息资源的挖掘和学术研究利用

6.1 信息资源的收集和管理

6.1.1 信息资源的收集

信息资源的收集是信息资源处理流程的基础和起点，是保证信息质量的关键。它是通过信息渠道的广泛探求，采取特殊的方法来进行分析、鉴别、选择和获取信息的工作。信息资源收集的方法可分为正式渠道收集方法和非正式渠道收集方法。

(1)正式渠道收集方法

正式渠道收集方法就是利用手工检索工具和计算机检索系统，查找已公开发布的信息。这是一种省力省时且能获得系统完整的信息资料的方法。通过对研究课题涉及的学科范围、主题词、机构人物、文献类型、语种、出版年代、地域、时代背景的分析，选择对口的检索工具、检索系统和参考工具书，查找与研究课题内容相关的文献信息，再通过查得的信息线索去获取原始资料或者直接检索有关的全文数据库获得相关的文献资料。

按照存储信息的载体划分，正式渠道收集方法可分为传统印刷型文献收集方法、光盘数据库/联机数据库收集方法、网络信息收集方法等。按照加工组织信息的程度划分，正式渠道收集方法可分为一次文献收集方法、二次文献收集方法和三次文献收集方法。

(2)非正式渠道收集方法

非正式渠道收集方法就是通过接触初始信息源的人、物以及有关活动进行信息收集的方法。这种方法具有直接、简便、新颖和生动形象的特点，同时也存在容易失真、收集和保管困难等缺点。但是，通过非正式渠道收集的非文献信息是所收集文献信息集合中不可或缺的重要部分。收集的方法有观察法、调查法、实验法。

观察法是指按预定的计划，有目的地对研究对象进行研究，收集事物的感性材料，并通过对资料的整理分析获得活动结论的一种科研方法。

调查法是研究者通过各种方式，有目的、有计划地了解某一方面的实际情况，从而发现问题，加以研究的一种方法。采用调查法收集信息的手段主要有问卷、访谈、调查表。

实验法是指在严格控制的条件下，通过一定的实验手段来确定条件与现象之间的因果关系的研究方法，它分为实验室实验法和自然实验法。

6.1.2 原文文献的获取途径

用户对检索到的文献线索进行研究和筛选，如确认所得线索的参考价值，就需要进一步了解并详细查阅原始文献资料。用户欲找到原始文献，首先要从文献线索中找出原始文献的确切名称，以及刊登该文的出版物名称、出版国、出版卷期及年份；其次是该文献的出版类型，如图书、期刊、会议论文或学位论文等。了解这些基本情况后，可以根据具体条件，用以下各种途径进行尝试。

(1)利用全文数据库

全文数据库是近年发展较快的一类信息资源，如 CNKI 中文期刊全文数据库、维普中文科技期刊全文数据库等，它们共包含上万种中文期刊全文；外文期刊全文数据库，如 Elsevier, SpringerLink, EBSCO, John Wiely 等，囊括了国外知名出版商出版发行的数千种电子期刊论文全文，另外还有专门的学位论文、会议论文等类型的全文数据库，它们是获得文献全文最便捷的工具，只要用户所在机构有订购，就能很方便地使用，有些全文数据库也向个人用户提供服务，如出售用户卡等。

(2)查询图书馆馆藏纸质文献

纸质文献即传统的印刷型文献，图书馆是传统纸质文献的收集和保存之地，包含丰富的历年纸本期刊、图书、会议录、学位论文、报告、年鉴、手册、图谱、百科全书等。用户掌握文献线索后，可就近在图书馆进行馆藏查询，借助图书馆联机馆藏目录查询系统，以书名、刊名等出版物名称检索，继而借阅或复印。许多著名文摘数据库都附有"馆藏链接功能"，可以帮助用户获得馆藏纸质文献。

(3)搜索网上免费资源

除了收费的网络全文数据库外，在 Internet 上还存在大量免费的全文文献，其中不乏高水平学术论文，许多个人或团体自愿将自己拥有的各种学术论文在网上发布，供网络用户免费浏览使用。搜索这些学术论文全文可以通过一些专门的搜索引擎，如 Google Scholar 学术搜索引擎、Scirus 科学搜索引擎、OAIster 开放存取搜索引擎以及专业搜索引擎如 Education World 等。

(4)图书馆馆际互借与文献传递服务

如果以上获取全文的方法都没有奏效，用户还可以通过图书馆的馆际互借与文献传递服务获取。几乎每一个大中型图书馆都设有相应的部门提供这项服务。用户只要办理相应手续，图书馆会通过馆际合作为用户馆际借书或传输全文。用户也可以自己在网上获得原文传递服务，例如国家科技图书文献中心的文献检索和原文传递系统，它面向互联网的个人、集体用户提供期刊、会议、学位论文等全文文献的检索与网络传递服务。

(5)从著者处获取原文

如果通过以上方法都不能获得全文，那么直接向论文的著者索取全文也许是一种有效的方法。目前，向国外的论文著者写信索取论文复印件已是国际上通行的学术交流方式。据统计，全世界每年向著者索取抽印本达数百万件。索取抽印本应在论文发表后较短时间内进行，函索时附上一些有价值的文献作为个人赠送或单位赠送不失为一种礼貌而有效的方法。

6.1.3 馆际互借与文献传递

馆际互借与文献传递是指应使用者对特定的已确知文献的需求，由图书馆或商业服务单位等资料供应者将需要的文献或其代用品在适当的时间内，以有效的方式与合理的费用，直接或间接传递给使用者的一种服务。目前，国内外主要文献传递系统有：

(1)CALIS 馆际互借/文献传递服务网(CALIS)

为了更好地在高校开展馆际互借与文献传递工作，CALIS 管理中心建立了"CALIS 馆际互借/文献传递服务网"作为 CALIS 面向全国读者提供馆际互借/文献传递服务的整体服务形象。CALIS 馆际互借与文献传递系统依照馆际互借国际标准设计，通过协议机制完成馆际互借事务的处理、跟踪以及结算。目前，该系统已经实现了与 OPAC 系统、CCC 西文期刊篇名目次数据库综合服务系统、CALIS 文科外刊检索系统、CALIS 统一检索系统、CALIS 资源调度系统的集成。读者以馆际互借或文献传递的方式通过所在成员馆获取 CALIS 文献传递网成员馆丰富的文献收藏。馆际互借读者网关系统：http://gateway.cadlis.edu.cn/。

（2）中国高校人文社会科学文献中心（CASHL）

CASHL（http://cashl.calis.edu.cn/）是中国高校人文社会科学文献中心（China Academic Social Sciences and Humanities Library）的英文简称，它是教育部根据高校人文社会科学的发展和文献资源建设的需要而设立的。宗旨是组织若干所具有学科优势、文献资源优势和服务条件优势的高等学校图书馆，有计划、有系统地引进国外人文社会科学期刊，借助现代化的服务手段，为全国高校的人文社会科学教学和科研提供高水平的文献保障。CASHL 是全国性的唯一的人文社科外文期刊文献保障体系，收录了北京大学、复旦大学、华东师范大学等 17 所大学图书馆 9100 多种人文社会科学外文期刊。CASHL 与国家科技图书文献中心和中国高等教育文献保障系统互为优势、互为补充。2004 年 3 月 15 日正式开展文献传递服务，服务模式和 CALIS 的文献传递相似。

（3）全国文献提供协作网

全国文献提供协作网（http://www.dsscn.cn/）是根据“全国文献传递与馆际互借研讨会”上形成共识并全体通过的倡议书，由国家图书馆发起，于 2007 年 11 月成立。该网站由国家图书馆初步建设并维护，首批协作单位为参加研讨会的所有公共图书馆、高校图书馆和情报服务机构，大家共同参与各模块的内容建设，截止到 2009 年 7 月，共有 79 家协作单位。

（4）国家图书馆文献提供中心（NLC）

国家图书馆文献提供中心成立于 1997 年，中心将传统的咨询服务与网络信息技术相结合，为社会提供多层次、全方位的有偿服务，其中包括文献传递、馆际互借、国际互借，目前已与 63 个国家的 500 多家图书馆建立了业务联系，凡国内缺藏的文献，均可申请办理国际互借、原文影印等服务，网址为 http://www.nlc.gov.cn/old/old/service/wenxian/wenxian.htm。

（5）美国联机计算机图书馆中心（OCLC）

美国联机计算机图书馆中心是世界上最大的图书馆自动化联机网络中心，也是世界上重要的提供文献信息服务机构。OCLC 自 1979 年开展馆际互借服务以来，其会员范围已扩展到 80 多个国家和地区的 4 万多家图书馆和教育科研机构，成为一家具有全球意义的文献传递中心。通过 OCLC 资源共享服务进行馆际互借的成功率高达 95%。CALIS 全国工程中心已与 OCLC 达成了使用 OCLC 书目资源的协议，网址为 http://firstsearch.oclc.org/FSIP。CALIS 联合目录成员馆用户可与本单位的馆际互借业务部门联系，由该部门向清华大学图书馆的馆际互借处提出文献传递请求。

（6）英国不列颠图书馆文献提供中心（BLDSC）

英国不列颠图书馆文献提供中心（The British Library Document Supply Center）是目前世界上最大的文献提供中心，是集中式电子文献传递的典范。英国不列颠图书馆拥有 1.5 亿条、400 种文字的文献资源，为其开展文献传递提供了强有力的保障。英国不列颠图书馆每年收到 400 多万次的文献提供请求，其中国际请求近 30%，提供文献的满意度为 85% 左右，BLDSC 的文献传递范围十分广泛，包括期刊、图书、会议文献、缩微资料、报纸、政府出版物、专利文献、科技报告、学位论文、乐谱、影像资料以及未通过正常渠道出版的灰色文献等，主要服务方式有标准拷贝服务、支付版权费拷贝服务、租借服务、英国学位论文提供服务等。网址：http://www.bl.uk/services/document/dsc.html。

(7)美国 UnCover 数据库系统

UnCover 是 CARL 公司(Colorado Alliance of Research Libraries)的一个主要产品,是当前世界上规模最大、内容更新最快的期刊数据库之一。UnCover 数据库建于 1988 年,到目前为止,该库收录的期刊已超过20 000种(主要是英文期刊),内容涉及自然科学和社会科学的多个领域。大约有 51% 属于科学、技术、医学和农林,40% 属于社会科学、政法、商业,9% 为艺术和人文科学。CALIS 全国文理中心引进了 UnCover 数据库,其成员馆可免费检索。UnCover 以优惠的价格向 CALIS 用户提供原文传递服务,并能够在 24 小时内通过传真将全文传递给用户。UnCover 系统网址为 Http://www. gateway. ingenta. com/calispku。

6.1.4 信息资源管理系统

传统的科研参考文献,靠研究人员亲自查阅,然后手工摘录有关文献的信息,按照一定的格式加工整理而成。在当今数字化的时代,随着文献总量的激增,在各种数据库中得到的检索结果如何规范化永久保存到计算机?写论文时手工输入文中标引和文后参考文献列表,特别是不同期刊要求不同参考文献引用格式的问题,让人苦不堪言,该过程如何自动化的完成?此时各种参考文献管理软件的产生为科研人员提供了高效、方便、准确地管理和利用海量参考文献的工具。这些软件具有如下优点:①非常方便管理文献,为收集好的文献建立数据库后,可以便捷地进行查找、引用、统计和注释等。②在撰写论文时,参考文献引用非常方便,它可以帮助你自动按投稿杂志的要求来编排英文的格式。目前,应用比较广泛的参考文献管理软件有如下:

(1)NoteExpress 参考文献管理软件

NoteExpress(http://www. reflib. org/)是北京爱琴海软件公司研发的软件,是国内最专业的文献检索与管理系统,完全支持中文,NoteExpress 可以帮助用户通过各种途径高效,自动的搜索(含互联网)、下载、管理文献资料和论文。该软件可嵌入 MS Word 环境使用,在使用 Word 中输出各种格式化的参考文献信息,不需要脱离 Word 环境。使用方式与绝大多数文献管理软件相似,容易学习。除此以外,还有很多特色功能:

①很多关键性能优越,比如导入文献资料的速度比国外同类软件快 10 倍以上;

②文献资料与笔记(文章)功能协调一致,除管理参考文献资料外,还可以管理硬盘上其他文章或文件,作为个人知识管理系统;

③可用于获取文献资料的互联网数据源非常多,目前可直接在软件中检索 PubMed, Library of Congress,ISI Web of Science,Elsevier,中国知网,重庆维普,万方等,并且未来版本中将达数以千计的在线图书馆,并且支持用户自己添加数据来源;

④同一参考文献信息或笔记(文章)可以属于多个目录,但只需要在数据库中保存一条记录;

⑤软件内置 3000 种国内外期刊和学位论文的格式定义,并支持自己编辑的文献格式;

⑥首创的多国语言模板功能,可以自动根据所引用参考文献语言不同差异化输出;

⑦多项人性化设计,比如可以标记文献的阅读状态、显示题录所在文件夹等。

NoteExpress 是科研人员、学者、学生和图书管理人员的进行论文写作的绝佳工具。

(2)EndNote 参考文献管理软件

Endnote(http://www. endnote. com/)由美国科学信息研究所(ISI)研制开发,目前已经更

新到 X3(第 13 版)。它可以用来创建个人参考文献库,并且可以加入文本、图像、表格和方程式等内容及链接,可以进行本地及远程检索。撰写文章时,可以方便地插入所引用文献并按照格式进行编排。Endnote 是一款优秀的文献管理软件,是每一位科学工作者都应该掌握的,它能为用户带来极大的便利,提高工作效率。

1)个人数据库的管理

①可以按课题建立自己的数据库,随时检索自己收集到的所有文献;

②通过检索结果,准确调阅出需要的 PDF 全文、图片、表格;

③为不同的课题创建不同的数据库,并随时可以检索、更新、编辑;

④将不同课题的数据库与工作小组成员共享。

2)撰写文章

①撰写论文时,可以随时从 Word 文档中调阅、检索相关文献,并将重要的文献自动按照期刊要求的格式,放在正在撰写论文的参考文献处;

②撰写论文时,可以很快地找到相关的图片、表格,将其按照期刊要求的格式插入论文相应的位置;

③在转投其他期刊时,可以很快将论文格式转换成转投其他期刊的格式,因为 Endnote 自带了 3700 多个外文杂志的模板。

3)收集资料的方式

①直接导入到 EndNote;

②从数据库下载纯文本数据导入 EndNote(支持 582 种数据库的格式,可以根据需要自己定义格式);

③在图书馆浏览纸本期刊、书籍时,收集到的信息,手工操作导入 EndNote;

④直接从 EndNote 连接数据库进行检索、下载相关信息(支持直接连接 865 种数据库,可以根据需要自己定义格式)。

(3)RefWorks 参考文献管理软件

RefWorks(http://www.refworks.com/)是由 CSA 公司研制的联机个人文献书目管理系统,用于帮助用户建立和管理个人文献书目资料,并可以实现在撰写文稿的同时,即时插入参考文献,同时生成规范的、符合出版要求的文后参考文献。该软件还兼容了 RSS Feed、Google 学术搜索,以及图书馆 OPAC 等,提供多语言界面,还可以做到在检索资料的同时获取全文,非常符合用户检索和使用资料的习惯,易于学习和掌握,因此,它被许多图书馆视为创建个性化知识环境,提供个性化信息服务的工具。

RefWorks 具有以下主要功能和特点:

①不受时空限制,只需一台与互联网相连的电脑即可以对个人文献书目数据进行管理和使用;

②多种语言界面,易于掌握和使用。建立个人数据库简单、方便;

③用户可以把该产品作为管理自己作品的工具,不仅方便查找和管理,还可以按不同的格式要求输出。;

④一经购买,单位内任何人都可以使用,不受用户数量限制,且用户间可以数据共享,可以更好地发挥单位购买资料的利用价值,提高工作效率;老师也可以利用数据共享功能,将教学参考资料公示给所有上课的学生,从而提高教学效率;

⑤数据集中存储,由专门团队负责系统运行,数据更安全;

⑥无需下载和安装,用户随时使用的都是最新产品、最新功能;

⑦可以处理多种文字的书目数据;

⑧数据库包含50多个数据项,且这些数据项都可以作为书目检索点进行检索,因此,用户可以非常方便查找到自己积累的有价值的参考文献书目;

⑨在撰写文稿过程中,只需点击鼠标就可以添加文中参考文献标识,并在撰写完成后,利用系统提供的工具,自动生成符合出版要求的文后参考文献;

⑩用户可以创建所需要的文后参考文献著录模板,也可以由管理员创建供本单位人员撰写文章时使用的文后参考文献著录模板(如本校毕业论文和学报的文后参考文献著录模板)。

(4)PowerRef参考文献管理软件

PowerRef(http://www.powerref.com/)由北京神州慧达科技发展有限公司研制推出,其核心功能是用于在撰写学位论文或者正式发表的学术论文、专著或报告等的正文中,按照国际通行惯例以及国家制定的各种规范,在正文中的指定位置添加相应的注释和说明,包括文中夹注、页下脚注或者文末尾注,进而根据行文中所添加的注释,按照一定的输出格式,自动生成所使用的参考文献或参考资料的索引,添加到作者所指定的位置(通常是文末)。其详细功能则包括:

① 将平时所积累的参考文献输入到该软件系统所定义的数据库中,从而形成基于单机、局域网乃至因特网之上的电子参考文献数据库。文献可以手动输入,也可以自动批量导入。

② 对已经形成的参考文献数据库进行管理,通过手动和自动两种方式进行分类、排序、检索和搜寻。

③ 对数据库中的参考文献按照一定的格式进行输出。既可以输出到文件,也可以输出到打印机。还可以与通行的字处理软件如MicroSoft Word和WPS等进行无缝链接,将参考文献按照选定的格式直接输出到字处理软件中。

④ 可以直接与Internet上的参考资料和数据库相连接,把因特网上的资料直接导入或调入到现有的参考文献数据库中。

⑤ 除上述主要功能外,还附加读书笔记等工具模块功能,可以把日常阅读时所产生的思想和灵感随时记录下来,并与相关的参考文献整合起来。

除了上述四款软件外,还有Reference Manager,ProCite等参考文献管理系统,功能大同小异,这里就不一一介绍。

6.2 信息资源的分析

信息分析就是根据特定课题的需要,对被收集的大量文献信息资料和其他多种有关的信息进行研究,通过定性和定量的研究方法,系统地提出可供用户使用的资料的一项工作。信息分析的方法主要有定性分析方法、定量分析方法、定性与定量结合的方法3种。

6.2.1 定性分析方法

定性分析方法是指获得关于研究对象的质的规定性方法,包括定性的比较、分类、类比、分析、综合、归纳和演绎等方法。主要是分析与综合、相关与对比、归纳与演绎等各种逻辑学方法。定性研究方法适用于那些不需要或不可能应用定量方法进行分析研究的课题。常用的定性分析方法有：

(1)综合法。它把与研究对象有关的情况、数据、素材进行归纳与综合，把事物的各个部分、各个方面和各种因素联系起来综合考虑，从错综复杂的现象中探索它们之间的相互关系，以达到从整体的角度通观事物发展的全貌和全过程，获得新的知识、新的结论。

(2)对比法。它是根据两种以上同类事物各自相关的信息来辨别它们的异同或优劣的方法。

(3)相关法。它是根据事物之间或者事物内部各个组成部分之间经常存在着的某种关系，如现象与本质、原因与结果、目标与途径、事物与条件等关系，通过分析这些关系，可以从一种或几种已知的事物来判断未知的事物。

(4)因果法。它是根据事物之间固有的因果关系，利用已有的信息，由原因推导出结果或由结果探究其原因的方法。

6.2.2 定量分析方法

定量分析方法是指运用数学方法对研究对象的本质特征进行量化描述与分析的方法。它强调对数据的分析，通过建立数学模型等可重复检验的手段表达数据的内涵，从而保证信息分析活动成为建立在可靠基础上的科学研究活动，它是一种高度抽象的方法。常用的定量分析方法有：

(1)文献计量法。它是用量化方法对文献特征进行分析处理的现代科学方法，采用了情报学与数学、统计学相结合的研究手段。通过收集和处理数据，深刻、准确地观察和描述各种现象及规律。

(2)插值法。它包括内插法和外推法。这是一种研究由已知数据构成的特定函数的变化规律。在其变化过程的内涵上(内插)或外延上(外推)，取某函数近似值以代替无法求得的实际数据的方法。

(3)回归法。它是通过处理已知数据来探寻这些数据的变化规律，并以此建立相应的回归方程式，再根据该方程式来预测发展的一种数理统计方法，可分为一元、二元和多元线性及非线性回归法等。

(4)预测分析法。它是以概率论为主要理论基础，对客观世界大量的随机事件进行探索的一种方法。

6.2.3 定性与定量相结合的分析方法

定性分析是定量分析的基础和前提，定量分析则是定性分析的精确和具体化。两者存在着对立统一的关系，在实际工作中，定性分析的终点常常是定量分析的起点。定性分析与定量分析的有机结合改变了传统信息分析方法多用定性研究方法，很难保证分析结果准确性和重复性的局限。通过定性研究与定量研究方法的结合，使得信息分析方法更加符合实际需要，得出的结论更加准确和可靠。例如层次分析法，由于充分运用人的判断能力，将定性分析和定量分析有机地结合起来，因此在社会、政治、经济和管理领域的规划、决策、评价中得到了广泛的运用。传统的定性分析方法与现代的定量分析方法的有机结合，将是信息分析方法的必然走向。

6.3 学术论文的撰写与规范

学术论文是某一学术课题在实验性、理论性或观测性上具有新的科学研究成果或创新见解和知识的科学记录;或是某种已知原理应用于实际中取得新进展的科学总结。学术论文应提供新的信息,其内容应有所发现、有所发明、有所创造、有所前进,而不是重复、模仿、抄袭前人的工作。没有论文的撰写和发表,科研成果就无法为社会所知,科研的社会价值便无从实现。

6.3.1 学术论文撰写格式

按照《中国学术期刊(光盘版)检索与评价数据规范》的要求,学术论文的撰写一般可依据如下格式和方法:

(1)题名(篇名)

题名应该与论文的内容非常贴切,以简洁恰当的词语,反映论文的内容和特色。题名应准确、简练且让人一目了然。题名不宜过长,一般在20字以内。当题名过长时可加副题名说明,一般可在主题名下一行用破折号引出。

(2)作者署名及工作单位

在论文上署名,表明署名者对此论文作出了贡献,与此同时,作为作者也须承担论文结论所产生的责任。当有多位作者时,署名按对文献的贡献大小排列。

(3)摘要

公开发行的学术论文应附中英文摘要,摘要要求能客观反映论文主要内容的信息,具有独立性和自含性,使读者通过阅读摘要就能迅速了解论文的主要内容和在相应领域中的重要性。中文摘要一般在200—300字,外文摘要不宜超过250个实词。

(4)关键词

关键词是从论文题名、摘要和正文中选出来的,能反映论文特征内容的词或词组,应选用通用性较强的词组,避免使用“分析”、“特性”等普通词组,可选取3—8个词作为关键词。一般还需提供相对应的英文关键词。

(5)基金项目

基金项目反映文章获得基金资助的来源,也可反映出论文研究课题在一定范围内得到的重视以及论文在该研究课题中的地位、该研究课题的进度等,应将需列项目列清。

(6)作者简介

作者简介是介绍文章主要作者的姓名、出生年、性别、民族、籍贯、工作单位、职称(职务)、学位、研究方向、研究成果等。

(7)分类号

分类号表示论文的学科属性,中文的学术论文需根据《中国图书馆分类法》(第四版)选取。

(8)引言

引言(或绪论),简要说明研究工作的目的、范围、相关领域的前人工作和知识空白、理论基础和分析、研究设想、研究方法和实验设计、预期结果和意义等等。引言应言简意赅,不要与摘要雷同,不要成为摘要的注释。

(9)正文

正文是学术论文的核心组成部分,主要回答"怎么研究"这个问题。正文应充分阐明论文的观点、原理、方法及具体达到预期目标的整个过程,并且突出一个"新"字,以反映论文具有的首创性。根据需要,论文可以分层深入,逐层剖析,按层设分层标题。

(10)结论

结论是对全文进行的总体性讨论,应具有严密的科学性和客观性,反映一个研究课题的价值,结论不是正文各段的小结或简单重复,可以提出以后的研究方向,并指出本课题研究中遗漏的问题或还需进一步探讨的问题。

(11)注释与参考文献

注释主要用于对文章篇名、作者及文内某一特定内容作必要的解释或说明。而参考文献则主要是指明文章论点论据的出处。二者形式不同,注释是其解释或说明的表述,参考文献是其各项内容的罗列。

6.3.2 参考文献著录规范

参考文献是论文的重要组成部分,它反映了文中资料的真实性、权威性和可核实性,同时也表明本文作者对原作者的尊重和严肃负责的态度。参考文献必须按照国家规定的标准格式著录,即 GB/T 7714—2005《文后参考文献著录规则》,详见如下内容:

6.3.2.1 参考文献标注

参考文献采用实引方式,即在文中用上角标(序号[1]、[2]…)标注,并与文末参考文献表列示的参考文献的序号及出处等信息形成一一对应的关系。

(1)同一文献被多次引用时的著录问题及处理

国家标准 GB/T 7714—2005 规定,同一文献在文中被引用多次,只编 1 个首次引用的序号(正文中引文页码或起止页码放在"[ ]"外,与"[ ]"同为上标。示例:"张某某[4]15-17……""张某某[4]55……""张某某[4]70-75……",文后的参考文献表中不再重复著录页码。

(2)同一处引用多篇文章时的标注问题及处理

同一处引用多篇文献时,只须将各篇文献的序号在方括号内全部列出,各序号间用","。如遇连续序号,可"-"标注起止序号。示例:裴伟[570,583]提出……;莫拉德对稳定区的节理模式的研究[255-256]。

还有一种类似此种情况的,文中同时列出多个作者,作者之间用顿号隔开,对其标注时,就在其列出的每个作者上方用标号注明,如张三[1]、李四[2]、王五[3],标号要尽可能地靠近引文处。示例:此外,各类反思文章也比较多,其中比较在代表性的有刘洪波[2]、黄宗忠[3]、裴成发[4]、邱五芳[5]等人的文章。

6.3.2.2 参考文献著录项目与著录格式

(1)专著(普通图书、古籍、学位论文、技术报告、会议文集、汇编、多卷书、丛书等)

[序号] 主要责任者. 文献题名:其他题名信息[文献类型标志]. 其他责任者(任选). 版本项(任选). 出版地:出版者,出版年:引文页码. 获取和访问路径.

例如:

[1] 余敏. 出版集团研究[M]. 北京:中国书籍出版社,2000:179-193.

［2］昂温 G,昂温 PS.外国出版史［M］.陈生铮,译.北京:中国书籍出版社,1980.

［3］PIGGOT T M. The cataloguer's way throng AACR2:from document receipt to document retrieval［M］. London:The Library Association,1990.

［4］中国力学学会.第3届全国实验流体力学学术会议论文集［C］.天津:［出版者不详］,1990.

［5］World Health Organization. Factors regulating the immune response:report of WHO Scientific Group［R］. Geneva:WHO,1970.

［6］张志祥.间断动力系统的随机扰动及其在守恒律方程中的应用［D］.北京:北京大学数学学院,1998.

［7］王夫之.宋论［M］.刻本.金陵:曾氏,1845(清同治四年).

(2)连续出版物(期刊、报纸)

［序号］主要责任者.题名:其他题名信息［文献类型标志］.年,卷(期)报纸题名,出版日期(版次).

例如:

［1］丁文祥.数字革命与竞争国际化［N］.中国青年报,2000-11-20(15).

［2］陈驰.论人权的宪法保障［J］.四川师范大学学报(社会科学版),2000,27(1):1-9.

(3)标准

［序号］主要责任者(任选).标准编号,标准名称［文献类型标志］.出版地(任选):出版者(任选),出版年(任选).

例如:

GB/T7714—2005,文后参考文献著录规则［S］.北京:中国标准出版社,2005.

(4)析出文献

［序号］析出文献责任者.析出文献题名［文献类型标志］.析出文献其他责任者//专著主要责任者.专著题名:其他题名信息.版本项.出版地:出版者,出版年:析出文献的页码［引用日期］.获取和访问路径.

例如:

［1］徐新.阿尔泰运动及相关的地质问题［M］//陈毓川,王京彬.中国新疆阿尔泰山地质与矿产论文集.北京:地质出版社,2003:1-11.

(5)专利文献

［序号］专利申请者或所有者.专利题名:专利国别,专利号［文献类型标志］.公告日期或公开日期［引用日期］.获取和访问路径.

例如:

［1］姜锡洲.一种温热外敷药制备方案:中国,88105607.3［P］.1989-07-26.

(6)电子文献

［序号］主要责任者.题名:其他题名信息［电子文献/载体类型标志］.出版地:出版者,出版年(更新或修改日期)［引用日期］.获取和访问路径.

例如:

［1］萧 钰.出版业信息化迈入快车道［EB/OL］.(2001-12-19)［2002-04-15］. http://www. creadercom/news/20011219/200112190019. html.

6.3.2.3　参考文献类型标志

以纸张为载体的传统文献不标载体类型，非纸张型载体文献需在标注文献标志的同时标注载体类型。

以纸张为载体的参考文献类型标志为：M——普通图书，C——会议录，N——报纸文章，J——期刊文章，D——学位论文，R——报告，S——标准，P——专利，G——汇编。

非纸张为型的电子文献标志为 DB——数据库，CP——计算机程序，EB——电子公告。

电子文献及载体类型标志为：M/CD——光盘图书，DB/MT——磁带数据库，CP/DK——磁盘软件，J/OL——网上期刊，DB/OL——联机网上数据库，EB/OL——网上电子公告，C/OL——网上会议录，N/OL——网上报纸。

6.4　学术论文的投稿

作者撰写学术论文的目的在于发表，使自己的劳动成果能得到同行专家和社会的认可。同时，作为学术信息，在刊物上发表有利于信息的交流，推动科学技术的进步。很多论文都具有较强的时效性，因此，论文一旦完成，就要想办法尽快发表。论文除了本身的质量外，投稿时应当注意：

(1)了解本学科专业期刊和核心期刊

一般专业论文都希望投向专业期刊。目前在国内有哪些专业期刊，必须了解。可以通过报刊征订目录了解邮发期刊的出版情况；通过相关的图书、期刊可以了解期刊出版情况，比如《中文核心期刊要目总览》，它既有核心情况目录，也有其他公开（有 ISSN 号或 CN 号的期刊）和非公开（有内部准印证的期刊）期刊目录；通过网络了解期刊出版情况等。

怎样向国际和国内核心期刊投稿？

1)投国际刊物，可参考 JCR 社科版，选择自己想要找的学科类目，按照影响因子排序，挑选适合的刊物。然后上《乌利希国际期刊指南》网站查找刊物的地址或网站信息，登陆刊物的网站，查找在线投稿信息。

2)投国内刊物，可参考《中文核心期刊要目总览》(2008 版)、《中国社会科学引文索引》(CSSCI)等，然后按照影响力，从中挑选适合的刊物。投稿地址信息可以参考工具书《中文核心期刊要目总览》，也可以登录“万方数据资源系统数字化期刊”或“中国知网”，查找刊物的投稿信息。

3)在给核心期刊投稿的过程中，尽量不要投增刊、年刊。单位署名要规范。例如署复旦大学时还要写上“Shanghai，Peoples Republic of China”，这在给国际核心期刊投稿时尤其要注意。

(2)了解期刊等级划分

论文能够在什么档次的期刊上发表，作者要心中有数，准确定位。把质量高的论文投到低级别的期刊上，浪费了可能被高级别的期刊刊登的机会，而把质量低的论文投往级别高的期刊，可想而知，最终只能是石沉大海。这就要求了解期刊的等级情况，期刊办刊质量的评价，期刊等级的划分标准有如下几种：

1)按照期刊的主管部门划分。分为国家级、省部级、地市级。这是一种比较传统的划分方法。按照这种划分方法，一般来说，国家级期刊即中央、国务院所属各部门、中国科学院、中国社会科学院、各民主党派和全国性人民团体主办的期刊及国家一级专业学会会刊。省部级期刊由省、自治区、直辖市及所属部、委、办、厅、局主办的期刊和本科院校学报。地市级期刊依此类推。

2)按照期刊是否公开发行划分。一般来说,主办机构处于相同级别的,公开发行期刊的级别高于非公开发行的期刊。

3)按照期刊质量分级。是一种当前最具有学术价值的划分方法。学术论文投稿前,应先检索与阅读国内主要的几个期刊评价系统,如《中国社会科学引文索引》(CSSCI),《中文核心期刊要目总览》(2008 版),《中国人文社会科学引文数据库》等。被期刊评价系统收录的期刊都是较高级别的期刊,但应注意,期刊评价系统是动态调整的,依据一些期刊评价标准,一年或几年调整一次。

(3)了解刊物的稿源情况

稿源丰富的期刊,一般录用的标准较高,发表周期(从收到稿件到发表经历的时间)也较长,稿源相对较少的期刊,一般可能发表快一些。

(4)忌一稿多投

出版界的惯例是,一篇研究论文绝对不允许同时投往不同刊物,只有在被一种刊物明确不采用之后或约定稿件处理期过后,才能投往另一刊物,这在知识产权备受重视的今天更是应该遵守的。有的作者没有这样的意识,利用现在网上投稿的便捷一稿多投,或者把同样内容的一篇论文略为改头换面又作为新的论文去投稿。这些做法都是不允许的。一旦发现一稿多发,作者要遭遇通报批评、追回稿酬等处罚,落得难堪的结果。

6.5 期刊评价

学术期刊是学术研究成果的重要载体和知识生产的重要环节与平台,学术期刊的评价近几年越来越受到学术界、科研管理界、期刊界与图书情报界的普遍关注。科学地确定核心期刊的范围,对于获得高密度的学术信息资源,对于广大科研工作者重点阅读各学科专业期刊的内容,对于图书情报单位建立基本的核心馆藏等,都有着重要的意义。在"第四届大学评价与科研评价国际学术研讨会"上,还将期刊评价同大学评价和科研评价一起作为大会研讨的主题。可见期刊评价的重要性。关于期刊评价,目前国内学术界有两种观点:一是核心期刊评价法,二是期刊综合评价梯度法。前者简称"0/1 法则",后者简称"综合法则"。两种法则都是以传统的情报学文献离散定律、引文分析定律等为理论依据。只是"综合法则"涵盖了"0/1 法则",更加强调梯度的概念。

期刊评价的工具,国外以《期刊引用报告》(Journal Citation Reports,简称 JCR)为代表,国内以《中文核心期刊要目总览》《中国学术期刊综合引证报告》等为代表。《中文核心期刊要目总览》是"0/1 法则"评价的结果,《中国学术期刊综合引证报告》是"综合法则"评价的结果。

6.5.1 核心期刊的概念

某学科(或某领域)的核心期刊,是指那些发表该学科(或该领域)论文较多、使用率(含被引率、摘转率和流通率)较高、学术影响较大的期刊。核心期刊有两个主要特性:一是学科性,二是学术性。目前国内外核心期刊的认定是由不同的期刊评价体系来确定,在高校和科研院所,教育类的核心期刊主要以《美国社会科学引文数据库》(SSCI)、《中文核心期刊要目总览》、

《中国人文社会科学核心期刊要览》、《中文社会科学引文索引数据库》(CSSCI)的收录期刊为核心期刊的。

6.5.2 学术期刊评价指标

国内外各研究机构在学术期刊的选取和评价方法上不尽相同,但都遵循科学性、合理性、客观性、可操作性等原则。以下列出较为重要的期刊评价指标。

(1)影响因子

影响因子是国际上通行的期刊评价指标,由 E. 加菲尔德于 1972 年提出的,是对一篇文献或文献集合获得客观响应,反映其重要性的宏观度量。该指标是相对统计值,可克服不同规模的期刊由于发文量不同所带来的偏差。一般来说,影响因子越大,其影响力和学术作用也越大。其计算公式为:

影响因子 = 某年引用某刊前两年论文的总次数/某刊前两年发表的论文总数

(2)总被引频次

总被引频次是指该期刊自创刊以来所登载的全部论文在统计当年被引用的总次数。这是一个非常客观实际的评价指标,可以显示该期刊被使用和受重视的程度,以及在科学交流中的作用和地位。

(3)他引率

他引率是指该期刊全部被引次数中,被其他期刊引用次数所占的比例。其算法为:

期刊他引率 = 被其他刊引用的次数/被引用的总次数

(4)平均引文率

平均引文率可测度期刊的平均引文(引证文献)水平,考察期刊论文吸收他人学术思想的水平。平均引文率通常可以反映期刊吸收信息的能力以及科学交流程度的高低。其算法为:

平均引文率 = 期刊参考文献总数/期刊论文总数

(5)即年指标

即年指标是衡量一种期刊被其他期刊引用的速度的指标,也就是文章发表当年期刊的平均被引用数。其算法为:

即年指标 = 某年该刊发表文章的被引用次数/该刊该年发表的所有论文数

(6)来源文献量

来源文献量指来源期刊在统计当年的全部论文数,它们是统计期刊引用数据的来源。

(7)期望影响因子

期望影响因子也称为期望被引证率。从众多的期刊中随机收集一批论文,在不强调严格的时间规定的前提下,混合计算这批论文的被引证率,得到的就是期望影响因子。

(8)作者影响因子

作者影响因子是以计算作者著述文献的客观效果的一种影响因子。在计算和评价时,要注意区别发表在不同重要性(不同影响因子)的期刊上的论文质量的差异。

(9)学科影响因子

学科影响因子是利用迭代法逐次确定一个学科核心期刊的量度。最早是 1978 年由 Hirst 提出的,一定时间内的学科影响因子可以表述为如下比例:

学科影响因子 = 待定期刊论文在引证集合中的被引证次数/待定期刊的论文数

(10)重要性系数

重要性系数是在给定的主题领域内,对期刊集合(组)中的某一种期刊的相对重要性进行的测度。在给定时间内,A 期刊对 B 期刊重要性系数的计算公式如下:

重要性系数 = A 期刊对 B 期刊的引证数量/A 期刊对所有的文献的引证数量

6.6 国内外主要核心期刊

6.6.1 《中文社会科学引文索引数据库》(CSSCI)

由南京大学研制的中文社会科学引文索引(Chinese Social Science Citation Index,简称 CSSCI)是国家、教育部重点课题攻关项目。CSSCI 遵循文献计量学规律,采取定量与定性评价相结合的方法从全国 2700 余种中文人文社会科学学术性期刊中精选出学术性强、编辑规范的期刊作为来源期刊,2008—2009 年 CSSCI 收录的来源期刊为 528 种。现已开发的 CSSCI(1998—2008 年)来源文献近 80 万篇,引文文献 500 余万篇。该项目成果填补了我国社会科学引文索引的空白,达到了国内领先水平。

CSSCI 所收录的期刊,严格按照期刊影响因子的学科排序位次和国内知名专家的定性评价相结合而产生出来,并且,每年根据期刊的被引用情况进行调整和增删。目前,教育部已将 CSSCI 数据作为全国高校机构与基地评估、成果评奖、项目立项、名优期刊的评估等方面的重要指标。CSSCI 具有统计分析功能,可对来源文献、机构发文、引文情况、期刊被引情况、作者发文量等进行各种统计和排序。借助引文索引的统计数据,可以进行科研工作评价、学科评价、人才评价、成果评价和机构评价。

该数据库有两种检索方式:来源文献检索和被引文献检索。

附录 1 为《中文社会科学引文索引数据库》(CSSCI)收录的教育学科的核心期刊。

6.6.2 《中文核心期刊要目总览》

《中文核心期刊要目总览》由北京大学图书馆和北京高校图书馆期刊工作研究会合编,已于 1992、1996、2000、2004 年出版过四版。本版核心期刊定量评价,采用了被索量、被摘量、被引量、它引量、被摘率、影响因子、获国家奖或被国内外重要检索工具收录等 7 个评价指标,选作评价指标统计源的数据库达 51 种,统计文献量达到 943 万余篇次(1999 - 2001),涉及期刊 1 万多种。本版还加大了专家评审力度,1873 位学科专家参加了核心期刊评审工作。经过定量评价和定性评审,从我国正在出版的中文期刊中评选出 1800 种核心期刊,分属七大编 75 个学科类目,其中有关教育学的核心期刊可从 G4 综合性教育、G61 学前教育、G62/63 初等/中等教育、G64 高等教育、G71/79 各类教育五个学科类目中找到,共 68 种。

该书由各学科核心期刊表、核心期刊简介、专业期刊一览表等几部分组成,不仅可以查询学科核心期刊,还可以检索正在出版的学科专业期刊。

6.6.3 《中国人文社会科学核心期刊要览》

《中国人文社会科学核心期刊要览》2008 年版(即第二版)是由中国社会科学院文献信息中心和社科文献计量评价中心共同建立的。在 2004 版的基础上,新的研制报告去除了一些指标虽高但学术性不强的期刊;重视二级学科及显学研究领域中的优秀期刊。

作为中国社会科学院文献计量与科学评价研究中心经过多年研制工作之后正式推出的成果,该书通过对学术期刊发展规律和增长趋势的量化分析,经过定量筛选和专家论证之后,测定出期刊发展和应用中的核心部分,评选出我国人文社会科学23个学科和综合学科的核心期刊386种,涵盖了目前我国人文社会科学期刊中使用率和学术水平均居前列的权威期刊和优秀期刊,其中有关教育学的核心期刊有17种。

这些核心期刊的确定,主要是对期刊论文的各类量化指标进行综合统计而成。该书在统计方法上以引用分析为主导,力求突出重点;以期刊引证报告的评价指标作为统计主体,注意指标的完整性和系统性,以及与其他参考指标的有机结合。书中核心期刊数量的界定,主要依靠"被引频次"指标来统一度量,在生成分学科引证报告的"综合评价值"过程中,加大了"影响因子"和"被引量"指标的权重,以求突出重点。该书所选出的某学科的核心期刊,是指那些发表该学科论文较多、使用率(含被引率、摘转率和流通率)较高、学术影响较大的期刊。书中的"核心期刊表"和"期刊引证表"从期刊被使用角度列出了期刊学术影响力的核心区范围。此外,为了方便使用者,书中还对专家推荐的有特色研究领域的优秀期刊、来源期刊作了简要介绍,对核心期刊作了不同角度的排序制表。

6.6.4 《社会科学引文索引》(SSCI)

Social Science Citation Index(社会科学引文索引,简称SSCI)是Science Citation Index(科学引文索引,简称SCI)的姊妹篇,由美国科技信息研究所(ISI)于1969年创办出版。内容涉及到社会科学的各个领域,是社会科学领域重要的期刊文摘索引数据库。目前收录报道并标引了2684种(截止到2009年6月)社会科学期刊,同时也收录SCIE所收录的期刊当中涉及社会科学研究的论文。数据最早可以回溯到1956年。它涵盖了如下的学科:人类学、商业、沟通、犯罪学和刑罚学、经济学、教育、环境研究、家庭研究、地理学、老年医学和老年病学、卫生政策和服务、历史、工业关系与劳工问题、图书馆学和信息科学、语言与语言学、法律、哲学、政治科学、心理学、精神病学、公共卫生、社会问题、社会工作、社会学、药物滥用、城市研究、妇女问题等。

附录2为《社会科学引文索引》(SSCI)收录的特殊教育类核心期刊及其影响因子。

附录3为《社会科学引文索引》(SSCI)收录的教育及教育研究类核心期刊及其影响因子。

附录1　CSSCI收录教育学中文核心期刊一览表(2008—2009)

序号	期刊名称	期刊信息
1	教育研究	北京市北三环中路46号(100088) (010)82014985
2	高等教育研究	武昌喻家山华中科技大学(430074) (027)87543893
3	北京大学教育评论	北京大学教育评论编辑部(100871) (010)62751216 62754971
4	电化教育研究	兰州市安宁东路967号西北师范大学(730070) (0931)7971823
5	华东师范大学学报(教科版)	上海市中山北路3663号(200062) (021)62232305
6	比较教育研究	北京新街口外大街19号北京师范大学国际与比较教育研究所(100875) (010)58808310
7	清华大学教育研究	北京清华大学文南楼403室(100084) (010)62788995
8	教师教育研究	北京师范大学(100875) (010)58807942
9	教育与经济	武汉华中师范大学教科院(430079) (027)67865330
10	中国电化教育	北京复兴门内大街160号(100031) (010)66490924
11	教育研究与实验	武昌桂子山华中师大三号楼(430079) (027)67868275
12	教育发展研究	上海市茶陵北路21号(200032) (021)64038952 34311989
13	教育理论与实践	山西省太原市解放路东头道巷9号(030009) (0351)5604632 5604616
14	课程·教材·教法	北京市海淀区中关村南大街17号院1号楼(100081) (010)58758977
15	中国远程教育	北京市海淀区西四环中路45号(100039) (010)68182520

续表

序号	期刊名称	期刊信息
16	全球教育展望	上海市中山北路3663号(200062) (021)62232938
17	中国高等教育	北京市海淀区文慧园北路10号(100082) (010)62243806
18	开放教育研究	上海市大连路1541号1301室(200086) (021)65631403
19	教育科学	大连市黄河路850号(116029) (0411)84258254
20	外国教育研究	长春市人民大街5268号(130024) (0431)5098501
21	学位与研究生教育	北京中关村南大街5号(100081) (010)68912292
22	复旦教育论坛	上海市邯郸路220号(200433) (021)55664241
23	现代教育技术	北京清华大学电教中心(100084) (010)62782405
24	中国高教研究	北京西单大木仓胡同35号教育部中国高等教育学会(100816)
25	现代大学教育	湖南长沙市岳麓山中南大学(410083) (0731)8876856
26	中国教育学刊	北京西单大木仓胡同35号(100816) (010)64845699
27	中国特殊教育	中国北京北三环中路46号(100088) (010)62003358 62003367
28	江苏高教	南京市草场门石头城9号(210013) (025)83718422
29	教育学报	北京市新街口外大街19号北京师范大学英东教育楼教育学院(100875) (010)58805288
30	高教探索	广州市小北路155号(510045) (020)83566017
31	高等工程教育研究	湖北武汉华中科技大学(430074) (027)87542950

续表

序号	期刊名称	期刊信息
32	中国大学教学	北京西城区德胜门外大街4号(100011) (010)58581864
33	国家教育行政学院学报	北京大兴(102617) (010)69260513
34	远程教育杂志	浙江省杭州市教工路42号(310012) (0571)88065047
35	教育与现代化	安徽合肥金寨路96号中国科技大学(230026) (0551)3602252
36	教育科学研究	北京市朝阳区北四环东路95号(100101) (010)84649579
37	思想理论教育导刊	北京西城区德外大街4号(100011) (010)58581398

(期刊按总被引次数与2004—2006三年他引影响因子的加权值高低顺序排序)

附录 2　SSCI 收录特殊教育类核心期刊及其影响因子

(Education, Special)(特殊教育类)

刊名	出版周期	ISSN	影响因子	出版社
Exceptional Children	季刊	0014－4029	2.528	Council for Exceptional Children
American Journal on Mental Retardation	半月刊	0895－8017	1.636	Amer Assoc Mental Retardation
Mental Retardation	半月刊	0047－6765	1.597	Amer Assoc Mental Retardation
Research in Developmental Disabilities	半月刊	0891－4222	1.484	Pergamon-Elsevier Science Ltd
Journal of Learning Disabilities	半月刊	0022－2194	1.477	Sage Publications Inc
Journal of Intellectual Disability Research	月刊	0964－2633	1.436	Wiley-Blackwell Publishing, Inc
Journal of Positive Behavior Interventions	季刊	1098－3007	1.351	Sage Publications Inc
Dyslexia	季刊	1076－9242	1.265	John Wiley & Sons Ltd
Research and Practice for Persons with Severe Disabilities	季刊	0274－9483	1.205	Tash,
Journal of Fluency Disorders	季刊	0094－730X	1.188	Elsevier Science Inc
Journal of Deaf Studies and Deaf Education	季刊	1081－4159	1.143	Oxford Univ Press
Annals of Dyslexia	半年刊	0736－9387	1.118	Springer
Journal of Special Education	季刊	0022－4669	1.024	Sage Publications Inc
Infants and Young Children	季刊	0896－3746	0.554	Lippincott Williams & Wilkins
Journal of Early Intervention	季刊	1053－8151	0.529	Council for Exceptional Children
American Annals of the Deaf	半月刊	0002－726X	0.516	American Annals of the Deaf
International Review of Research in Mental Retardation	年刊	0074－7750	0.5	Elsevier Academic Press Inc
Journal of Intellectual & Developmental Disability	季刊	1366－8250	0.5	Taylor & Francis Ltd
Remedial and Special Education	半月刊	0741－9325	0.5	Sage Publications Inc
Education and Training in Developmental Disabilities	季刊	1547－0350	0.435	Council Exceptional Children
Volta Review	季刊	0042－8639	0.424	Alexander Graham Bell Assoc For The Deaf

续表

刊名	出版周期	ISSN	影响因子	出版社
Topics in Early Childhood Special Education	季刊	0271－1214	0.417	Sage Publications Inc
Learning Disability Quarterly	季刊	0731－9487	0.37	Council Learning Disabilities
Gifted Child Quarterly	季刊	0016－9862	0.34	Sage Publications Inc
British Journal of Developmental Disabilities	半年刊	0969－7950	0.333	British Soc Developmental Disabilities
High Ability Studies	半年刊	1359－8139	0.226	Routledge Journals, Taylor & Francis Ltd
Intervention In School and Clinic	半月刊	1053－4512	0.183	Sage Publications Inc
Focus on Exceptional Children	月刊	0015－511X	0	Love Publishing Company
Intellectual and Developmental Disabilities	半月刊	1934－9491		Amer Assoc Intellectual Developmental Disabilities

（数据来源:2007 JCR Social Science Edition 期刊引证报告）

附录3　SSCI收录教育及教育研究类核心期刊及其影响因子

（Education & Educational Research）（教育及教育研究类）

1. 综合类

刊名	出版周期	ISSN	影响因子	出版社
Review of Educational Research	季刊	0034 – 6543	2.6	Sage Publications Inc.
American Educational Research Journal	季刊	0002 – 8312	1.93	Sage Publications Inc.
Harvard Educational Review	季刊	0017 – 8055	1	Harvard Graduate School Education
Journal of Experimental Education	季刊	0022 – 0973	0.931	Heldref Publications
American Journal of Education	季刊	0195 – 6744	0.837	Univ Chicago Press
British Educational Research Journal	半月刊	0141 – 1926	0.782	Taylor & Francis Ltd.
Review of Research in Education	年刊	0091 – 732X	0.6	Sage Publications Inc.
Educational Review	每年三期	0013 – 1911	0.558	Taylor & Francis Ltd.
Journal of Educational Research	半月刊	0022 – 0671	0.548	Heldref Publications
Oxford Review of Education	季刊	0305 – 4985	0.529	Taylor & Francis Ltd.
Educational Research	每年三期	0013 – 1881	0.488	Taylor & Francis Ltd.
British Journal of Educational Studies	每年三期	0007 – 1005	0.467	Wiley-Blackwell Publishing
Theory into Practice	季刊	0040 – 5841	0.39	Ohio State University
International Journal of Educational Development	半月刊	0738 – 0593	0.375	Pergamon-Elsevier Science Ltd
Minerva	季刊	0026 – 4695	0.298	Springer
Phi Delta Kappan	月刊	0031 – 7217	0.253	Phi Delta Kappa Inc
Educational Studies	每年三期	0305 – 5698	0.246	Taylor & Francis Ltd.
Perspectives in Education	季刊	0258 – 2236	0.136	University Pretoria

2. 教育哲学

刊名	出版周期	ISSN	影响因子	出版社
Journal of Philosophy of Education	季刊	0309 – 8249	0.164	Wiley-Blackwell Publishing

3. 教育统计与测量

刊名	出版周期	ISSN	影响因子	出版社
Journal of Educational and Behavioral Statistics	季刊	1076 – 9986	1.361	Sage Publications Inc.
Applied Measurement in Education	季刊	0895 – 7347	0.343	Lawrence Erlbaum Assoc Inc-Taylor & Francis

4. 教育社会学

刊名	出版周期	ISSN	影响因子	出版社
Sociology of Education	季刊	0038 – 0407	1.29	Amer Sociological Assoc
Gender and Education	季刊	0954 – 0253	0.743	Taylor & Francis Ltd.
Anthropology & Education Quarterly	季刊	0161 – 7761	0.63	Wiley-Blackwell Publishing
British Journal of Sociology of Education	季刊	0142 – 5692	0.609	Taylor & Francis Ltd.
Sport Education and Society	季刊	1357 – 3322	0.538	Taylor & Francis Ltd.
Zeitschrift fur Soziologie der Erziehung und Sozialisation	季刊	1436 – 1957	0.225	Juventa Verlag Gmbh

5. 教育经济学

刊名	出版周期	ISSN	影响因子	出版社
Economics of Education Review	半月刊	0272 – 7757	0.557	Pergamon-Elsevier Science Ltd
The Journal of Economic Education	季刊	0022 – 0485	0.137	Heldref Publications

6. 教学类

刊名	出版周期	ISSN	影响因子	出版社
Journal of The Learning Sciences	季刊	1050 – 8406	1.571	Taylor & Francis Ltd.
Learning and Instruction	半月刊	0959 – 4752	1.029	Pergamon-Elsevier Science Ltd
Instructional Science	半月刊	0020 – 4277	0.795	Springer
Interactive Learning Environments	每年三期	1049 – 4820	0.407	Taylor & Francis Ltd.
Zeitschrift Fur Padagogik	半月刊	0044 – 3247	0.287	Verlag Julius Beltz
Revista Espanola de Pedagogia	每年三期	0034 – 9461	0.109	Instituto Europeo Inciativas Educativas
Paedagogica Historica	半月刊	0030 – 9230	0.015	Taylor & Francis Ltd.

7. 课程类

刊名	出版周期	ISSN	影响因子	出版社
Curriculum Inquiry	季刊	0362 - 6784	0.469	Wiley-Blackwell Publishing
Journal of Curriculum Studies	半月刊	0022 - 0272	0.361	Taylor & Francis Ltd.

8. 教育技术

刊名	出版周期	ISSN	影响因子	出版社
Computers & Education	半月刊	0360 - 1315	1.602	Pergamon-Elsevier Ltd
Journal of Computer Assisted Learning	季刊	0266 - 4909	0.8	Wiley-Blackwell Publishing
British Journal of Educational Technology	半月刊	0007 - 1013	0.574	Wiley-Blackwell Publishing
Educational Technology and Society	季刊	1436 - 4522	0.475	Ieee Computer Soc
Educational Technology Research and Development	半月刊	1042 - 1629	0.27	Springer

9. 教育政策与管理

刊名	出版周期	ISSN	影响因子	出版社
Educational Evaluation and Policy Analysis	季刊	0162 - 3737	1.062	Sage Publications Inc.
Journal of Education Policy	半月刊	0268 - 0939	0.935	Taylor & Francis Ltd.
Educational Policy	半月刊	0895 - 9048	0.439	Corwin Press Inc
School Effectiveness and School Improvement	季刊	0924 - 3453	0.368	Taylor & Francis Ltd.
Educational Administration Quarterly	半月刊	0013 - 161X	0.333	Sage Publications Inc.
Educational Leadership	半月刊	0013 - 1784	0.142	Association Supervision Curriculum Development

10. 语言教育

刊名	出版周期	ISSN	影响因子	出版社
Language Learning and Technology	每年三期	1094 - 3501	1.222	University Hawaii
Second Language Research	季刊	0267 - 6583	0.656	Sage Publications Inc.
Research in The Teaching of English	季刊	0034 - 527X	0.548	Natl Council Teachers English
Language Learning	季刊	0023 - 8333	0.417	Wiley-Blackwell Publishing
Foreign Language Annals	季刊	0015 - 718X	0.364	Amer Council Teaching Foreign Languages

11. 读写教育

刊名	出版周期	ISSN	影响因子	出版社
Scientific Studies of Reading	季刊	1088 - 8438	2.676	Taylor & Francis Ltd.
Journal of Research in Reading	半年刊	0141 - 0423	1.34	Wiley-Blackwell Publishing
Reading Research Quarterly	季刊	0034 - 0553	1.148	Int Reading Assoc
Journal of Literacy Research	季刊	1086 - 296X	0.345	Lawrence Erlbaum Assoc Inc-Taylor & Francis
Reading Teacher	半月刊	0034 - 0561	0.32	Int Reading Assoc
Journal of Adolescent & Adult Literacy	半月刊	1081 - 3004	0.214	Int Reading Assoc

12. 道德教育

刊名	出版周期	ISSN	影响因子	出版社
Journal of Moral Education	季刊	0305 - 7240	0.317	Taylor & Francis Ltd.

13. 法律教育

刊名	出版周期	ISSN	影响因子	出版社
Journal of Legal Education	季刊	0022 - 2208	0.203	Southwestern Law Sch

14. 科学教育

刊名	出版周期	ISSN	影响因子	出版社
Journal of Research in Science Teaching	月刊	0022 - 4308	1.148	John Wiley & Sons Inc
Science Education	半月刊	0036 - 8326	0.936	John Wiley & Sons Inc
International Journal of Science Education	月刊	0950 - 0693	0.541	Taylor & Francis Ltd.
Research in Science Education	季刊	0157 - 244X	0.317	Springer

15. 数学教育

刊名	出版周期	ISSN	影响因子	出版社
Journal for Research in Mathematics Education	半月刊	0021 - 8251	0.697	National Council of Teachers of Mathematics

16. 医疗、健康、体育、心理教育

刊名	出版周期	ISSN	影响因子	出版社
Journal of American College Health	Irregular	0744－8481	1.94	Heldref Publications
Health Education Research	季刊	0268－1153	1.786	Oxford Univ Press
Aids Education and Prevention	半月刊	0899－9546	1.359	Guilford Publications Inc
Quest	每年三期	0033－6297	0.963	Human Kinetics Publ Inc
Journal of School Health	月刊	0022－4391	0.956	Wiley-Blackwell Publishing
Advances in Health Sciences Education	每年三期	1382－4996	0.885	Springer
Academic Psychiatry	季刊	1042－9670	0.754	Amer Psychiatric Publishing, Inc
Journal of Teaching in Physical Education	季刊	0273－5024	0.395	Human Kinetics Publ Inc
Educational Gerontology	月刊	0360－1277	0.33	Taylor & Francis Ltd.

17. 其他专门教育

刊名	出版周期	ISSN	影响因子	出版社
Journal of Engineering Education	季刊	1069－4730	3	Amer Soc Engineering Education
The Academy of Management Learning and Education	季刊	1537－260X	2.796	Acad Management
Journal of Geography in Higher Education	每年三期	0309－8265	0.741	Taylor & Francis Ltd.
Teaching Sociology	季刊	0092－055X	0.565	Amer Sociological Assoc
Journal of Social Work Education	每年三期	1043－7797	0.403	Council Social Work Education
Teaching of Psychology	季刊	0098－6283	0.265	Taylor & Francis Ltd.
International Journal of Art & Design Education	每年三期	1476－8062	0.136	Wiley-Blackwell Publishing

18. 学前教育

刊名	出版周期	ISSN	影响因子	出版社
Early Childhood Research Quarterly	季刊	0885－2006	0.632	Elsevier Science Inc

19. 小学教育

刊名	出版周期	ISSN	影响因子	出版社
Elementary School Journal	半月刊	0013－5984	1.062	Univ Chicago Press

20. 高等教育

刊名	出版周期	ISSN	影响因子	出版社
Journal Of Higher Education	半月刊	0022－1546	0.867	Ohio State Univ Press
Research In Higher Education	半月刊	0361－0365	0.699	Springer
Journal Of College Student Development	半月刊	0897－5264	0.667	Johns Hopkins Univ Press
Higher Education	月刊	0018－1560	0.608	Springer
Review Of Higher Education	季刊	0162－5748	0.595	Johns Hopkins Univ Press
Studies In Higher Education	每年三期	0307－5079	0.556	Taylor & Francis Ltd.
Teaching In Higher Education	季刊	1356－2517	0.548	Taylor & Francis Ltd.
Innovations In Education And Teaching International	季刊	1470－3297	0.18	Taylor & Francis Ltd.

21. 成人教育

刊名	出版周期	ISSN	影响因子	出版社
Adult Education Quarterly	季刊	0741－7136	0.129	Sage Publications Inc.

22. 教师教育

刊名	出版周期	ISSN	影响因子	出版社
Teaching and Teacher Education	半月刊	0742－051X	0.589	Pergamon-Elsevier Science Ltd
Journal of Teacher Education	半月刊	0022－4871	0.56	Corwin Press Inc
Teachers College Record	月刊	0161－4681	0.497	Teachers Coll Of Columbia Univ

23. 比较教育

刊名	出版周期	ISSN	影响因子	出版社
Comparative Education	季刊	0305－0068	0.435	Taylor & Francis Ltd.
Comparative Education Review	季刊	0010－4086	0.388	Univ Chicago Press

24. 地域类教育

刊名	出版周期	ISSN	影响因子	出版社
Asia Pacific Education Review	每年三期	1598 – 1037	0.415	Springer
Australian Educational Researcher	每年三期	0311 – 6999	0.105	Australian Assoc Research Education
Chinese Education and Society	半月刊	1061 – 1932	0.05	M E Sharpe Inc
Russian Education and Society	月刊	1060 – 9393	0.014	M E Sharpe Inc

25. 城市教育

刊名	出版周期	ISSN	影响因子	出版社
Urban Education	季刊	0042 – 0859	0.362	Corwin Press Inc
Education and Urban Society	季刊	0013 – 1245	0.18	Corwin Press Inc

（数据来源:2007 JCR Social Science Edition 期刊引证报告）